L'appel de la steppe

Pour contacter les auteurs :
info@phileasfrogs.com

Pour en savoir plus sur le voyage :
www.phileasfrogs.com

Antoine de Changy
Célina Antomarchi-Lamé

L'appel de la steppe

D'Istanbul aux confins de la Mongolie, à la rencontre des nomades de l'Altaï

Presses de la Renaissance

Ouvrage réalisé
sous la direction éditoriale de Christophe RÉMOND

Si vous souhaitez être tenu(e)
au courant de nos publications,
envoyez vos nom et adresse, en citant ce livre,
aux Éditions des Presses de la Renaissance,
11, rue de Grenelle, 75007 Paris.
Et, pour le Canada,
à Interforum Canada inc.,
1055, bd René-Lévesque Est,
11e étage, bureau 1100,
H2L 4S5 Montréal, Québec.

Consultez notre site Internet :
www.presses-renaissance.com

ISBN 978.2.7509.0379.4

De ce voyage, la part essentielle était de le vivre, non de l'écrire. Si Célina n'a pas mis la main à la rédaction stricte du livre, elle y a participé par sa relecture, ses suggestions, ses avis et ses impressions. Et par son indispensable enthousiasme tout au long de ces 962 jours de voyage. D'où ce livre signé à deux.

Antoine de Changy

À Arkhat, à Alten.

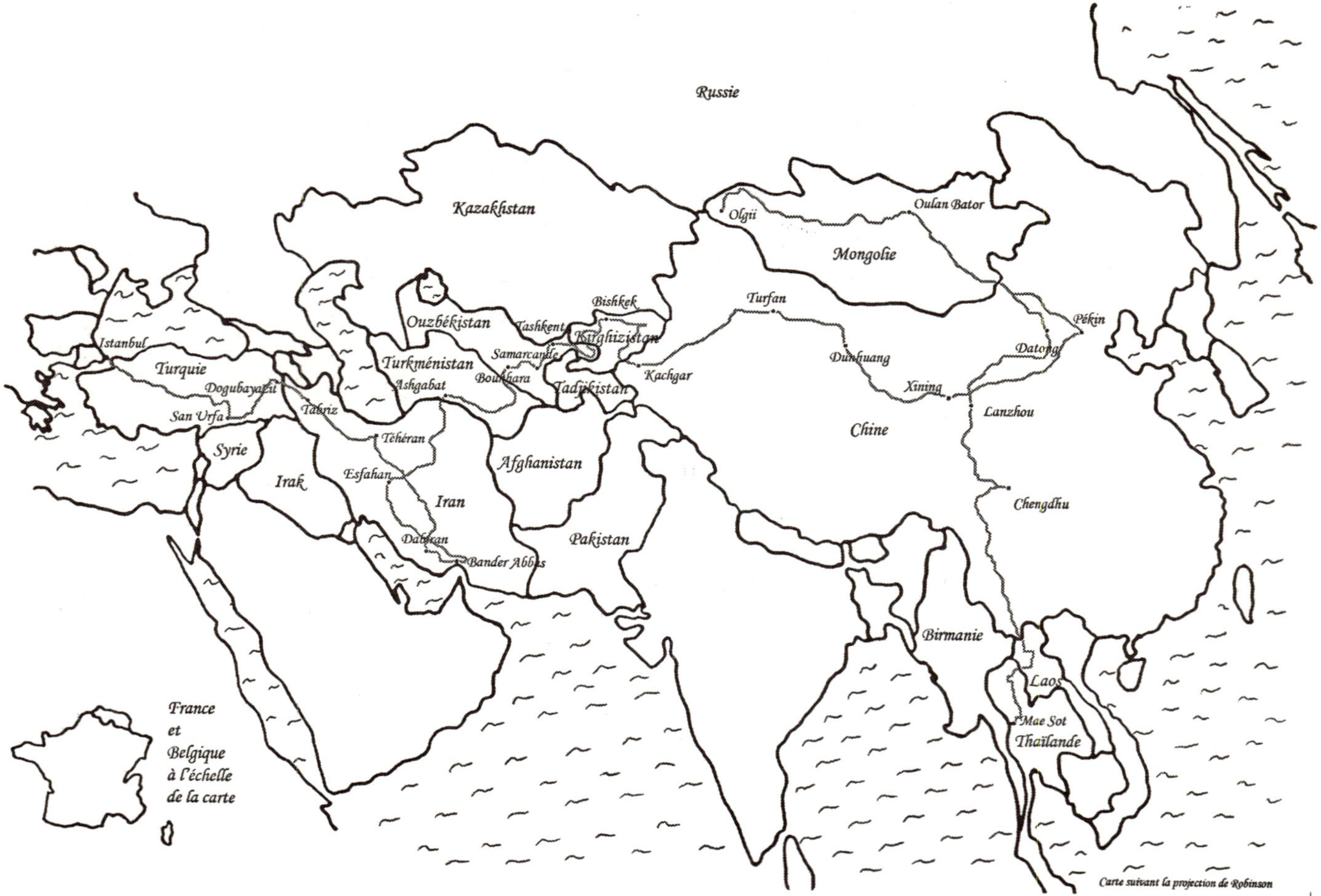
Russie
Kazakhstan
Mongolie
Oulan Bator
Olgii
Ouzbékistan
Tashkent
Bishkek
Kirghizistan
Turfan
Pékin
Datong
Dunhuang
Xining
Lanzhou
Kachgar
Istanbul
Turquie
Turkménistan
Samarcande
Boukhara
Ashgabat
Tadjikistan
Dogubayazit
San Urfa
Tabriz
Téhéran
Syrie
Irak
Esfahan
Iran
Afghanistan
Chine
Chengdhu
Dabiran
Bander Abbas
Pakistan
Birmanie
Laos
Mae Sot
Thaïlande
France
et
Belgique
à l'échelle
de la carte
Carte suivant la projection de Robinson

Prologue

Nous avions décidé : nos rêves ne devaient plus attendre.

L'évidence s'était imposée : repousser notre départ revenait à ignorer un peu plus qui nous étions. Sans que nous puissions l'expliquer, nous nous étions aimés non pas au premier regard, mais la première fois que nous avions évoqué ensemble des rencontres lointaines, des paysages et des coutumes plus vastes que notre imagination. Risquer de tout quitter n'était rien, tant la léthargie nous menaçait si nous restions.

Nous étions décidés à voyager parfaitement équipés, à prendre tout le temps nécessaire. De nos parcours respectifs, et de quelques périples entrepris séparément, nous savions que le temps est l'atout indispensable pour voyager en profondeur, créer des rencontres et nous imprégner de cultures. Il n'était pas question de filer grand train, d'effleurer d'un regard alors que nous recherchions la matière et l'immersion.

La destination s'imposait d'elle-même, la Mongolie était un rêve d'enfance et l'Iran une idée fixe de Célina. Entre les deux pays, nous prendrions la route du Nord, celle de l'Asie centrale, des montagnes et des steppes. Pour ma part, le choix était évident ; entre autres raisons, le souffle de l'écriture de Kessel nous y poussait. Si la direction générale était décidée, tout le reste relèverait du sens du vent, de l'improvisation, notamment notre arrêt d'une année en Mongolie et la suite de notre trajectoire, jusqu'à la Thaïlande des camps de réfugiés karens.

Le choix du vélo était logique, même si nous n'en avions jamais fait auparavant. Il ne serait qu'un prétexte pour avancer doucement, pour forcer des rencontres en nous exposant au maximum et en nous plaçant au même niveau que les populations locales. Le vélo nous permettrait de nous éloigner des sentiers touristiques où nous savions les relations biaisées, de nous écarter du confort et des sophistications occidentales qui empêchent les remises en cause profondes. Pas de bus barrière donc, pas de guide protecteur ni de voiture ou moto intimidantes : nous partirions avec nos vélos pour instrument de communication, notre curiosité comme moyen de locomotion et le plus grand luxe qui soit : le temps. Nous pouvons déjà ajouter que l'enthousiasme reçu en chemin a été notre carburant quotidien.

Dans ce récit, il ne s'agit pas de vélo, mais de voyage ; pas d'une course contre vents et marées, envers et contre tout, pour boucler la boucle en avance, mais bien d'un voyage au fil du vent, au gré des marées. Le temps de la rencontre l'emporte sur les impératifs de parcours et de distance à abattre. Ce voyage n'est pas une quête de notre identité, mais bien une recherche de l'autre.

Après une année de voyage, qui nous conduisit jusqu'à la pointe ouest de la Mongolie, nous avons décidé de nous installer avec une famille d'éleveurs pour y passer l'hiver. Un de nos parents, inquiet du chemin que nous avions pris, nous a écrit cette phrase qui avait marqué son enfance : « Si belle que soit la réalité, elle n'atteindra jamais la splendeur de nos rêves. Alors rêvons ! » Je me souviens de l'effroi que j'ai ressenti en lisant ces lignes (sans doute sorties de leur contexte), elles prônaient le renoncement et ignoraient tout de la sérénité venu de l'accomplissement. Jamais je n'avais trouvé phrase moins appropriée : depuis un an que nous avancions, nous n'avions pas cessé de « rêver en couleur », tant nos quotidiens dépassaient largement tout ce que nous avions espéré.

Deux années plus tard, les circonstances nous ont forcés à interrompre notre voyage ; ce même parent avait fini par s'imprégner si parfaitement de l'esprit de notre aventure qu'il en fut le plus désolé de tous.

Turquie

Istanbul

Partir d'Istanbul, prendre notre élan de la vieille Europe avant de ressentir le frisson des premiers kilomètres parcourus dans cette Asie dont nous ignorions à peu près tout. Plus qu'une curiosité géographique, Istanbul est le pont, le lien entre les continents européen et asiatique, à la croisée des cultures occidentale et orientale, chrétienne et musulmane. Partir d'Istanbul était naturel.

24 septembre 2003

L'avion décolle à l'aube de Paris. Nous avons à peine le temps de saluer nos parents que nous sommes poussés dans la zone sécurisée d'enregistrement par quelques hommes pressés dont les affaires justifient toutes les impatiences. Dans l'avion, nous nous rappelons un détail : l'argent, tout l'argent du voyage est resté chez nous. Cet oubli est une aubaine : nos parents jouent les coursiers et nous rejoignent pour un week-end à Istanbul, le temps d'un au revoir plus satisfaisant qu'une étreinte mal contenue devant un douanier à peine réveillé et des agents de sécurité non autorisés à s'émouvoir.

Ne sachant faire les choses que pressés et à l'ultime minute, nous avons terminé tous les préparatifs en trois semaines agitées : achat de matériel, de cartes, remplissage des sacs et suspension administrative de notre situation.

Nous avons pu enfourcher nos vélos pour un test grandeur nature de trois jours. Nous en revenons sans inquiétude pour le matériel. Physiquement, nous avons pris une première mesure des réserves de patience qui nous seront nécessaires.

À notre arrivée à Istanbul, pour monter le surplomb sur lequel est construit le quartier de Sultanhamet, nous mettons pied à terre à la première pente puis nous sommes incapables de pousser nos vélos seuls jusqu'en haut. Nous avons le même réflexe d'autruche : oublier cet épisode lamentable, prétendre qu'il n'a jamais eu lieu.

Campée de part et d'autre du Bosphore, jalonnée des minarets qui font son identité, Istanbul dégage une énergie formidable. Par miracle, ses habitants restent accueillants et affables, à quelques profiteurs prêts dont le métier est d'arnaquer gentiment les touristes en les « invitant » pour finalement se faire entretenir. Les repérer n'est pas difficile, mais l'innocence bienveillante de Célina se laisse prendre régulièrement. Son désir de trouver du bien partout l'emporte sur la peur de flairer du mal.

Dans la ville, nous nous sentons loin de Paris, mais pas encore dans le grand voyage que nous nous sommes promis. Nous sommes pressés de sortir des sentiers florissants de l'industrie touristique, du parcours fléché entre quartiers historiques et branchés. La mosquée bleue est plus solennelle que la mastodonte Aya Sofia en cours de restauration et quand même saturée de touristes. Une succession de boutiques à souvenirs ébranle le vernis d'authenticité du grand bazar, le plus grand des anciens marchés couverts au monde, paraît-il. Difficile de profiter des jardins ou des trésors de Topkapi dans le brouhaha rabâché des guides qui nous ont pris d'assaut à l'entrée du palais en agitant avec véhémence leurs accréditations. Nous apprécions en revanche les repas dans les *lokanta*[1] des quartiers populaires où rien n'est prévu pour les touristes, pas même un prix spécial. Les plats huileux s'avalent en vitesse sur la toile cirée usée d'une table partagée.

Le but de ce voyage est de toucher au plus près la vie des gens, de comprendre la réalité de leur quotidien. Nous ne voyageons pas pour rester en suspens dans une sphère de merveilleux ou de culturel.

Au cours des quelques visites obligées qui nous barbent, nous essayons de réaliser ce vers quoi nous nous lançons. Impossible. Impossible de nous projeter au-delà du lendemain à Istanbul, impossible de savoir ce que représentent un an, deux ans ou trois ans sur les routes (nous partons sans date de retour, sans limite imposée). Il devient urgent de partir, tant pis pour Istanbul puisque notre rêve ne commencera qu'à vélo, de l'autre côté de la rive.

Dernière journée grise et pluvieuse dans la ville pour trouver un boulon défaillant puis les pièces de rechanges que nous n'avons pas prévues. Sur les pavés luisants et gras, nous peinons à remonter les collines d'Istanbul. La pluie s'acharne, nous patientons l'après-midi dans un café autour d'un backgammon. La serveuse, deux yeux verts sous de longs sourcils noirs, est iranienne,

1. Cantines.

de Téhéran. Son anglais est limité, mais infiniment supérieur à notre perse ou à notre turc. Réfugiée à Istanbul, elle est en attente d'un hypothétique visa pour le Canada. Elle ne peut plus retourner en Iran et craint de ne jamais revoir ses parents. Nous ne comprenons pas toutes ses explications, surtout nous ne mesurons rien de ses angoisses et de ses espoirs.

Nous sommes des enfants gâtés à vélos, nous n'avons jamais rien vécu de tragique, nous venons d'une société surprotégée où un retard d'avion devient un sujet de conversation. Alors que nos passeports sont une porte ouverte sur le monde, le sien est un handicap, une clôture barbelée.

2 octobre 2003

Nous nous levons tôt pour partir d'Istanbul, le voyage commence enfin. Nous descendons vers le port prendre le bateau pour Yalova, la lumière est douce, la mer d'huile d'un bleu glacée. Nos vélos filent le long des quais. À l'heure où la ville connaît ses rares instants de quiétude, les pétroliers et les porte-containers géants languissent mollement dans la brume matinale. Dans les courants du Bosphore, des hordes de méduses gigantesques se délassent. Le bateau est parti une demi-heure plus tôt qu'annoncé, nous devons attendre deux heures et la pluie arrive. Rien ne servait de se presser, de se précipiter à l'embarquement, nous aurions pu profiter du petit matin. Nous devons encore apprendre à voyager, à prendre le temps.

L'envol

Nous laissons la pluie en mer. À Yalova, après toutes les voitures, nous sortons timidement des entrailles du bateau, éblouis par la lumière.

Nous partons enfin. La première étape, d'environ un millier de kilomètre, doit nous mener en Cappadoce, au centre du pays.

La majeure partie de la Turquie est située sur un immense plateau, à 1 000 mètres d'altitude. Depuis le bord de mer, le dénivelé est brusque. La première côte est une route principale. Nous sommes coincés sur une étroite bande de bitume entre le rail de sécurité et les camions se doublant dans des concours de vrombissements et de Klaxon. Célina disparaît dans les nuages noirs d'échappements. Au sommet de la côte, nous repérons une petite route sur la carte, nous pouvons enfin bifurquer et nous éloigner de la route principale. Nous filons maintenant le long des cultures d'oliviers, nos jambes répondent mieux, nous sommes euphoriques.

En fin de journée, des tracteurs nous rattrapent, les remorques sont remplies de femmes, des ouvrières agricoles. Les hommes conduisent. Ils nous klaxonnent, elles nous acclament et se moquent de nous voir maintenant peiner sur nos vélos, plus chargés que des mules. Elles nous tendent les pommes qu'elles viennent de cueillir. De nouveau nous volons.

Iznik. Premier arrêt. Les fatigues de la journée et le manque d'expérience nous poussent à choisir la facilité, à entrer dans la première auberge pour routards en sacs à dos. Le tenancier a l'habitude des étrangers, il est sympa et disponible, son discours est rodé et il a déjà dû répéter mille fois ses blagues convenues. Son auberge est agréable, un petit refuge pour Occidentaux : exactement ce que nous voulions éviter ! Non par mépris, mais par envie de nous impliquer dans d'autres lieux, de nous exposer aux réalités turques.

Départ matinal manqué le lendemain, ça deviendra une habitude, une des rares que nous prendrons en chemin. La lumière est déjà crue et les températures élevées quand nous partons. Après 5 kilomètres, nous attaquons une nouvelle rampe pour atteindre le plateau anatolien. En huit kilomètres, surchargés, nous nous élevons de 500 mètres. Dans la chaleur nous enchaînons les lacets et les passages à plus de 10 %. Célina pousse, pousse, tousse et craque. Prise de mouvements compulsifs, elle ne peut retenir un râlement rauque et effrayant, le cri d'un nageur venant d'échapper à la noyade et retrouvant de l'air. Toute l'angoisse et le stress accumulés pour se lancer dans ce voyage, tous ses doutes la submergent : nous n'avons aucun entraînement, nous ne savons pas où nous allons et nous avançons sans repère ni habitude. Elle est bien plus tendue et effrayée par l'échec qu'elle n'a voulu se l'avouer. Cette côte n'est qu'un révélateur.

Lentement nous repartons, tout doucement, l'un pour l'autre. Nous finirons ensemble, le chrono n'est pas terrible : quatre heures pour 8 kilomètres.

Dans la descente, nous récupérons. À une fontaine des gamins se foutent de nous, ils nous imitent, forcent le trait et poussent la caricature jusqu'au baroque. Ils nous remettent de belle humeur.

Nous sommes complètement requinqués quand, avant la nuit, un arrêt pour acheter du pain dans un petit hameau se transforme en réunion du village. Tout le monde veut nous parler, nous essayons dix conversations : chacune se termine en éclats de rires face à l'incompréhension réciproque. Peu importe, la volonté est là. Nous repartons avec du pain offert, des sodas et de l'eau pour aller camper plus loin. Nous repartons surtout le cœur gonflé à bloc, avec la certitude que nous devons nous investir dans ces petits villages, aller y créer des rencontres, plutôt que dans les villes où l'anonymat est la loi.

Le lendemain, la matinée est encore difficile, nous nous fatiguons vite. Depuis trois jours, les côtes qui se succèdent pour atteindre le plateau anatolien sont raides et la chaleur écrasante. Nos vélos sont des montagnes : quatre sacs de part et d'autres des roues, plus deux sacs en travers sur les porte-bagages avant et arrière et une sacoche vide-poche fixée sur le guidon. Nous sommes lourds, ridiculement lourds, mais persuadés d'avoir emporté le minimum indispensable. Après une trentaine de kilomètres, en contrebas de la route, un bosquet de peupliers nous fait signe. Nous repartons après une sieste monumentale, les heures les plus chaudes sont passées, l'herbe jaunie porte l'empreinte de nos corps lourds.

Cinq kilomètres plus loin, nous nous arrêtons dans un petit village pour prendre de l'eau. Sur de longues planches en bois qu'elles portent à l'épaule, les villageoises apportent au boulanger les boules de pain qu'elles ont pétri. Lui s'occupe uniquement de la cuisson. Le village entier défile devant son four, nous faisons connaissance avec tout le monde. Bétül, une adolescente de 16 ans, et Mustapha, un garçon d'une vingtaine d'année, petit mais gaillard, sont particulièrement prévenants. Ils veulent tout nous montrer et tout savoir de nous. Après plusieurs heures à regarder le pain gonfler dans le four, nous décidons de repartir au mauvais prétexte qu'il faut bien avancer un peu, que ces 35 kilomètres parcourus depuis le matin ne suffisent pas. Bétül et Mustapha nous raccompagnent à vélo. À chaque coup de pédale, la bicyclette de Bétül grince et menace de rendre l'âme, le vélo de Mustapha est bien trop petit, la selle ne tient pas, elle glisse tous les 50 mètres en position verticale. En tentant de la réparer, Célina la casse lamentablement. Confuse, elle range ses outils et trouve là un prétexte pour ne plus jamais les ressortir du voyage.

Par souci de nous ramener sur la meilleure route, Bétül et Mustapha nous mènent dans des directions confuses. Nous les troublons, ils ne conçoivent pas que nous souhaitions prendre les petites routes alors qu'il existe une grande route, plus belle et plus rapide selon eux. Ils hésitent, nous changeons de direction, revenons sur nos pas, repartons et finalement retournons au village.

Bétül insiste pour que nous dormions chez elle. Elle a raison, rien ne sert de vouloir avancer à tout prix. Elle vit avec sa mère et sa grand-mère, le père n'est pas là, il rentrera plus tard dans la nuit. Nous ne savons pas comment nous comporter pour cette première soirée en tant qu'invités, d'autant que nous ne comprenons rien à ce que l'on nous dit. Nous ne souhaitons ni gêner, ni nous imposer, ni être encombrants. Nous voulons aider, mais, à chaque tentative, la mère ou la fille se lève précipitamment pour devancer nos envies.

Leur devoir est de prévenir toutes nos demandes, que nous soyons parfaitement bien, notre politesse est de les laisser nous combler. Et nous le sommes.

Afin d'éviter les heures les plus chaudes, nous voulons partir tôt. Nous attendons agacés le réveil tardif de Bétül et de sa mère et ne démarrons qu'après un petit déjeuner démesuré qui devrait nous suffire pour la journée. Plutôt que de profiter pleinement de ces instants privilégiés, nous sommes encore pressés, irrités de voir nos plans contrecarrés, parisiens et ridicules, en pleine contradiction avec notre démarche.

Nous repartons par les petites routes vers une côte qu'on nous a promise difficile. Les gens nous ont prévenus à leur façon : « *Çok virage*[1]. » Nous attaquons la

1. « Il y a beaucoup de virages. »

pente quand Mustapha arrive comme un fou sur son vélo cross, il est en sueur. Il a mouliné pour nous rejoindre. Depuis la veille, à l'instant où nous sommes rentrés chez Bétül, nous ne l'avons plus revu. Ce matin, il était introuvable dans le village. Pour Célina, il a un Klaxon de vélo magnifique : une énorme poire montée sur un long cornet multicolore. Il m'offre un bandeau kaki couvrant la nuque pour les journées de forte chaleur. Touchant. Touchés, en plein cœur…

La vallée des Belges

Les villes que nous croisons suffoquent sous la chape de plomb. En périphérie, elles sont cernées par des barres d'immeubles récentes, mais inachevées, programmes immobiliers insensés. Les constructions en béton plus anciennes ont mal vieilli, froides et sales pour la plupart. La circulation automobile, démente et bruyante, a noirci les centres-villes. Des colonnes de camions se succèdent à toutes les entrées de ville, ils vomissent leurs fumées noires et hurlent leur impatience à grands coups de Klaxon. Nous cherchons les routes de traverses pour fuir la folie meurtrière qui s'empare des Turcs dès qu'ils se mettent derrière un volant.

Le paysage est vite monochrome, de ce jaune paille d'après récolte. Quelques rubans de bitumes sont déroulés çà et là, à l'infini. Les alignements continus de poteaux électriques offrent la seule ombre disponible en journée. Quelques femmes travaillant dans les champs rompent la monotonie des paysages de parcelles identiques. L'air est sec et brûlant. La nuit, le froid est déjà mordant et l'hiver n'est pas encore là.

Nous découvrons celui qui pourrait être notre pire ennemi : le vent. Au moindre souffle, nous avons l'impression de pédaler avec un élastique retenant le vélo. Toute une nuit, nous l'entendons monter, au matin il est déchaîné. Nous quittons Emirdag dans des tourbillons de poussières et de détritus. Les premiers kilomètres sont idéaux : nous sommes propulsés à 25 km/h sans avoir à donner un coup de pédale. La route bifurque à 90 degrés, nous roulons les vélos inclinés, appuyés contre le vent pour avancer le plus droit possible. Aux sautes de vent, nous perdons l'équilibre ; les rafales nous projettent au milieu de la chaussée. Un nuage de poussière se dresse le long d'un champ en terre. Dans le tourbillon, nous nous perdons immédiatement de vue. Le sol disparaît aussi : surtout ne pas dévier vers le centre de la route. Le vélo se couche, je le redresse. Des phares surgissent à ras de mes sacoches… Je ne vois même plus ma roue avant. Une seule obsession : sortir de ce mur de poussière avant de croiser la route d'une autre voiture aveugle. Célina est passée, elle attend de l'autre côté, paniquée. Je l'entends crier : elle a vu la voiture rentrer dans le nuage.

Impossible de continuer dans ces conditions, nous nous abritons du vent contre les maisons d'un village désert. Couverts de poussière, blottis et misérables dans le renfoncement d'une porte, nous attendons en partageant une pomme. Un homme corpulent arrive de nulle part. Sa gentillesse brusque et pataude est évidente. Comment lui expliquer ce que nous faisons là ? Nous n'avons pas beaucoup avancé sur les leçons de turc, nous ne pouvons que répéter « *Belçikalyim* », « Je suis Belge », le premier exemple de la méthode de turc que nous avons emportée. Il insiste pour que nous le suivions en nous montrant la pomme. Il répète « *Baç, baç*[1] » en pointant le drapeau turc en pin's épinglé sur

1. Littéralement : « tête ». Le chef, le maire, etc.

le revers de sa veste. Célina comprend qu'il est le maire. Je ne comprends rien du tout. Nous ne faisons pas le lien avec la pomme. Peu importe. Il nous conduit dans une belle maison, sa grosse main ne cesse de nous tapoter l'épaule, sans doute pour nous assurer que nous sommes bien tombés. Nous en sommes déjà persuadés.

À peine sommes-nous arrivés que déjà les femmes s'affairent. Une vieille, qui doit avoir du mal à se lever de son siège, s'inquiète de notre état. Il n'est que 9 heures du matin, nous devons donner l'impression d'avoir passé la nuit dehors. Elles nous gavent de pains, de thé, de confitures, de fruits et de laitages. Notre homme s'éclipse. Nous essayons de comprendre qui est qui, d'expliquer ce que nous faisons et où nous allons. Pour l'instant cela n'a aucune importance, dès que nous ouvrons la bouche, la vieille insiste : nous devons manger, manger.

Nous sommes largement repus quand notre homme revient avec son cousin. Il parle français, avec une pointe de Flandre dans ses tournures de phrases. Akin vit et travaille en Belgique, il a acheté quelques vergers à pommes en Turquie, il les exploite avec le maire et son frère Ustü, un gaillard à la gentillesse aussi impressionnante que sa charpente.

Vers 11 heures, le vent forci encore, nous sentons le souffle jusque dans la maison. Des craquements lugubres annoncent les branches cassées et les arbres arrachés. Soudain, le vent tombe, le calme revient.

La famille nous a adoptés, pas question de repartir. Nous devons nous reposer et manger, c'est tout, autrement nous avons l'impression de froisser leur hospitalité. Nous réussissons à les convaincre de nous emmener visiter leurs vergers. Nous devons refuser des kilos de pommes que nous ne pourrions de toute façon pas transporter. À l'heure de la traite, l'étable abrite une dizaine de vaches de provenances diverses. L'une d'elles a du sang de Prim' Holstein, elle est leur fierté. Le garçon de ferme est petit, presque frêle dans ce pays de colosses. Ses yeux sont vifs et perçants, il a un bon sourire. Il obéit aux ordres parfois brusques d'Ustü et du maire. Depuis peu, une petite machine à traire automatique est venue simplifier son travail qu'il commence nettement avant l'aube. En progressant vers l'est, nous n'en verrons pas d'autres.

Akin habite plus loin sur la route. Il nous laisse sa maison pour la nuit, nous pourrons nous laver, lui dormira chez ses cousins. Le soir porte les stigmates de la tempête matinale : le ciel est rouge, les nuages en une mêlée noire et furieuse.

En quittant Akin, Ustü et le maire, nous continuons notre chemin dans une petite vallée à l'écart des grosses routes. Les villages se succèdent régulièrement. Entre les regards surpris et l'enthousiasme des gamins, je déballe avec une certaine fierté tout mon turc : « Je suis Belge. » Le scénario est toujours le même : la foule s'agite, les adultes désignent un petit qui part en courant dans les ruelles du village. Il revient avec un adulte qui nous interpelle en français. Dans la région, beaucoup sont allés s'installer en Belgique, certains sont ici en vacances, d'autres sont revenus pour prendre leur retraite. Ils étaient bien en Belgique, nous disent-ils, mais leur pays est ici. La chaleur humaine aussi, avons-nous envie d'ajouter.

Sur la place du village, avec notre hôte belge et les personnalités qui comptent, nous buvons thé sur thé. Tout ce que le bled compte de curieux restent avec nous. Nous sommes pressés de questions. L'homme traduit : « Que faites-vous là ? Pourquoi les vélos ? Où allez-vous ?... » Nos réponses ne satisfont personne. « Voyager ? Pourquoi voyager ? Quel intérêt d'être loin de chez soi ? De ceux qui vous aiment ? Et pourquoi à vélo ? C'est idiot, il y a des voitures, des trains, des bus. C'est fatigant, le vélo. Pourquoi venir dans ce village ? Il n'y a rien ici. Aller à Izmir, à Antalya, mais pas ici… »

Plus tard, nous sommes invités à manger et à dormir. Nous ne pouvons pas toujours accepter, mais déjà nous avons acquis une certitude qui nous convient parfaitement : la Turquie est trop accueillante pour que nous fassions de longues distances à vélo.

La tradition turque veut que l'accueil soit généreux et opulent. À la vue de nos vélos, les gens nous supposent épuisés et affamés : pour nous, les quantités sont encore décuplées. Nos hôtes ne conçoivent pas que nous désirions autre chose que manger ou nous reposer. Nous n'avons d'autres choix que d'enchaîner repas pantagruéliques et séances de délassement en buvant des litres de thé servis dans des verres minuscules.

Les repas sont partagés sur une nappe à même le sol, hommes et femmes sont souvent séparés. Célina, invitée, reste la plupart du temps avec les hommes, malgré son insistance pour rejoindre les femmes. Toute l'attention est sur nous, nos maladresses n'échappent à personne, nos doigts sont malhabiles sans couverts. Le pain permet de se servir dans les différents plats composés de fromage frais, de tomates et d'olives. Pour honorer leur hospitalité biblique, nous nous efforçons d'engloutir tout ce qu'ils nous offrent. Nous devons souvent déclarer forfait avant de les avoir satisfaits.

En cas de doute

Au cœur de la Turquie, avant d'atteindre la Cappadoce, nous faisons un crochet pour aller voir un lac, le Tuz Gölü. Les journées sont encore chaudes et nous rêvons d'une baignade pour nous dépoussiérer après cette semaine dans les plaines fauves d'Anatolie. Le détour n'est qu'un défilé de camions. À travers les poussières qu'ils soulèvent, nous devinons à contre-jour un paysage industriel étrange.

Un poste de contrôle, le gardien nous prend nos passeports et nous autorise à passer avec l'interdiction de prendre des photos. Nous ne savons toujours pas où nous allons. La route devient dure et blanche, elle nous conduit directement sur une mine de sel à ciel ouvert. *Tuz Gölü* veut dire « lac de sel ». Les camions bifurquent à la pesée, nous avançons seuls vers une immense et intense réflexion. Sur le bas-côté, des pyramides de sel se jouent des couleurs, elles alternent tons clairs des terres arides, bleu luisant et rose pastel. Plus loin, des alignements à l'infini de wagonnets immobiles, sombres et bouffés par la rouille. Les uns sont vides, d'autres débordent de sel. Personne autour. Les wagonnets nous mènent jusqu'à l'exploitation, la réverbération est accablante. Nous suivons les rails disposés sur le lac et roulons au hasard.

Depuis une roulotte, qui semblait abandonnée au sel, des ouvriers nous font signe. C'est encore l'heure du déjeuner, ils nous invitent pour le thé. Quand nous ressortons de la roulotte en taule, véritable four permettant simplement de s'abriter de l'invraisemblable lumière extérieure, la mine a repris vie. Les wagonnets se suivent dans un bal grinçant, des points sombres s'agitent autour des autres roulottes éparpillées. Notre équipe se remet au travail, ils déplacent les rails d'une quinzaine de mètres, d'une zone exploitée à une zone encore vierge. Deux ouvriers dévissent les voies, un autre les déplace avec un petit bulldozer, un quatrième dirige la manœuvre pour la dépose des rails à leur nouvel emplacement. Deux autres ouvriers vissent les rails aux précédents. La synchronisation est parfaite : à peine ont-ils fini de visser un rail que le suivant est en place. En une demi-heure, cent mètres de voies sont déplacées, nous pouvons retourner prendre un thé.

Des ouvriers d'autres roulottes ont repéré nos vélos, ils nous rejoignent. Aucun d'eux n'a de lunettes de protection. Leurs lèvres sont craquelées et leur peau sèche. Des gens rentrent et sortent en permanence de la roulotte. Ils sont tous souriants et heureux de discuter, prévenants au moindre de nos besoins. Le cuistot de la roulotte prépare toujours plus de thé, le monde afflue. La Turquie est comme ça, chaleureuse et souriante, elle prend son temps, celui de la spontanéité et de l'imprévu.

Le soir même, nous rencontrons Békir, le chef de la *jandarma*[1] locale. Il vient rendre visite à Rasim, l'ami chez qui nous dormons. Immédiatement, il se prend d'amitié pour nous et tient absolument à nous faire plaisir. Il nous demande sans cesse ce que nous voulons, comme à un enfant qu'on veut gâter à tout prix. Après quelques bières, il appelle une camionnette de patrouille. Il me fait signe, nous laissons les femmes. Il me donne son revolver et ses galons et nous partons en virée, en priorité absolue, haut-parleurs à fond et sirènes hurlantes. Nous débarquons dans la caserne où dorment les appelés pour improviser une revue complète des effectifs. Tout le monde se prend au jeu : les professionnels, les appelés et même moi, embarrassé jusque-là.

Le lendemain, Békir nous invite pour un *cig köfte* gigantesque, un plat traditionnel kurde, sa région d'origine. La viande crue a été malaxée, broyée, mélangée dans diverses épices pendant plus d'une demi-heure.

---

1. Gendarmerie.

Nous l'enroulons dans des feuilles de salade pour la tremper dans des sauces sublimes à base de yaourt ou de tomates. Toutes sortes de légumes crus accompagnent la viande, des carottes, des navets, des radis… Nous mangeons en tailleur autour d'une immense nappe sur laquelle sont disposées toutes les coupelles et assiettes richement garnies. Nous continuons le repas par un de ces cafés turcs ravageurs en picorant la multitude de graines dont les Turcs ont toujours les mains occupées.

Békir s'exprime à travers des poèmes imagés que Rasim traduit de plus en plus difficilement à mesure que la soirée avance. Il nous montre des photos des opérations menées en montagne contre le PKK, le parti indépendantiste kurde, auxquelles il a participé, lui le militaire originaire du Kurdistan. Sa femme, enjouée et extravertie, nous a tricoté des chaussettes hautes dans une laine splendide. Nous repartons également avec des bracelets de prières qui nous protégerons. Nous avons dû refuser uniforme, veste d'hiver de l'armée et parfum. Dès que nous posons une question sur un objet, il nous demande de le prendre en cadeau. Nous n'osons plus rien regarder.

Quand nous quittons Sultanhani, la Cappadoce n'est plus qu'à quelques encablures. Nous passons par le Sud pour remonter vers le cœur de la Cappadoce, vers les plus spectaculaires vallées de tuf situées entre Göreme et Urgüp. Sur la carte, nous devinons des pistes pour éviter les détours de la route. Plutôt roulantes malgré la poussière et le sable, elles longent des champs, passent à côté de maisons isolées mais efficacement gardées par des *kangals*, chien de berger turc à l'agressivité jamais démentie.

Après trois heures de pistes, nous arrivons en vue d'un village, à l'entrée duquel l'arcade de métal indique le nom d'Incesu. Ni magasin ni *choïkhouné*[1], une seule échoppe où quelques personnes déjeunent. Dans la salle sombre et crasseuse, il y a un poêle, une petite table aussi bancale que les bancs et des morceaux d'une viande foncée suspendus çà et là. Nous sommes dans une boucherie-*lokanta*, le seul commerce d'Incesu.

Dans la rue, les hommes passent pour se rendre à la prière du vendredi midi, la plus importante de la semaine. La nouvelle de notre arrivée se répand rapidement, nos vélos sont dehors, visibles. Petit à petit, toute la ville défile chez le boucher. Quelques-uns s'attablent pour déjeuner avec nous, d'autres s'installent dans un coin de la pièce pour nous observer, les plus jeunes s'empilent à l'entrée, ils sont régulièrement chassés par les anciens qui s'énervent de leur curiosité bruyante.

Ces scènes, nous en avons l'habitude et, pour tout dire, nous adorons les provoquer tant ces instants conservent la magie de la rencontre, tant ils sont l'âme de notre voyage. L'un des premiers à s'installer avec nous parle anglais, il est professeur de mathématiques à l'école. Pour s'excuser de la curiosité de tous, il affirme que nous sommes les premiers touristes à traverser leur village. Pour beaucoup de gamins, nous sommes les premiers Européens qu'ils voient. Incesu n'est pourtant qu'à quelques encablures de la Cappadoce et des sentiers battus du tourisme de masse.

Notre repas de viande faisandée et grasse avalé, le professeur nous invite à visiter l'école. Les élèves sont déjà dans les classes, nous nous glissons avec le directeur en plein cours d'anglais. Nous prenons le relais de la jeune professeur dépassée par les événements et soudain paniquée de devoir parler anglais. Avec une carte, nous essayons d'expliquer notre parcours. Les enfants

---

1. Maison de thé.

sont béats, pas de ce que nous tentons de leur raconter, mais de notre présence. Plus tard, quand je dessine notre parcours sur la carte suspendue au mur, ils sont captivés par la taille de ma montre, énorme écran digital. Un par un, en se trémoussant sur leurs chaises, ils se présentent : « *Hello, my name is... What is your name ?* » Trente-deux fois nous répondons : « *Hello my name is Antoine, hello my name is Célina, and you, what is your name ?* »

La cloche sonne la fin des classes. Dans la cour, tous les élèves de l'école, en uniforme dans leur tablier bleu, sont en récréation. La meute nous repère et nous prend d'assaut. Un assaut formidable. Tous veulent nous parler, nous toucher, ils se tirent et se bousculent pour agripper nos vélos. Je sors mon appareil pour photographier cette marée d'enfants et cette forêt de bras tendus. Le rassemblement tourne à l'hystérie. Célina arrache de la mêlée une petite puce de 6 ans en train de se faire piétiner. Les professeurs interviennent, dix minutes sont encore nécessaires pour nous faire sortir de la cour. La piste pour repartir tourne autour de l'école, la course des gamins soulève un nuage de poussière, leurs cris nous portent jusqu'à la sortie de la ville.

Un kilomètre plus loin, les jambes toujours flageolantes, nous nous arrêtons. Nous n'avions jamais imaginé, anticipé une telle réaction, nous sommes submergés par leur enthousiasme et leur spontanéité. Tout ce bonheur qu'on nous envoie à la figure est extrêmement grisant, mais brutal aussi, bouleversant.

Cette deuxième semaine encore, le voyage a été une succession d'instants d'une rare intensité, nous en avons déjà le vertige, par peur d'oublier. Parce qu'oublier ces moments seraient trahir tous ceux qui nous ont tant donné.

Cappadoce, erreur d'orientation

Nous nous dirigeons vers un des trois grands volcans dominant la Cappadoce, le Hasan Dagi. À ses pieds, quelques villages profitent de ses pentes fertiles. Dans les *choïkhouné*, les hommes attendent que le soleil se couche.

Cette semaine est celle du pain, les femmes sont occupées. Elles travaillent des journées entières, un jour chez l'une, un jour chez l'autre, jusqu'à ce que tout le village ait constitué ses réserves pour l'année. Elles travaillent par atelier de cinq à six femmes. Les premières préparent la pâte déjà pétrie, elles la roulent, l'étirent, la farinent, l'étirent, la retournent, la farinent de nouveau et l'étirent encore. Elle est ensuite cuite sur une plaque chauffée par un foyer entretenu à la bouse séchée. La plaque ne désemplit jamais. La pâte virevolte de l'une à l'autre, du rouleau à la plaque, de la plaque à la pile de pain cuit. Dans la pièce servant de réserve, cinq colonnes de pain de 1,5 mètre de hauteur sont déjà protégées par des draps. Et il reste quantité de pâte à cuire.

Dans un *lokanta* où nous dînons, un petit vieux s'approche quand il apprend que nous sommes français. Il envoie quelqu'un chercher ses papiers et, pour nous parler dans le français poussiéreux de ses années à Montbéliard, pose sa casquette sur la table. Une vingtaine d'année auparavant, il était ouvrier spécialisé dans les usines Peugeot. Il est depuis longtemps revenu en Turquie et veut maintenant faire une demande de retraite en France. Il a travaillé assez longtemps pour obtenir une indemnité s'il peut prouver qu'il satisfait à un certain nombre de conditions. Des heures obscures de paperasseries l'attendent. Il nous demande de l'aider. Nous pouvons lui donner un coup de main pour cette fois-ci, mais il doit encore s'adresser à différentes administrations éparpillées à des endroits improbables et renvoyer des dossiers dont la complexité me laisse pantois. Il comprend bien la situation, mais, même si cette retraite partielle représente un revenu important pour lui, il garde cette tranquillité et ce fatalisme dont l'Occident s'est affranchi depuis longtemps. Il a déjà fait un pas dans la bonne direction, pour le reste le temps lui donnera peut-être raison.

21 octobre 2003

Nous arrivons finalement au cœur de la Cappadoce, de la vallée centrale où s'entassent les sculptures de tuf, roses ou phalliques. Nous avons continué vers Urgüp et Göreme, deux petites villes charmantes, nous avait-on assuré. Deux petites villes gavées de tourisme en fait, qui alignent les auberges aux prétentions plus ou moins *roots* et les restos au charme « authentique ».

Les derniers kilomètres pour arriver à Göreme sont terribles. La route joue à saute-mouton avant de dresser un mur à franchir : six kilomètres verticaux et éreintants. D'en haut, la vue sur la vallée est splendide, toute la Cappadoce est à nos pieds, festival de couleurs et de formes, bal de soufis de pierres en pleine extase. L'arrivée sur ce promontoire signifie la fin des peines pour la journée, mais aussi la fin de notre première grande étape à vélo. Nous avons au moins réussi à venir jusque-là. Je prends conscience de tout cela en mettant pied à terre, j'ai besoin de reprendre mon souffle, mais j'éprouve un début de plénitude en admirant le soleil couchant qui teinte de rouge la vallée entière. Ce spectacle est le nôtre : nous n'avons pas économisé nos peines pour venir jusqu'ici. Seul, appuyé sur mon guidon, le vélo entre les jambes, je savoure ce moment. J'entends à peine le ronflement d'un moteur et le bruit pneumatique d'une porte qui s'ouvre. Une voix en anglais m'apostrophe : « *Would you mind moving please ? We would like to take a picture*[1]. » Le car entier descend et prend la même photo. Tous les bobs sont alignés face à la vallée, l'un à côté de l'autre, les yeux fixés sur l'écran digital de leurs appareils. Je suggère de ne prendre qu'une photo et de la distribuer à tout le monde. Pause en stabulation, stupeur.

Le dernier rayon de soleil bascule derrière l'horizon : les appareils sont rangés et le car reparti. Nous venons de vivre notre première expérience avec le tourisme organisé depuis notre départ, quasiment notre premier contact avec des Européens depuis Istanbul… Nous savons que désormais le succès de ce voyage ne se trouve pas sur les voies encombrées du tourisme. Nous en aurons d'autres preuves en chemin.

Le centre de la Cappadoce est beau, incontestablement. Les vallées s'enchaînent, perles d'une géologie et d'une érosion si particulières qu'elles ont créé des formes et des couleurs uniques. La Cappadoce est belle, mais c'est bien tout. Le tourisme de masse a permis de développer des infrastructures d'accueil, il a aussi forcé une région dans l'industrie touristique. Bien que nous soyons à la fin de la saison, les rapports avec les Turcs sont des rapports de touristes à professionnels du tourisme. Ils font leur travail, nous devons faire les touristes. Nous sommes à mille lieues de ce que nous sommes venus chercher en entreprenant ce voyage.

---

1. « Pourriez-vous vous déplacer s'il vous plaît ? Nous souhaiterions prendre une photo. »

L'hiver

Nous quittons la Cappadoce pour une nouvelle étape, conscients d'avoir voyagé jusqu'ici dans des conditions idéales : temps clément, relief facile, si l'on fait abstraction des premiers jours, et des gens extraordinairement accueillants. Nous partons maintenant vers l'est, vers du relief et un hiver de plus en plus pressant. Nous sommes en sursis. Toutes nos rencontres nous ont mis en garde contre les Kurdes, certains vivement, les moins critiques en nous annonçant une population moins hospitalière et plus dure.

Nos journées sont rythmées par les visites des bergers lors de la longue pause de midi ou quand nous campons. La première visite de la journée est annoncée par le martèlement régulier d'un troupeau qui avance vers notre tente. Les moutons ne s'arrêtent pas, les chèvres sont curieuses, elles goûtent à tout, elles viennent mordiller la toile, lécher nos sacoches. Le temps de mettre le réchaud en marche pour préparer du thé et le berger arrive. Au petit matin, nous sommes tous les trois autour de la casserole à attendre que l'eau bouille, nous nous chauffons les mains autour du feu. La rosée perle tout autour. Pas besoin de paroles pour passer ensemble ces petites heures. Les bergers sont nos compagnons de voyage les plus fidèles, toujours contents de pouvoir partager un moment ou prendre un thé bienfaiteur. Leurs bottes sont craquelées d'avoir tant marché, leurs mains racontent leurs animaux, ils ont les traits façonnés au burin du mauvais temps et du soleil. Quelles que soient les conditions, ils sont là, ardus à la tâche. J'avais déjà pour tous les métiers liés à l'agriculture une réelle admiration, j'ai développé pour celui de berger une fascination qui sera, sans aucun doute, à l'origine de notre arrêt d'une année en Mongolie pour apprendre un peu de cette vie pastorale.

Quelques jours après avoir quitté la Cappadoce, les gens ne se précipitent plus pour nous offrir thés et cigarettes quand nous nous arrêtons. Plus la journée avance et plus leur retenue est flagrante. Hier, il était impossible de traverser le moindre village sans être arrêtés, aujourd'hui nous roulons toute la journée sans une invitation. Le soir, les rues sont inhabituellement désertes, elles se vident en quelques minutes au coucher du soleil. Nous venons d'entrer dans la période exigeante et difficile du ramadan.

Hors des grandes villes, les endroits où nous restaurer pendant la journée ne sont pas légion. Nous retrouvons ceux qui ne suivent pas le ramadan dans les arrière-salles des restaurants. L'intensité de l'effort a sérieusement entamé l'activité et la curiosité des Turcs. Les rues sont plus calmes, l'atmosphère est à la retenue. Le soir, dans les villes et les villages, la priorité des gens est le jeûne. Dès que la nuit est tombée, nous retrouvons le pays que nous connaissons. Dans les *choïkhouné,* les hommes mettent une grande énergie à rattraper les palabres en retard du jour.

28 octobre 2003

Nous nous réveillons sous une grisaille humide. La veille, nous avions installé le campement sous un ciel pur et froid. Le vent se lève. Avant que le café soit chaud, des rafales de pluie et de vent s'abattent sur notre pauvre abri. Une pluie froide et dure, une pluie d'hiver. Le ciel est noir, sans espoir pour la journée. La tente ne résiste plus à l'eau, accumulée en flaques tout autour et en dessous. Nous paquetons. À l'heure de partir, tout est rincé, nous sommes déjà congelés et la pluie a doublé le poids de notre chargement.

Pendant un petit moment, nos vêtements restent imperméables, mais la pluie et le vent en viennent rapidement à bout. L'eau s'infiltre par les coutures. En ruisselant le long des pantalons de pluie, elle rentre dans nos chaussures étanches qui retiennent toute l'eau à l'intérieur. Nous nous réchauffons un peu en pédalant et feignons d'ignorer les gerbes d'eau projetées par les camions qui nous doublent.

À la pause de midi, ramadan oblige, nous ne trouvons rien d'autre qu'une grande cantine moderne de routiers, un restaurant froid, ouvert au courant d'air. Nous retirons nos couches de vêtements trempés, elles gouttent lamentablement sur le dos de nos chaises. Nous renfilons ces loques encore humides et froides pour repartir. La route est sombre, le trafic intense et stressant, il n'y a rien à voir.

Toute la journée passe ainsi. À la nuit tombante, nous arrivons dans une ville sordide. Les habitants pressés rentrent chez eux, les mains dans les poches, la tête basse, enfoncée dans les épaules. Une enseigne miteuse et blafarde indique un hôtel. La réception est froide, les chambres glauques à souhait, l'odeur de cendre froide s'accorde à la peinture verdâtre et sale, moisie par endroit. Le patron ignore la négociation, il sait que nous avons besoin d'un toit ce soir. Il continue à regarder ostensiblement la télé alors que nous essayons d'obtenir une ristourne, un sourire.

Pour dîner, nous ne trouvons ni *choïkhouné* accueillante ni *lokanta* correct. Nous retournons finalement dans notre chambre, puisque la ville n'a aucun intérêt. Les vêtements sont encore trempés, la température glaciale. Nous passons la soirée sous les couvertures sales et raides, décidés à dormir et à oublier tout ça. Au milieu de la nuit, sur les chiottes ignobles et bancales situées à l'autre bout du couloir, nous avons la confirmation que le *lokanta* n'était vraiment pas fameux. Nous nous réveillons pressés de partir, mais il neige maintenant à gros flocons. La route est bloquée, déjà sous 40 centimètres de neige. Aucune chance de partir aujourd'hui, la perspective d'une journée supplémentaire dans cette turne nous achève. Nous n'avons qu'à faire le dos rond.

Les jours suivants se ressemblent, nous roulons sous la pluie qui a fait fondre la neige. La région est grise, sans intérêt, plate et morne, succession de cités bétonnées et sombres. Pinarbaci, Kahramanmaras, Narli, Pazarcik.

Un soir, Célina reste seule dans le réduit bruyant et poussiéreux qui nous sert de chambre. L'employé de l'hôtel, une limace d'une vingtaine d'année, dentée comme un ragondin, veut profiter de mon absence. Rentré dans la chambre au motif de vérifier qu'il y a de l'eau, il s'attarde en suggestions poisseuses avant d'essayer de forcer Célina à l'embrasser et probablement beaucoup plus si elle ne l'avait pas jeté hors de la chambre. Je la retrouve barricadée. Le pauvre garçon a l'esprit frustré et confus, mélange explosif des interdits anachroniques de la société traditionnelle turque et des fantasmes incontrôlables déclenchés par la réputation des Occidentales et les hormones de son âge.

Depuis quelques jours, nous nous ensablons dans une mauvaise passe. Ce soir, nous avons conscience d'avoir touché le fond et finissons par rire de ces enchaînements de guigne.

Un trait de lumière dans cette atmosphère terne et tout est instantanément oublié. Le vélo a ceci de particulier avec le voyage : les moments difficiles, physiquement ou moralement, sont balayés à la première récompense. Il n'en reste aucune trace, ni accumulation de peine ni rancœur à venir. Un rayon de soleil et nous ne voyons plus les poussières de la ville dans laquelle nous arrivons, mais simplement les reflets de cette fin d'après-midi sur le toit des minarets.

À Gölbasi, une pancarte d'hôtel nous arrête devant la boutique de Mehmet. Il nous aborde dans un français impeccable, il a un accent traînant familier. Mehmet nous invite dans son magasin, un rêve de fruits secs et de jus locaux, des cascades de raisins et d'abricots ; toutes les couleurs, tous les formes se déclinent en mille saveurs. Des sacs débordant de pistaches énormes et rondes, des colliers immenses de figues, des amandes, des noisettes, des graines de tournesol dans une profusion qui met l'eau à la bouche.

Mehmet a vécu en Suisse jusqu'à 20 ans sans jamais oublier la Turquie. Ses pattes d'oie font sourire tout son visage quand il évoque son retour au pays. Son magasin lui assure une petite rente, mais surtout une vie paisible. Le quartier entier se retrouve dans la *choïkhouné* à côté de sa boutique. Ceux qui viennent acheter des fruits savent où le trouver.

Tout en s'activant dans sa boutique avec les gens venus faire les dernières courses avant la fin du jeûne, Mehmet nous fait goutter ses spécialités : ce raisin-là vient d'Iran, ce vert transparent est gage de qualité, ces abricots noirs sont séchés directement au soleil, ils sont sucrés et extrêmement laxatifs. Les pistaches doivent être grosses, rondes et bien sèches, les autres ne valent pas grand-chose. Il regarde sa montre fréquemment, le jeûne est long, nous arrivons à la fin de la journée. Nous promettons de le retrouver ce soir et nous montons nous installer.

Au coup de canon annonçant la fin du jeûne, je regarde, par la fenêtre qui domine la rue principale, la ville se vider. Chacun hâte le pas pour rentrer chez soi. Quelques minutes plus tard, un gamin ouvre la porte de notre chambre : c'est Deniz, le fils de Mehmet.

Il nous apporte des galettes garnies de légumes, de fromage et d'œufs. Nous nous sommes mal compris, Mehmet voulait que nous venions rompre le jeûne chez lui.

Une heure plus tard, il est de retour à la boutique. Nous nous installons pour un thé dans la boutique à côté de la sienne. Un thé, deux thés, dix thés, trente thés plus tard, nous sommes toujours là, tout le quartier vient en visite. De temps en temps, un client l'appelle dans son magasin, il revient en sa compagnie prendre un thé avec nous. Certains veulent me montrer la ville, nous partons faire un tour en voiture, un autre m'embarque pour que j'échange quelques mots d'anglais avec sa fille, un dernier me fait visiter sa boutique de coiffure. Le reste de la ville est depuis longtemps endormie quand notre assistance se décide à quitter la *choïkhouné*. Célina s'est éclipsée très tôt, ne souhaitant pas perturber davantage le territoire des hommes, l'abandonnant à ses habitudes.

Göksun. Le froid est installé. Un poêle dans un *lokanta* nous attire aussi sûrement qu'un rai de lumière dans la nuit. Le dîner, le thé, les habitués : interloqués d'abord, ils viennent ensuite discuter. Un jeune nous demande :

— Vous voulez voir mon père ?

— …

— Vous voulez voir mon père et ses moustaches ?

— …

— Je vous emmène voir mon père, il a les plus longues moustaches du monde !

— !!!

Nous le suivons. Derrière la rue principale, en longeant des bâtiments en travaux, nous nous dirigeons vers une lumière blafarde suspendue devant une porte. Une salle de jeux, l'atmosphère est saturée, la fumée épaisse, la tension palpable. Les jetons de *okay*[1] et les cartes claquent sur les tables. Au fond, un cow-boy garde les pieds sur la table. Le patron veille, assis seul. Santiag blanches, Stetson en feutre noir et costume beige satiné largement ouvert sur une pilosité étouffante. L'homme est large, avenant, chaleureux. Il nous raconte son histoire : « Dieu m'a suggéré de me laisser pousser les moustaches. Après dix ans de travail, j'avais les plus longues moustaches de la planète. Ma notoriété me permet de voyager, invité dans des conférences ou des concours : la Thaïlande, Singapour, Hong Kong et les pays du Golfe. » Tout en parlant, il dénoue ses moustaches. Les yeux écarquillés, parodie de Dalí, il tient ses moustaches à chaque extrémité : 1,60 mètre d'envergure, tout de même. Dans la salle, l'ambiance est aussi épaisse que la fumée. Un instant, machinalement, il enlève son chapeau et s'essuie le dessus de son crâne brillant.

Premiers pas en terre kurde

8 novembre 2003, 45e jour de voyage

Nous arrivons en terre kurde un jour inquiétant. Nous sommes seuls, écrasés entre le ciel lourd et la roche, la route est sombre. Nous traversons les gorges de l'Euphrate qui marquent l'entrée dans la partie kurde de la Turquie : elles ont des allures de coupe-gorge. Une atmosphère glauque baigne la région. Ce n'est, en fait, qu'un jour sombre et pluvieux, comme nous en connaissons tant en Europe.

Toutes les mises en garde entendues sur le Kurdistan ont fini par creuser une faille, insinuer un doute. Elles

1. Jeu proche du rami qui se joue avec des fiches.

ont rendu ce jour pesant, alors que nous nous croyions à l'abri de ces clichés.

Partout dans l'ouest de la Turquie nous avons reçu un accueil formidable de générosité et de spontanéité, mais partout nos hôtes ont été formels : la partie kurde est dangereuse, voire très dangereuse. Akin, l'arboriculteur vivant en Belgique, nous avait déjà mis en garde : « Ici, c'est garanti, double garantie même. Là-bas, dans l'Est, c'est pas garanti, pas garanti du tout. » Depuis, les avertissements n'ont pas cessé. Nous avons toujours souri à ces lieux communs, poliment écouté en essayant de changer le sujet de conversation, et nous nous sommes répété que ces peurs communautaires ne nous atteindraient pas. N'empêche, en ce jour où nous arrivons au Kurdistan, nous sommes tendus, sur nos gardes. Inconsciemment, nous attribuons aux premiers foulards kurdes des arrière-pensées menaçantes.

Le premier soir, alors que nous rentrons dans un village pour trouver un endroit où dormir, la *jandarma* nous arrête et nous « prie » de passer la nuit dans la caserne. Elle ne souhaite pas voir d'étrangers dormir dehors. Le lendemain, une autre journée qu'un de nos mois de novembre n'aurait pas reniée nous mène dans une petite ville triste et sale : Siverek. Il n'y a pas de femmes dans la rue, les hommes nous regardent depuis les salles de billard enfumées et éclairées au néon, ils sont distants et guère affables. Peu de choix pour dormir : cet hôtel-là rentre directement dans la catégorie sordide. Il est sombre et pue la cendre froide. Nous nous en contenterons.

Nous sommes sur la défensive, peu enclins aux rencontres et à nous laisser aller. Les circonstances influent sur notre état d'esprit, il n'y a ici rien de pire qu'ailleurs, mais tout est réuni pour modifier notre perception de l'environnement. Et le temps pisse la mélancolie ambiante. Nous reprenons la route. Deux heures plus tard, le vent balaye le voile de misère dans lequel nous évoluons depuis trois jours, la terre brune fume sous le soleil, les pâtures se teintent de couleurs pâles. Nous sortons la tête de nos capuches, nous l'enfoncions dans nos épaules depuis trois jours à la manière de tortues attendant des heures meilleures.

Nous arrivons à Hilvan, un bourg à l'écart de la route. À peine avons-nous mis pied à terre que toute l'attention de la ville se porte sur nous. Cinquante, cent personnes se rassemblent, nous pressent de questions et se racontent leurs propres histoires : « Ils sont Allemands, je les ai vus à la télé… »

Dans ce soleil, après cette journée, les foulards kurdes ont des airs de fête. J'explique que nous cherchons la maison de Murat, nous l'avons rencontré une semaine plus tôt au Nemrut Dagi avec sa famille, ils nous ont invités. Sous bonne escorte, nous arrivons jusqu'à leur domicile. Le festin pour rompre le jeûne est déjà en place, toute la famille attend le coup de canon qui aura lieu dans une heure environ. Nous sommes happés à l'intérieur de la maison. La femme de Murat et celle de son frère Mehmet nous servent immédiatement à manger et à boire. La grand-mère reste avec nous, elle est contente de revoir Célina, elle la couve d'attentions : « Ma deuxième fille ! » nous dit-elle. Elle nous encourage à manger et à boire, eux attendent la fin du jeûne.

Leur faim, leur soif apaisées, Mehmet et sa femme Ayat nous accueillent dans leur maison adjacente. Mehmet est le frère aîné de cette famille de dix enfants. Son père est décédé, ses deux veuves vivent sous le même toit dans la maison voisine. À la mort du père, Mehmet n'est pas devenu le chef de famille, le chef du clan : le père avait nommé Murat, le troisième fils de sa première épouse, pour lui succéder. Il est plus jeune et moins corpulent que ses autres frères, mais son physique effilé, trempé dans l'acier, dégage une inflexibilité et une ténacité particulière. Toutes les grandes décisions et la répartition des revenus sont tranchées par Murat, même s'il vit une partie de l'année sur la côte méditerranéenne, loin du reste de sa famille. Il a banni du clan son autre frère aîné qui n'avait pas souhaité le soutenir lors de son mariage. Le frère vit, exclu, à quelques maisons de sa famille et de sa mère qui refuse de le voir.

Au moment du coucher, nous ne pouvons refuser la chambre d'Ayat et Mehmet : elle dispose du meilleur lit, et eux ne conçoivent pas de dormir mieux que leurs invités. Réveil à 4 heures pour partager le repas avant le début du jeûne. Il y a du thé, des galettes de pain, des tomates, du fromage et des olives. Quand la radio annonce le début des privations, Mehmet est en train de fumer une cigarette. Il recrache la fumée et l'éteint. Plus rien, ni eau ni nourriture, ne franchira le seuil de sa bouche jusqu'au soir. Nous repartons nous coucher. Nous nous réveillons vers 9 heures ce matin-là, Ayat a préparé un petit déjeuner pour nous, des œufs, du thé, du pain, du fromage et des tomates, un petit déjeuner qui devait déjà lui faire envie.

Nous avions prévu de partir ce matin, mais la pluie nous a engourdis. Nous nous sentons particulièrement bien ici. Au moment que nous avions prévu pour le départ, Célina craque. Elle a développé des affinités avec Ayat et les autres femmes de la famille. Elles ont passé toute la soirée d'hier à parler et à rire dans le couloir de la maison. Dans le salon, avec les hommes, j'entendais souvent leurs rires étouffés.

Et ce matin, à l'écart, Ayat a insisté auprès de Célina pour que nous restions, elle a touché une corde sensible. Pour Célina, chaque départ de famille lui rappelle le déchirement familial que lui coûte ce voyage. Et aujourd'hui, c'en est trop, elle paye toute l'énergie dépensée depuis des semaines et l'accumulation de frustrations affectives. Elle n'a simplement pas l'envie de repartir une nouvelle fois dans l'inconnu, de ne pas savoir de quoi la journée sera faite ni où nous dormirons. Ayat et ses belles-sœurs sont contentes que nous restions.

Mehmet est plus timide et renfermé que son frère Murat, il est plus calme aussi. Quand Murat n'est pas là, nous passons de longues heures à communiquer à l'aide des quelques phrases que nous connaissons et grâce au dictionnaire turco-anglais qu'il a trouvé en ville. Patiemment, il cherche les mots un à un, il construit des phrases et des questions plus pertinentes et plus profondes que celles auxquelles j'ai l'habitude de faire face. Je lui réponds comme je peux, souvent à l'aide d'un assemblage de mots dans le dictionnaire. Il hoche la tête doucement, pause sa main à plat sur le dictionnaire, réfléchit. Il soupèse ce que je viens de dire ou ce que j'ai pu vouloir dire. Il cherche alors un autre mot dans le dictionnaire afin de confirmer notre compréhension mutuelle. Ses manières sont douces et calmes, rien ne le presse, il prend le temps de la réflexion et surtout, à cause de toutes les barrières culturelles et linguistiques qui nous séparent, se donne la peine de la compréhension. Il est aussi calme et attentif pour ses deux filles Bahar et Fatoch, alors que la distance des pères turcs envers leurs enfants ne cesse de nous surprendre.

Mehmet est menuisier, son atelier est au rez-de-chaussée de la maison. Il est trop souvent fermé : il y a peu de travail ici en temps normal, et en cette période de ramadan, c'est encore pire. Il me montre toutes les machines de son atelier, il les a conçues lui-même à partir de matériaux de récupération. Il en a imaginé le fonctionnement, puis les a construites. De cela, Mehmet ne me dit rien. C'est Murat et son plus jeune frère, de la fierté dans leurs yeux, qui m'expliquent tout ça.

La maison de Mehmet est grande, mais seul le salon est chauffé. Mehmet, Murat et moi nous y tenons tout le temps que nous sommes dans la maison. Les femmes, désireuses et contentes de pouvoir discuter avec Célina, restent dans le couloir glacial dès qu'elles le peuvent. Si elles entrent dans le salon, parce qu'on a besoin d'elles, elles gardent le visage fermé. Soumises. Dans le couloir, à l'écart du regard des hommes, elles rient, se déguisent des vêtements de Célina, posent des questions sur des sujets qu'elles ne peuvent évoquer entre elles qu'à voix basse.

Le soir, Célina décide d'aller acheter quelques pâtisseries pour les partager avec toute la famille, pour les remercier de nous avoir offert ce foyer. Nous avons repéré un magasin au coin de la rue. Célina propose aux femmes de l'accompagner. L'idée les enchante, mais elles doivent d'abord demander à leurs maris la permission de sortir seules. Au moment de se préparer, elles sont tout émoustillées. Dans la rue, elles sont aussi excitées qu'une bande d'adolescentes. Elles se tiennent par la main, se chuchotent des secrets et ne peuvent retenir des rires étouffés. Elles confieront à Célina que cette sortie est exceptionnelle, tant elles sont normalement prisonnières de leurs maisons.

Murat, de retour depuis peu dans sa ville, part rencontrer des gens au billard. Il nous emmène, Mehmet et moi. Il a prévenu Célina à part : elle ne peut pas venir. L'endroit est enfumé, la fatigue prend le dessus, je m'éclipse et retourne à la maison. En arrivant, je sens une agitation fébrile. Une tête passe par la porte du salon, soulagée de me reconnaître. Célina me racontera qu'après avoir entendu le bruit du portail, les femmes ont rangé en un tour de main le salon qu'elles occupaient, remis les foulards dont elles s'étaient débarrassés et attendu l'arrivée des hommes. Mais ce n'est que moi : Célina remet la musique et ressort les cartes et le Coca. Je découvre alors ce que cache leur voile austère. Les voix percent, les fous rires s'enchaînent, elles osent quelques pas de danse, elles me demandent même de me joindre à la ronde. Les foulards gênent, elles les lancent sur le canapé. Célina sort des cigarettes, elles essayent en pouffant, paniquées que la porte s'ouvre ou que quelqu'un puisse les voir.

Soudain une porte claque, une voix masculine gronde. La fumée se fige. Un masque de circonstance, plombé d'ennui, tombe subitement sur ces visages. L'étincelle qui brillait dans leurs yeux un instant plus tôt est éteinte. Leur transformation est totale, subite et mortifiante. Je ne suis plus sûr de la réalité de ce que j'ai vu. Si je n'avais pas deviné d'autres fous rires échappés, si je n'avais pas surpris d'autres moments de complicité entre femmes au détour de portes entrebâillées, j'aurais douté de ce que je venais de vivre.

Cette nuit a tremblé sous l'orage, ce matin le ciel est encore chargé de colère. Une dernière pluie, puis le beau temps l'emporte à l'heure où nous partons. En quittant la maison de Mehmet, je revois le visage blême d'Ayat près du poêle ce matin, regardant l'hiver à travers le voile de ses fenêtres. De son masque d'ennui, la tristesse perçait nettement. Nous partons. Ce matin, sur mon vélo, je suis hanté par ses traits pâles et ses grands yeux noirs, lourds de mélancolie. Dans le ciel bleu et frais de cette pure journée d'hiver, je décide de dissoudre mes émotions dans la musique. Je choisi Brel. Mais Brel… Brel, quand on est plein d'émotions encore brutes et non digérées, c'est prenant. Ma gorge se sert, mon ventre se noue. Jamais je n'avais autant apprécié la justesse de ses images et la puissance de ses consonances.

Arabes, Kurdes et Turcs

Nous nous dirigeons vers San Urfa pour suivre la route le long de la frontière syrienne, éviter le relief et chercher la chaleur. Urfa serait la ville natale d'Abraham, elle abriterait la tombe de sa mère Sarah. Selon la légende, Abraham, coupable d'avoir tué des dieux païens, y fut jeté dans une fournaise par le roi Nemrod d'Assyrie. Le feu se transforma aussitôt en eau, les tisons brûlants devinrent des poissons.

Nous profitons de la ville sous un ciel bleu et des températures clémentes. Nous déambulons entre ses vieux bâtiments et dans ses ruelles chargées d'histoire. Nous sommes loin de l'agitation perpétuelle, de la bruyante pollution et du chaos architectural des autres villes turques. Le bassin aux carpes confère cette atmosphère si particulière à la ville : calme, détendue, presque recueillie le soir venu. Des bancs gluants de carpes voraces s'emmêlent à chaque fois qu'un gamin s'approche du bassin pour lancer une pincée de nourriture. Au bord de l'eau, quelques personnes sont pensives, les autres déambulent paisiblement, ils font le tour du bassin auquel sont adossées une mosquée et une école coranique.

Le bazar de San Urfa est caché dans un dédale de ruelles, comme dans toute la Turquie. Il est riche en étoffes, en fruits et légumes, en vêtements et en matériel en tout genre. Pour la première fois nous trouvons des peaux de loups. Tous les métiers artisanaux sont présents dans une agitation contenue. Ici aussi, l'atmosphère est détendue, les gens moins pressés de vendre.

Nous partons vers l'est en longeant la frontière syrienne jusqu'à Mardin. La route est toute droite, construite sur un étroit remblai. Elle est empruntée par les camions de pétrole qui vont et viennent d'Irak. Ils ont à peine la place de se croiser : nous sommes de trop. Pas question de ralentir pour un vélo quand on conduit un camion de plusieurs tonnes. Ceux qui nous doublent sur une route libre daignent s'écarter. Un peu seulement, le strict minimum, nous sommes secoués par le souffle de leur monstre. En arrivant à hauteur, ils balancent un énorme coup de Klaxon d'encouragement. À chaque fois, nos cœurs se décrochent. À leur approche, nous sommes tendus, résignés, attendant le coup de grâce. Si un autre camion arrive en face, les coups de Klaxon sont saccadés et pressants, ils sont un avertissement lugubre : eux ne ralentiront pas ni ne s'écarteront. À nous de vérifier que la chaussée est assez large pour tous. En cas de doute, nous plongeons dans le remblai en pierres.

Le long de cette route, nous découvrons une autre population, beaucoup plus arabe, qui n'a pas la réserve des Kurdes. Hommes et femmes portent un foulard mauve pâle. Osman est sorti de chez lui en courant pour nous arrêter au beau milieu de la route. Il avait l'air d'un gnome en agitant ses jambes et ses bras courts. Quand je lui demande comment il se définit, il me répond : « Nous sommes arabes, puis kurdes et enfin turcs. » Une partie de sa famille vit de l'autre côté de la frontière syrienne toute proche. Les visites sont difficiles.

Le hameau d'Osman est uniquement occupé par les siens. Ses parents et ses frères sont installés dans cinq maisons différentes. Ils vivent de l'agriculture et de quelques chèvres. La lumière est extraordinaire ce soir-là : les yeux noirs d'Osman, de ses frères et de tous leurs enfants brillent dans le soleil. Les rides de la grand-mère sont cuivrées, éternelles. Une immense gentillesse émane de sa personne dès qu'elle parle avec Célina. Elle touche affectueusement les cheveux blonds de Célina, les premiers qu'elle voit en vrai. Le plus jeune frère d'Osman, Mahmut, m'entraîne chez lui : une pièce unique occupée par trois paillasses et une télé grésillante. Assis là, un vieil homme que tout le monde ignore. Ceux qui m'accompagnent ne se gênent pas pour s'asseoir sur son matelas posé à terre face à la télé. C'est le père. D'une mimique sans équivoque (langue pendante, yeux fermés et tête légèrement inclinée sur le côté gauche), Mahmut me décrit son état. Le vieux est livide, décharné. Tourner sa tête pelée vers la porte l'épuise, la soulever pour regarder la télé est impensable. Il a à peine 60 ans et même plus assez de force pour mourir.

Encore une fois, les femmes profitent de l'absence des hommes qui m'ont suivi pour venir parler à Célina. Jusque-là elles étaient distantes, elles n'empiétaient pas sur le territoire des hommes.

La nuit tombée, nous nous installons chez Osman. Le thé nous occupe une bonne partie de la soirée. Ses frères entrent et sortent, ils nous posent mille questions sur nos familles, sur les objets que nous transportons, sur l'argent qu'on gagne en Europe. Les femmes observent, plus discrètes. Les enfants passent d'une maison à l'autre en courant.

Nous dînons d'un *cig köfte* épicé et généreux, succulent. Tout le monde reste installé dans la pièce pour regarder un match de football. Petit à petit, les enfants attrapent matelas et couvertures entreposés dans les coins. Un à un, sans ordre ni place, ils s'endorment dans une mêlée fantastique. Osman attend que tous soient endormis pour réajuster les couvertures sur ses enfants et ses neveux, puis éteindre les lumières et la télé.

Foulard kurde

24 novembre 2003

Nous arrivons enfin au lac de Van. Voilà deux mois que nous sommes partis, nous repensons alors aux premiers jours en Turquie et nous rappelons comme ce lac nous semblait loin et improbable.

Des maux de ventre ont rendu pénibles les deux dernières semaines. Incapable de rien assimiler, j'avais à peine l'énergie de me concentrer sur le vélo. Il était impensable d'aller chez des gens, nous aurions fait de piètres invités. Nous nous sommes tenus à l'écart des rencontres, nous nous sommes renfermés sur nous, seulement préoccupés d'avancer et de récupérer. Mais pédaler n'a rien de passionnant en soi.

Nous décidons de rester à Tatvan, le temps que je me refasse une santé. Durant trois jours, le ciel est gris et bas, il mouillasse mollement, c'est un temps à ne mettre ni un Breton ni un Belge dehors : je passe donc la plupart du temps à dormir. En arrivant, nous avons entraperçu des alentours dramatiques : les montagnes dressées brutalement depuis le fond du lac. Nous voulons attendre une éclaircie pour repartir dans ce spectacle.

À Tatvan, nous vivons la fin du ramadan, célébré par la fête de baïram. Toute la journée, les gens s'échangent bonbons et chocolats censés remplacer l'énergie perdue pendant le jeûne. Dans la rue, des poignées entières de sucreries viennent remplir nos poches. Nous achetons aussi des réserves à distribuer, puisque cette fête est un échange.

Dans un *lokanta*, comme beaucoup d'autres, un jeune porte le foulard kurde. Ce symbole de l'identité kurde est interdit par Ankara. Le port de ce foulard n'est pas innocent, il permet d'affirmer sa fierté et son appartenance à cette communauté. En le regardant, j'essaye de comprendre la signification et l'importance de ce geste pour lui, la foi qu'il y met. Comment pouvons-nous ressentir son engagement, nous qui n'avons aucune référence semblable dans nos vies d'Occidentaux affranchis des principales barrières de la discrimination ?

Nous nous mettons à parler, malheureusement nous ne pouvons entrer dans de grandes subtilités. La façon dont il tient son foulard est bien plus révélatrice de son attachement et de sa fierté que son discours qui m'échappe en partie. De la France, il ne retient que l'engagement de Danielle Mitterrand pour la cause kurde, rien des habituels Zidane et Thierry Henry. Notre discussion est brève mais, quand je m'en vais, il me donne son foulard. Son geste est spontané, de pure amitié, pour que nous nous souvenions de lui ; il n'a rien de politique.

Trois jours plus tard, le temps ne s'est pas amélioré. Nous repartons quand même, la ville est peu attrayante et nos visas nous pressent. Pour ce voyage, nous avions souhaité partir sans limite de temps, mais les formalités administratives nous rattrapent. Nous sommes retapés et reposés. Pour la première fois depuis quinze jours, je roule sans être malade. Peu importe que le temps soit gris et couvert, peu importe de ne rien voir des paysages que nous pensions avoir mérités, je ressens de nouveau l'ivresse de la liberté. Nous quittons les bords du lac sans avoir pu profiter de ses paysages. Nous nous enfonçons dans la vallée menant au col du Tendürek, à 2 600 mètres d'altitude, avant de basculer vers le mont Ararat et la sortie de la Turquie.

Examen de passage

Dans le *lokanta* d'une station essence qui nous sert d'abri, nous essayons de glaner quelques renseignements sur la route auprès des camionneurs de passage. Ils nous mettent en garde contre les loups. Quant à la distance d'ici au col, à la prochaine ville, ou le degré de la pente, nous n'obtenons pas deux fois la même réponse. D'autres chauffeurs arrivent dans la soirée, nous sommes tous groupés autour du poêle, le froid est pinçant. À chaque nouvel arrivant, nous devons raconter notre histoire pendant que le propriétaire du *lokanta* alimente son poêle avec un lot de chaises en plastique cassées et des sacs de sciure.

En recoupant les paroles des chauffeurs, nous identifions deux villages d'ici au col. Nous décidons d'effectuer l'ascension en deux étapes. Les journées sont courtes, nous ne voulons pas nous retrouver coincés par la nuit. Elles sont longues et glaciales.

Avant de nous attaquer à la première partie du col, nous engloutissons un énorme petit déjeuner, puis nous saluons le propriétaire du *lokanta*, après lui avoir laissé une photo de nous sur les vélos. La route est facile, le vent de la veille est tombé, nous nous rapprochons de la ligne de neige en remontant toujours la vallée, avant de déboucher sur un plateau immaculé cerné de montagnes enneigées.

Plus loin, nous entrons dans Caldiran, une petite ville grise, succession de constructions récentes en béton. Sur la route principale, quelques magasins sont séparés du macadam par un espace de boue gelée, comme partout ailleurs les travaux sont inachevés. Nous nous arrêtons pour acheter de l'eau, des fruits et glaner des renseignements sur la suite du trajet. Dans une boutique, derrière le comptoir, nous reconnaissons un des chauffeurs avec qui nous avons discuté la veille. Il aide son frère aîné estropié à la boutique. Lui connaît bien la route. Hier il ne disait rien, il laissait parler les bavards. Le croquis que j'obtiens est parfait : une vingtaine de kilomètre jusqu'au col, d'abord 3 kilomètres raides, puis une dizaine assez facile avant la montée finale. La neige ne nous gênera pas longtemps.

La boutique est maintenant remplie de curieux. Le chauffeur et son frère nous invitent pour la nuit, nous n'aurons qu'à rouler le lendemain. Nous laissons les vélos dans la boutique et, pour occuper l'après-midi, partons faire un tour dans la petite ville mal achevée. Partout il fait froid. Dans le *lokanta* et les deux *choïkhouné* de la ville, les hommes sont figés, recroquevillés.

Vers 16 heures, à la nuit tombée, nous retournons à la boutique et partons avec les deux frères vers la maison familiale. Trois générations y vivent, seize personnes. Les grands-parents, deux de leurs fils avec femmes et gamins, et tous leurs enfants non mariés, dont le chauffeur fait partie.

La maison a six pièces, elles ouvrent toutes sur le salon où les hommes se tiennent au chaud. Des gamins entrent et sortent en permanence, les femmes arrivent de partout quand un homme réclame un service, des voisins viennent en visite quand ils apprennent notre présence. Pendant plus de deux heures, nous essayons de compter le nombre de personnes vivant ici. Nous nous embrouillons, nous confondons et quand nous demandons des explications sur la famille, l'affaire se complique : tous en même temps tentent de nous expliquer l'inexplicable. Certains des voisins font partie de la famille (tous ceux qui sont venus en visite avec leur femme) et tous ne comptent pas les enfants de la même manière. Un des pères, à qui nous demandons combien il a d'enfants, nous répond « trois ». Nous en avons déjà vu cinq. L'explication est simple : il ne compte pas ses filles. Elles entrent dans une comptabilité à part.

Le frère aîné du grand-père est là, il est la plus haute autorité dans la pièce ; quand il gronde, une femme s'active ou un gamin morfle. Il insiste pour jouer aux échecs. Je prends une leçon. À l'heure de la prière, il réclame un tapis, fait les ablutions d'usage puis se met à prier au milieu de la pièce. Personne n'arrête son activité pour autant, les autres hommes continuent de parler, les gamins de se bagarrer bruyamment et les femmes d'entrer et de sortir, chargées de linge ou de vaisselle.

La promiscuité est un mode de vie ici. L'individu s'accommode toujours de la situation générale, à l'inverse de nos sociétés où les gens revendiquent intimité et tranquillité. Luxe rare, la maison est équipée d'une petite salle d'eau à chauffe-eau électrique. Elle est attenante à la cuisine où se tiennent les femmes. La famille nous propose de nous laver. Célina passe en premier, elle est surprise quand les femmes et les enfants restent dans la pièce, plus encore quand elles la déshabillent, l'assoient sur un bidon, lui savonnent et frictionnent le corps. À peine me levé-je pour aller prendre ma douche que tout le monde se retire de la pièce.

Dans les campagnes particulièrement, la soumission des femmes aux hommes est solidement ancrée dans les mentalités. Toutes les tâches domestiques leurs reviennent, et souvent bien plus. Pour arracher les patates à la main, un bataillon de femmes travaillent pendant qu'un homme les attend, faisant la sieste sur les sacs déjà remplis. Dans les maisons de thé, seul les hommes sont présents, des heures s'écoulent à converser ou à jouer au *okay*. Quand l'homme arrive à la maison, la femme abandonne ses activités toutes affaires cessantes pour répondre aux exigences de son mari. Les relations entre hommes et femmes sont fondées sur l'autorité et la place dominante de l'homme, les démonstrations affectives sont réservées à l'intimité stricte. Au sein de la famille, les filles, quel que soit leur âge, sont soumises au diktat du père et des frères. Avec leur mère, elles accomplissent toutes les tâches au foyer. À l'école, elles ne représentent qu'un tiers des élèves et s'arrêtent bien plus tôt que leurs frères.

Célina subit souvent ce décalage de traitement et de considération. Dans un milieu d'hommes, passé les premières minutes de surprise, elle ne se sent ni indispensable ni à sa place : quantité négligeable. Pour parler aux femmes, pour s'en rapprocher, elle doit s'éloigner des hommes. Une intimité de femmes ne s'établit qu'à l'écart de ceux-ci. Avec nos manières et notre habitude de nous consulter en tout, Célina et moi sommes souvent objets de curiosité et de stupéfaction.

Nous quittons Caldiran sous un ciel changeant. Peu à peu des nuages filandreux l'obstruent. Les premiers kilomètres sont faciles. Puis l'horizon se bouche entièrement, tout est blanc et froid. Visuellement, le relief disparaît. Physiquement, nous sentons la pente de plus en plus raide. Les conditions ne nous autorisent pas de longues pauses.

Nous sommes dans l'ascension finale. La neige est épaisse sur le bord de la route, nous remontons laborieusement le ruban d'asphalte qui enlace la montagne. Dans un long virage surgit un hameau isolé, les chiens nous ont vus, ils arrivent à fond de train. Ils sont cinq. Les molosses aux trousses, nous protégeons nos mollets en faisant tournoyer nos cadenas souples, nous les tenons toujours prêts à servir. La technique est simple, mais ne fonctionne que si l'on maintient tous les chiens du même côté du vélo. Pour l'heure, ils se contentent de nos sacoches arrière.

Depuis notre départ, nous avons dû nous habituer aux *kangals*, à leurs gueules béantes, babines retroussées sur des crocs luisants, à leurs colliers à clous qui les protègent des loups et à leur infernale agressivité. Ces chiens protègent le hameau, ils nous laissent en paix quand nous l'avons largement dépassé. Nous nous arrêtons pour récupérer de l'effort, exténués. Pas fiers, mais soulagés.

Le col est dans les nuages, l'atmosphère est étrange, chargée et blanche. Depuis plusieurs heures, le trafic est nul, nous sommes seuls. Nous ne serions pas surpris de voir sortir les loups dont les gens n'ont cessé de nous parler. Pas sûr qu'ils entameraient notre joie et notre soulagement d'être arrivés jusqu'ici. La joie du chemin suivi, le soulagement d'avoir passé la première grosse montagne : la suite du voyage sera donc possible. Ce col est le dernier obstacle avant le mont Ararat et la sortie de la Turquie : nous y pensons en enfilant tous les vêtements dont nous disposons pour la descente.

Une trentaine de kilomètres nous attendent, trente kilomètres sans donner un coup de pédale. Nous avions rêvé de cette descente comme d'une récompense à nos efforts. Mais le froid nous ronge petit à petit, nous sommes transpercés par le vent, la graisse se fige dans nos dérailleurs. Pas question de nous relâcher, la pente ne le permet pas. Des *kangals* sautent sur la route, des bergers tonnent contre nous. Le versant sur lequel nous descendons est moins enneigé, la région plus austère : la roche a des reflets mauves et verts, la terre est noire et brune et les cieux chargés pèsent sur les maisons traditionnelles en pierre, plus petites et plus vétustes que vers le lac. Sur toute la route menant à Dogubayazit, aucune végétation ne vient soulager les meurtrissures du paysage. Les sommets des montagnes sont noyés dans les nuages. Cette terre est difficile et avare, les traces de champs sont rares, à l'inverse de la partie ouest de l'Anatolie. Dans les champs, délimités par des murets de pierres sèches, les gens travaillent à la main, les charrues sont tractées par des chevaux. Sur les montagnes pelées, des bergers poussent leurs animaux.

Terminer un voyage, en préparer un autre

1er décembre 2003

Les faubourgs de Dogubayazit sont tristes. Comme dans toutes les villes de Turquie, rien n'est achevé. Quelques personnes retournent machinalement chez elles au milieu des ordures et des déchets que le vent porte le long de la route. Elles relèvent la tête, interloquées, nous passons grand train pour en finir.

Le mont Ararat est invisible. Dans la grisaille, nous en devinons les premières pentes. Soudain le voile de nuages laisse apparaître furtivement, haut dans le ciel, à notre verticale, une pente enneigée. Nous sentons la présence monumentale de la montagne sans la voir, elle domine la ville, l'écrasant de ses 5 000 et quelques mètres d'altitude.

Dogubayazit est la dernière ville avant la frontière iranienne, un point de trafic important entre les deux pays. Tout ce que la République islamique d'Iran interdit est disponible ici, les passeurs qui connaissent la montagne par cœur ont des affaires prospères. Ceux qui se nomment eux-mêmes *businessmen* restent flous sur le contenu exact de leurs activités. Ils ont toujours des problèmes soudains et urgents à aller régler en pleine nuit. Mehmet, avec son air débonnaire, procure des visas aux voyageurs qui n'ont pas réussi à en obtenir pour l'Iran. Il connaît du monde partout, il parle toujours aux gens en les entraînant par la main à l'écart. Il règle tous les problèmes administratifs. Les limites entre la débrouillardise et la corruption ne sont pas nettes ici. Lui-même n'est pas certain de ce qu'il fait quand, par hasard, nous le retrouvons en Iran avec quatre Chinoises pour lesquelles il essaye d'obtenir une entrée en Turquie. Un mois plus tard, nous le rencontrerons de nouveau par hasard, soudain très obscur sur ses activités.

Nous passons notre dernière semaine en Turquie au pied de l'Isak Pasa, un des plus fabuleux caravansérails de la route de la soie, surplombant toute la vallée de Dogubayazit. Le temps est gris et froid, oppressant. Les journées sont courtes. Nous les passons dans l'atmosphère toujours enfumée des restaurants et des cafés. À Dogubayazit, nous sommes à la fin d'un voyage Nous restons une semaine ici, en transition, peu pressés d'en finir avec la Turquie. Nous refaisons le plein d'énergie avant de commencer un nouveau voyage en Iran. Nous ne sommes pas encore prêts à repartir de zéro, à devoir réapprendre une langue, des comportements et des habitudes.

Quand, à Istanbul, nous avions décidé d'un tracé pour ce voyage, nous pensions traverser la Turquie rapidement, en un mois. Elle devait être un terrain d'entraînement, nous n'en attendions pas grand-chose. Nous avions hâte de rejoindre des destinations qui se nommaient Iran, Kirghizstan et Mongolie, des destinations dont nous rêvions depuis des années. Nous pensions traverser le pays dans toute sa longueur en un mois, « faire la Turquie » comme certains disent.

Nous sommes restés trois mois dans le pays, à la limite de nos visas. Nous voudrions encore aller le long de la mer Noire et traverser les montagnes pour longer la frontière géorgienne. Nous aimerions en fait passer plus de temps dans ce pays : plus nous le comprenons, plus nous en apprécions les subtilités. Notre niveau en turc nous permet des échanges où les émotions et les sentiments ont leur place. Notre niveau en langage mimé, grimacé, dessiné, bruité est excellent. Célina ose toutes les traductions.

Les Turcs ne résistent pas à leur curiosité, ils sont d'un enthousiasme sans retenue. Cette curiosité dévorante a éliminé toutes les barrières qui auraient pu exister. Alliée à la spontanéité de leur accueil, elle a été une source d'émerveillement continue qui nous a encouragés jour après jour dans notre choix. La Turquie n'est pas avare en rapports humains, elle prend encore le temps de vivre.

À l'est comme à l'ouest, nous avons été magnifiquement accueillis, avec la même générosité. Les Kurdes sont plus raides, plus distants au premier contact – est-ce une méfiance vis-à-vis des Occidentaux, héritée de la spoliation dont ils ont été victimes quand les quatre grands ont dépecé l'ancien Empire ottoman sans accorder de pays aux Kurdes, maintenant répartis entre la Turquie, la Syrie, l'Irak et l'Iran ? Leur fierté est palpable, à fleur de peau. Leur regard noir scrute l'étranger sur leur terre. Celui qui baissera les yeux à leur barbe naissante ne recevra pas de considération. Une fois convaincus de votre franchise, ils vous ouvrent toutes leurs portes. L'accueil est généreux, total. Il reste formel dans cette société traditionnelle, clanique parfois, où la voix du chef de famille est l'autorité suprême.

En trois mois, nous avons appris à réagir face aux gens, à briser la glace (bien que ce n'ait été que rarement nécessaire), à partager notre voyage, à comprendre et à s'affranchir des barrières culturelles, à nous fondre dans les habitudes quotidiennes des Turcs et à les apprécier. Nous avons appris ce que l'Occident a oublié : savoir profiter de l'instant, ne pas se tracasser de ne rien prévoir ou de ne pas respecter le planning. Apprécier un lieu, un moment ou un imprévu agréable, sans souci du calendrier. Peu importe les kilomètres à parcourir si, après une heure de vélo, une rencontre semble prometteuse. Pourquoi quitter des hôtes qui nous demandent de passer une journée de plus ensemble ?

Seule l'intensité des échanges compte, seule la profondeur des rapports a une signification. Le kilométrage n'est qu'une statistique anecdotique. Au mieux, il permet de mesurer la distance parcourue. Il ne donne aucune indication sur la beauté de la route.

Nos sociétés occidentales, en développant des modèles hyper compétitifs et aseptisés, ont oublié en chemin quelques valeurs humaines que nous avons retrouvées en Turquie. Ici, les gens ne vivent pas les uns à côté des autres, mais encore les uns avec les autres.

Iran

Tout à réapprendre

9 décembre 2003

Un autre de ces matins tristes et froids, un autre de ces matins austères qui sont l'identité de l'est de la Turquie en hiver ; nous longeons les pentes du mont Ararat pour rejoindre l'Iran. Le pays des mollahs, des barbus ou des coupeurs de mains, à en croire les descriptions récoltées en chemin. Après notre expérience kurde, nous nous méfions plus encore de ces avis communautaires. Nous ne sommes pas inquiets, mais curieux de l'expérience à venir. Les plus véhéments envers les Iraniens, ceux qui n'hésitaient pas à les qualifier de dangereux et sanguinaires, n'avaient jamais franchi la frontière… Mais ils savaient, parce qu'il y a des choses que l'on sait.

La frontière est annoncée par une file continue de camions de plusieurs centaines de mètres. Nous la remontons doucement, peu pressés de quitter ce pays qui nous a tant donné. Des minibus et des estafettes succèdent aux camions. Une foule est massée devant la guérite transparente où se tient un douanier. Dès qu'il ouvre sa fenêtre, la mêlée s'y agglutine, chacun pousse son passeport. Le douanier en ramasse une trentaine, il les empile à côté de l'écran blanc de l'ordinateur qui encombre son poste minuscule pris d'assaut. Chaque passeport contient un billet de 5, de 10 ou de 20 millions de livres turques. Un par un, il sépare les billets des passeports. Il y a maintenant deux piles à côté de l'ordinateur.

La lenteur et la méticulosité avec lesquelles il s'exécute sont exaspérantes. « Petit fonctionnaire au pouvoir mesquin, intouchable et bien décidé à étaler toute sa morgue… » J'en suis à ce stade de mes réflexions quand il nous repère dans la foule, nous appelle, fait signe à ses contributeurs de s'écarter puis ouvre sa fenêtre pour prendre nos passeports. Ils ne sont pas garnis, mais passent devant tous les autres. Une certaine tension est palpable dans notre dos. Un coup de tampon, un sourire et un « bon voyage » plus tard, nous filons dans la zone neutre qui sépare la Turquie de l'Iran.

Avant que nous nous présentions au guichet iranien, Célina se coiffe du vilain foulard en acrylique acheté la veille au marché. Elle enfile aussi une chemise longue, destinée à cacher ce qui ne peut être montré en Iran.

Le passage de la frontière est quelconque, formel sans plus, sous le regard bienveillant de deux grands portraits des guides de la Révolution, l'ayatollah Khomeyni et l'actuel Ali Khamenei. Nous n'avons qu'une certitude en sortant du poste : l'incontrôlable curiosité et la franche familiarité turques ne sont pas iraniennes.

Sur la route pour rejoindre Maku, à une cinquantaine de kilomètres de la frontière, des voitures que nous ne connaissons pas, au style marqué des années 1970 : des Paykan, fabrication locale. Pour la première fois depuis longtemps, nous arrivons dans une ville où les bâtisses ne semblent pas abandonnées ou en cours de construction.

Nous cherchons un endroit pour dîner. La ville est grande, mais avare en lieux de vie. Nous ne trouvons qu'un restaurant de *chachlik*[1] vide et situé dans le sous-sol d'une maison. Pas une once de verdure n'accompagne les brochettes fades.

La langue n'est pas encore une barrière, les habitants de la région sont Azéris pour une importante partie, ils parlent une langue proche du turc. Sur les vitrines en revanche, nous ne pouvons déjà plus rien déchiffrer des inscriptions en alphabet arabe.

Célina trouve son foulard déjà encombrant, désagréable à porter et gênant pour tout : le manque d'habitude allié au poids de l'obligation. Elle le porte dégagé sur la nuque, il est moins étouffant ainsi que strictement serré autour du visage. Ce détail n'échappe à personne, les hommes l'observent bizarrement parfois, les femmes en sourient. Ce foulard l'inhibe, elle se sent moins sûre d'elle, observée, rabaissée peut-être.

Les routes menant à Tabriz traversent de vastes espaces. Dans une franche lumière d'hiver, nous enchaînons des vallées encerclées de monts enneigés. Au coucher du soleil, les montagnes se drapent d'un rose délicat avant de découper le ciel bleu nuit, vif, de leurs ombres nettes. Les villes et les villages sont bien plus espacés qu'en Turquie. La carte ne nous aide en rien, ni les kilomètres ni les noms des villes ne correspondent. Les informations récoltées le long de la route sont très aléatoires.

Sur le chemin, un détour par un marché nous mène dans un petit restaurant triste caché derrière des

1. Brochettes de viande.

rideaux. Plat unique : un *abgoush*, plat de mouton, de pommes de terre, de divers légumes et de pois chiches à piler dans un plat creux et servi dans un bouillon. Dehors, nos vélos attirent les regards et la foule, comme toujours. Dans le restaurant nous restons seuls, personne ne vient nous parler. Le patron se contente de nous apporter le plat. Et, à part un petit vieux qui essaye d'expliquer à Célina comment préparer l'*abgoush*, nous n'arrivons pas à nouer de vrai dialogue. Comme nous sortons du restaurant, les gens s'écartent de nos vélos, ils nous observent en gardant leurs distances.

Jusqu'à Tabriz, nous n'établissons pas de réels contacts. Les quelques mots que nous échangeons avec les Azéris ne dépassent pas le cadre des politesses. Plus nous avançons, plus les contacts deviennent difficiles. La rue iranienne nous apparaît austère et triste. Les émotions sont cachées, sous contrôle, rares sont les lieux pour se retrouver et partager un instant. Nous sentons la curiosité des Iraniens, mais elle est muselée. Dans la rue, les « *hello* » qui nous sont adressés sont lancés anonymement dans notre dos.

S'ajoute le problème de la place des femmes dans la société. Les relations entre les deux sexes sont toujours compliquées, sujettes à des conventions qui nous sont étrangères. Célina est ignorée, elle ne sait comment se comporter. On ne serre pas la main d'une femme, pas plus qu'on ne la regarde dans les yeux. Les rares paroles et regards qui lui sont adressés empruntent de désagréables détours.

Le *tarof*, code de conduite social aux manières dix fois centenaires, imprègne le quotidien des Iraniens. Il est difficilement compréhensible pour un Occidental. Ce que nous pouvons prendre pour de l'hypocrisie n'est que de la politesse. Le *tarof* est compliqué, à la manière des Iraniens. Il impose de refuser trois fois une proposition avant de l'accepter. Certaines invitations ne sont donc que des politesses sans motivations, d'autres sont répétées avec une telle insistance qu'on ne peut plus refuser. Sans oublier des salamalecs à tout bout de champs. Nous devons paraître parfois brutaux avec nos manières d'Européens que les Turcs ont rendues plus directes encore.

À Tabriz, par hasard, nous retrouvons un ami de Turquie, le Mehmet de Dogubayazit, qui nous invite à dîner chez Bijhan, un de ses riches amis iraniens. Bijhan sort sa vodka de contrebande. Pour se saouler. L'alcool est banni en Iran, la moindre occasion d'en consommer se transforme en beuverie. Seule l'outrance permet de combattre les abus des interdits. L'alcool est de piètre qualité, le mal de crâne monte, nous ressentons le malaise iranien. Bijhan, dans un excès de lucidité que l'ivresse procure parfois, nous explique les conséquences du système iranien : en chaque personne il y a un double. Dans la rue, au bureau, les Iraniens ne s'expriment pas, ils jouent le jeu de l'austérité, imposée par le gouvernement. Ils ne se découvrent qu'en privé, avec un cercle restreint de personnes.

Et en effet, plus loin, une fois les portes des maisons poussées, nous découvrirons un enthousiasme et un monde d'une exceptionnelle générosité.

À l'instant où nous reprenons la route, la neige se met à tomber. D'abord fine et inoffensive, elle se transforme vite en gros flocons, puis en balles de coton. En deux heures, la ville est étouffée sous la neige, nous devons faire demi-tour.

Nous décidons de rejoindre Téhéran en bus pour régler des problèmes de visas puisque le temps nous est déjà compté. Un dernier arrêt au bazar pour un repas rapide puis nous rejoignons, dans un équilibre précaire, la station de bus à travers la ville paralysée, couverte de neige et d'une bouillie noire et immonde qui s'accumule en flaques épaisses et insondables. Nous voyageons toute la nuit dans la neige et la tempête de nos intestins qui nous obligent plusieurs fois à faire arrêter le bus en urgence. Nous nous retrouvons les pieds dans la neige, le derrière au vent, tous les deux dans le même exercice adossé au bâtiment de police qui sert de *check point*. La situation est hilarante, mais révélatrice du manque de « glamour » que le voyage nous impose et dont un couple neuf se satisfait mal.

Téhéran

Quarante kilomètres de faubourgs sordides construits le long d'autoroutes précèdent le centre de Téhéran. La pollution de la ville nous prend à la gorge, alourdit nos crânes. Notre première impression est détestable, certainement liée aux mois que nous venons de passer à l'écart des grands centres.

La ville, très étendue, est saturée en permanence. Des voitures partout, dans tous les sens, n'importe comment. Surchargés, à six dans la Paykan épuisée, il est impossible de respecter la stricte séparation entre hommes et femmes observée dans les transports publics, nous nous retrouvons tous les uns sur les autres. Les taxis se jettent en force dans la mêlée et, à grands coups de Klaxon, ils s'ouvrent le passage, ignorant même le sens giratoire des ronds-points. Priorité au plus intimidant. Les conducteurs redoublent de manœuvres grossières et dangereuses pour passer. En Europe, nous en serions déjà au pugilat quand en Iran, le chauffeur, coupable de queues de poisson, n'hésite pas à s'arrêter et à demander son chemin à sa dernière victime, avec les salamalecs d'usage. Parce qu'ici, les mots comptent plus que les actes.

Téhéran est traversée par de larges autoroutes à quatre voies. Aux rares heures creuses, cinq ou six véhicules roulent de front à toutes les vitesses. Sur la file de droite, des piétons vont en ville, d'autres font signe aux taxis de s'arrêter. Et ils s'arrêtent. Des bus attendent en double file de nouveaux passagers pour repartir à plein. En taxi, sur l'une de ces autoroutes, nous cherchons l'ambassade du Turkménistan. Le chauffeur, pris d'un doute, s'arrête au milieu de la voie et stoppe un confrère pour lui demander son chemin. De chaque côté, les voitures déboulent. Je me rassure en constatant que les chauffeurs n'écourtent pas les politesses d'usage pour autant. Quand l'autre lui indique la bonne sortie 200 mètres plus haut, le chauffeur n'hésite pas une seconde : il enclenche la marche arrière. En Iran, le taux officiel d'accidents fatals atteint le record mondial de 33 pour 10 000 véhicules. Il n'est que rarement supérieur à 3 dans les pays d'Europe.

Nous passons en taxi devant les fresques fustigeant les États-Unis et épousant la cause palestinienne. Le long d'une de ces autoroutes, une fresque monumentale représente un peuple en guerre sous l'oppression avec ces mots traduits en anglais : « *We will stand forever along our Palestinian brothers.* » Plus au sud, vers le centre-ville, le mur entier d'un immeuble est couvert par la célèbre peinture « *Down with USA* » : le drapeau américain est dessiné verticalement, le rouge des bandes se transforme en traînées de sang terminées par des bombes.

Les quartiers aisés sont au nord, sur les premières pentes des montagnes visibles au petit matin, avant que l'air ne soit saturé de pollution. La ville est plus aérée, la circulation moins effroyable et les constructions modernes et abouties. Le sud est un foutoir innommable, conséquence d'un développement sauvage n'ayant suivi aucune règle d'urbanisation. Enfoncés dans une cuvette, des quartiers poussent, les rues jouent des coudes, multipliant impasses introuvables et constructions bancales. Des artères surchargées, toujours encombrées, transpercent la ville tentaculaire.

Dans les quartiers plus pauvres et traditionalistes du bazar, nous croisons des femmes entièrement couvertes d'un strict tchador noir. Mais le tchador parle. Le tombé soigné d'un pli ou la grossièreté d'un enroulé, l'abandon d'une démarche encombrée ou l'éloquence d'un port altier, la finesse d'un doigt maintenant l'étoffe ou la maladresse d'une main pataude emmêlée dans le tissus révèlent les femmes. Le tchador parle, à demi-mot. Enfin… il chuchote. En montant vers les beaux quartiers de la ville, le tchador devient rapidement un simple voile avant de se transformer en un élégant foulard. Dans le nord, les filles sont maquillées, apprêtées, aguichantes. Elles s'accommodent des règles pour dévoiler leur beauté. Pour la plupart, la façon dont elle porte le *hidjab*, en arrière sur la tête, est sans ambiguïté.

À une heure de Téhéran se trouve Dizin, une des deux stations de sports d'hiver du pays. La caution du gouvernement est symbolisée par une grande banderole placée devant les remontées. Khamenei y déclare : « *I consider sport as a necessity for the health of everyone's mind and body, and I agree with it.* » Les familles aisées de la capitale se bousculent à Dizin. Ici aussi, le paradoxe iranien est flagrant, files et montées dans les télésièges sont strictement séparées, mais les pistes sont communes aux hommes et aux femmes. La tenue de ski permet de s'écarter de la loi, les femmes rivalisent de maquillage et de coquetterie pour s'afficher dans un des hauts lieux de séduction du pays.

Le soir, Téhéran s'ennuie. Les lieux de rendez-vous ou de rassemblement sont rares, les restaurants ou les cafés sont d'une grande discrétion. Peut-être est-ce la volonté des mollahs. Dans le nord, des soirées privées ont lieu ; elles réunissent une population favorisée, vivant en sous-marin avec ses petits arrangements. Dans ce milieu, le tchador est vécu comme une obligation pénible et une contrainte hypocrite. Peu étonnant dès lors de voir apparaître, une fois les grands manteaux stricts laissés aux vestiaires, des talons aiguilles et des minijupes qu'on croyait réservés aux clubs privés de décadents moscovites. Les buffets sont généreusement garnis de tout ce que la République interdit, la salle se déhanche au son de la pop américaine.

Nos contacts à Téhéran nous permettent de croiser une société aisée et généreuse, soucieuse de notre confort et parfois inquiète de l'expérience que nous menons. Nous avons la chance de croiser la route de gens érudits en tout sur leur pays, de cuisinières connaissant toutes les subtilités de la gastronomie perse (où l'accommodation de la grenade relève du sublime), mais surtout de personnes soucieuses de nous faire apprécier leur pays et de nous en expliquer les raffinements et les complexités. Nous rencontrons une vieille dame par l'intermédiaire de son petit-fils. Les années l'ont usée. Tassée, voûtée, elle se déplace difficilement et n'entend plus sans amplificateur. Sa vie est un résumé de l'histoire tourmentée de la région. Son père, russe, avait fui la révolution d'octobre 1917, devant laisser son épouse en Russie mais emmenant ses enfants en Iran. Le hasard et soixante ans seront nécessaires pour que la fille retrouve la trace de sa mère et qu'une visite soit arrangée. Le dramatique et l'extraordinaire de la situation tiennent dans ce détail : la mère et la fille ne peuvent communiquer, l'une parle russe, l'autre persan.

Nous apprenons l'existence des *sigheh*, les femmes temporaires, que les mollahs chiites ont « créées » pour contourner la monogamie. Un homme peut ainsi passer autant de contrats qu'il le souhaite avec ces femmes. Le pacte peut durer une heure ou quatre-vingt-dix-neuf ans, il prévoit en général une contrepartie financière sans que la femme n'ait de droits sur l'héritage du contractant ou sur les enfants qu'elle aurait de leur relation (elle peut tout de même les garder jusqu'à ce qu'ils aient 7 ans). Avant de devenir *sigheh*, une femme doit avoir été mariée.

Un building d'habitations déserté dans les plus beaux quartiers de la ville est révélateur de la mentalité iranienne. Le terrain sur lequel il est construit a été confisqué par la Fondation des martyrs pour y loger des familles touchées par la guerre. Dès la fin de celle-ci, et même peut-être avant, un promoteur a mis la main sur cette propriété en rémunérant les scrupules de quelques mollahs et en ne s'embarrassant guère des familles qui y habitaient. L'opération immobilière aurait dû être un succès si le promoteur avait réussi à obtenir l'accord moral du premier propriétaire spolié. Privé de son consentement, il n'a jamais trouvé acheteur pour ses appartements.

Nous sommes venus à Téhéran pour obtenir les visas ouzbek et turkmène. Dans la grande ville encombrée, nous nous démenons dans un fourbi administratif contraignant. Nous allons d'ambassade en ambassade, d'encombrements en encombrements pour obtenir les informations, récolter les documents, déposer des pré-demandes, attendre d'hypothétiques réponses et enfin remplir les dossiers définitifs qui mettront plus de dix jours à être traités par les consulats. Les visas sont longs à obtenir, entre un Ouzbékistan exigeant mais arrangeant et un Turkménistan pointilleux et capricieux. L'ambassade de France prend tout son temps pour fournir les lettres de soutien nécessaires qu'elle rend pleines d'erreurs et n'accepte de refaire que quand je m'accuse des fautes de transcription ; de plus, elle croit bon d'ajouter : « De toutes façons, nous ne pouvons pas encourager votre initiative. »

L'ambassade française, située rue Neauphle-le-Château, lieu de villégiature de Khomeyni quand il était réfugié en France, est dans la partie sud de la ville, les deux autres ambassades sont dans la partie haute. De longues heures, tellement précieuses quand les consulats n'ouvrent que certains matins de la semaine, s'évaporent dans les méandres de la circulation téhéranite. Nous restons donc englués plus de temps qu'espéré dans ce gigantesque chaos qu'est Téhéran, dans ce tourbillon que personne ne maîtrise, mais dont tout le monde s'accommode.

Trésors en péril

De Téhéran, nous partons vers le sud pour fuir l'hiver. La route qui longe le désert et nous mène jusqu'à Yazd est une source intarissable de trésors architecturaux. Les villes sont les premières oasis du désert qui occupe tout le centre du pays. L'ombre et la verdure que nous y trouvons sont un bienfait après des journées sous le soleil et dans la poussière.

À Kashan, des demeures d'une richesse et d'un raffinement uniques ont été construites au XIXe siècle, pendant la période kadjar. Ces bâtisses sont à la fois monumentales et intimes, mystérieuses et aérées, ciselées de détail et audacieuses. Toutes les pièces sont abouties, chacune recèle des trésors architecturaux, colonnades, balcons, vitraux, voûtes étoilées. Les jardins, souvent construits autour d'une pièce d'eau, offrent une vue d'ensemble ou la possibilité de s'esquiver discrètement dans les jeux d'ombres et de lumières.

Les villages regorgent de souvenirs d'une époque où les caravanes sillonnaient le pays et les guerres le ravageaient. Caravansérail et fortin abritaient tour à tour les marchands et les populations qui y protégeaient leurs récoltes. Chaque pluie transforme la terre séchée en boue, les bâtiments s'affaissent tels des chandelles de cire. Des pans entiers de murs manquent et tous les escaliers menacent de s'écrouler. À chaque arrêt, il se trouve toujours un adulte ou une bande de gamins pour nous montrer tous les recoins de ce qui constitue encore le centre de leur village. Les bazars sont abrités sous des passages couverts pour mieux résister au soleil. Les alcôves sont aménagées en mille boutiques sous une succession de voûtes sphériques percées en leur sommet d'un jet de lumière. Dans ces dédales antiques, les bruits du marché ravivent les échos du passé.

Les *zohl khoune*, maisons de force, sont situées dans de vieux bâtiments aux formes circulaires. Elles font aussi vivre le patrimoine architectural du pays. Les hommes viennent y faire une gymnastique tonique au rythme des tambours et au son des incantations à Ali. Au centre de l'arène, le leader lance les exercices, les autres répètent ses mouvements, assouplissements, pompes, maniements de massues, toupies. Les vieilles briques des bâtiments sont imprégnées de l'odeur aigre de la transpiration.

Les mosquées sont imposantes. Les dômes perses dominent les paysages de ce bleu-vert si particulier. À Ali Abbas, à l'écart de tout, se dresse une mosquée monumentale. Pour y arriver, nous avons suivi les conseils de villageois qui nous indiquaient de continuer sur dix kilomètres dans une direction ne figurant pas sur nos cartes. Sur deux étages, des cellules, toutes identiques, cernent la mosquée en un rectangle de 200 mètres de longueur sur 100 de largeur. Elles sont pour les pèlerins, toutes équipées d'un tapis et d'un petit poêle à mazout. Nous nous y présentons de nuit avec nos vélos, le gardien nous remet immédiatement une clé. En cette saison, l'endroit est désert, l'immense parvis résonne de nos pas. L'aube glaciale teintera de rose le dôme de faïence bleue rehaussée de motifs entrelacés typiques.

Plus nous progressons vers le sud, plus nous apprécions la mentalité iranienne, en particulier dans les villages où elle est plus facile à percer. Désormais, tous les soirs une porte nous est ouverte, la plupart du temps celle d'une maison, mais aussi parfois une école, une mosquée ou une station essence. Sur la route, les gens s'arrêtent, nous tendent des fruits depuis leur voiture et nous encouragent franchement. Nous arrivons aux étapes plus chargés qu'aux départs, alourdis de bananes, d'oranges juteuses et de grenades rouges, rubis énormes et succulents.

25 décembre 2003, 92e jour

Le temps est splendide, un grand ciel bleu nous couve toute la journée, frais le matin puis brûlant midi sonné. Nous montons toute la matinée sur un plateau progressif, nous atteignons les 2 000 mètres d'altitude dans un décor aride, cerné de montagnes rocheuses et brunes, extrêmement découpées. Les camions croisés sur cette route peu fréquentée nous encouragent franchement, quelques-uns s'arrêtent pour discuter et nous offrir à manger. Tout l'après-midi est en roue libre, nous sommes encore loin de la ville quand le soleil enflamme une dernière fois l'ocre des montagnes.

Le vent a tourné, nous redoublons d'efforts dans la nuit pour arriver jusqu'à Na'in. Sur la première place de la ville, nous demandons à des étudiants où est l'hôtel. La réponse est ferme : chez eux ! Nous refusons trois fois comme le veut le *tarof*, ils insistent une quatrième fois. Nous les suivons bien volontiers.

Ali et Bakar occupent l'étage supérieur d'une maison en ville, deux grandes pièces en foutoir qui sentent bon la vie d'étudiant ; dans le lavabo la vaisselle accumulée attend. Bodybuildeurs invétérés, ils détestent le régime de leur pays, mais ils ne peuvent que le subir : ils n'auront droit à un passeport qu'après leur service militaire. Ali porte un talisman zoroastrien, de cette religion vieille de plus de cinq mille ans dont le feu sacré brûle à Yazd sans discontinuité depuis plus de dix siècles. Ce talisman est un biais, Ali refuse de se dire musulman par opposition aux enturbannés.

Les deux étudiants sont issus de familles téhéranites aisées, ils sont habitués à un certain laisser-aller dans les pratiques. Ils étouffent à Na'in, ils se savent épiés, observés en permanence. À l'université, les classes sont mixtes, mais garçons et filles n'ont pas le droit de se parler : ils risquent des coups de fouet en guise de sanction ! Ali a une petite amie, ils ne se voient jamais à Na'in et s'ignorent à l'université. Ils se retrouvent soit à Téhéran, soit à Ispahan, les deux villes les plus anonymes et permissives du pays. En anglais, il conclut cette conversation : « Vous, vous avez le droit de vous aimer. »

Avant que nous repartions, Ali me donne son talisman : il me portera chance et me protégera.

Est-ce son talisman qui, dès le lendemain soir, nous mène, à l'écart de la route principale, dans la boutique d'une petite ville mal éclairée pour chercher un logement ? Rien n'est prévu pour dormir dans la bourgade. Un client nous adresse la parole et s'en va sans que nous ayons rien compris. Le propriétaire et deux autres hommes continuent de parler en nous ignorant maintenant. Nous hésitons à quitter la boutique quand le client revient sur sa moto. Il tient une grande clé à la main, une clé immense, comme nous n'en avons jamais vue. Dans la nuit sans lune, nous le suivons, nous ne distinguons rien. Nous nous arrêtons devant une porte monumentale. Le mécanisme de la serrure résiste puis claque, la lourde porte s'ébranle sous la poussée de notre homme. Nous sommes dans le caravansérail de la ville. Cet ancien fortin de plus de 2 500 mètres carrés, remis à neuf, placé sur une route marchande, servait d'étapes aux caravanes de marchands. Notre guide nous apporte quelques conserves pour la nuit, puis referme la porte massive sur nous.

Notre palace se met alors à résonner des éclats de voix des caravaniers, du cri rauque des chameaux dérangés, de l'effervescence que nous imaginons avant l'heure du repos. Ce soir-là, le ciel est d'une absolue pureté, nous contemplons les étoiles comme des centaines de marchands et de caravaniers ont dû le faire avant nous. Malgré la nuit glaciale, nous tombons lourdement endormis sous le poids du voyage. Comme eux aussi ont dû le faire.

Le lendemain matin, le gardien du caravansérail vient nous ouvrir la porte, nous partageons un petit déjeuner avec lui. Il a ces mots dont nous comprendrons le sens plus tard : « Bâm *Zelzélé*, *zelzélé.* » À ses mimiques nous comprenons qu'un tremblement de terre a eu lieu, mais, à la façon presque anodine dont il nous a annoncé la nouvelle, nous avons su qu'il n'avait pas encore mesuré l'ampleur de la catastrophe qui avait eut lieu la veille à Bâm, dans la nuit du 25 au 26 décembre 2003.

Nous nous souvenons alors de ces trains d'ambulances du Croissant-Rouge qui nous ont dépassés la veille en roulant à très grande vitesse. Nous avons aussi vu plusieurs pick-up chargés de coffres-forts faire route vers le sud.

Les jours suivants, des images de plus en plus dures du tremblement de terre de Bâm passeront en boucle à la télé. L'arrivée sur le sol iranien, pour la première fois depuis plus de vingt ans, d'une délégation officielle américaine est largement filmée et commentée. De ces images nous gardons le souvenir pathétique des équipes médicales intervenant en gilets pare-balles.

Nous arrivons à Yazd dans cette actualité dramatique. Yazd, une des plus vieilles villes du monde, a la réputation d'être une des perles d'Iran et la plus belle citadelle du sud. Ses maisons en pisé et ses hautes tours à vent permettent de rafraîchir les intérieurs quand la température atteint les 40 °C en plein été. Durant la semaine que nous passons à Yazd, le temps s'obstine et reste gris. Un gris triste et sombre, sans relief et sans envie. Bloqués par la pluie, cernés par l'ennui, nous sommes pris dans une douce léthargie. Gris et pluie alternent dans un temps typique d'Europe du Nord, je comprends soudain la pesanteur morale qui abrutit nos pays aux mois les plus sombres.

Le vert de Fars

De Yazd à Minab, sur le golfe Persique, nous parcourons 1 100 kilomètres, les plus beaux depuis notre départ. Des enchaînements de paysages exceptionnels, de montagnes en désert, de désert en plateau, jusqu'au bord de mer. Chaque soir invités, choyés, objets de curiosité, nous nous gavons de cette incroyable hospitalité iranienne.

Après Yazd, le paysage change, la route n'est plus coincée entre le désert et la montagne, elle suit des reliefs variés et escarpés dans des espaces toujours démesurés. Les dénivelés sont agréables et progressifs tant que le vent ne s'en mêle pas. Les premiers jours, nous traversons un plateau prodigieux, en dévers, vaste comme une mer, d'immenses navires de rocs sont pris dedans. Ils sont tout en longueur et en hauteur, nous trouvons notre chemin entre ces colosses, nous passons celui-ci de l'étrave au bord arrière, celui-là de bâbord à tribord par la proue. En fin de journée, le soleil glisse, la roche s'embrase avant de virer prune. La plaine est un damier d'ombre et de lumière. Plus loin, à l'est, un décor lunaire barre le paysage. Il suggère tous les tourments subis par la croûte terrestre, la ligne d'horizon rose est crevée de roches grises, monumentales, aux formes de tubercules, de volcans ocres, rouges ou même blancs, de magma figé en pleine éruption. La journée est belle, le ciel d'un bleu subtil et des myriades de petits nuages courent tous dans le même sens. Célina résume parfaitement la situation : « Regarde, on dirait qu'ils partent en vacances. »

Dans cette région, le contact avec les gens est encore plus facile. À chaque arrêt, les attroupements sont immédiats. Ils sont avides de connaître le prix de tout, la manière dont nous vivons en Europe et la raison pour laquelle nous sommes en Iran. Ils n'imaginent pas que l'on puisse apprécier ce pays qui ne leur donne ni travail ni avenir.

Nous maîtrisons maintenant assez le *tarof* et la langue pour reconnaître une invitation d'une politesse. Nous bafouillons assez de persan pour échanger avec nos hôtes. La curiosité est là et l'envie de communiquer aussi, aucun obstacle n'y résiste. Une fois entrés chez des gens, nous sommes happés. Nous devons faire face à mille questions à la fois, essayer de satisfaire la curiosité de chacun. Quel est notre métier en France ? Notre famille, comment est-elle constituée ? Nos parents sont-ils vieux ? Nos frères et sœurs ? Leurs enfants ? Nos enfants ? Nous n'avons pas d'enfants ? Comment est-ce possible ? Toutes nos affaires sont sorties des sacs, tout est inspecté, questionné, essayé. Nous ne connaissons plus un instant d'intimité ou de repos. Même pour aller aux toilettes, nous sommes accompagnés et attendus au fond du jardin.

Où que nous arrivions, une aide s'organise pour nous loger, la plupart du temps c'est une invitation. Nous avons appris à repérer dans un groupe les débrouillards qui vont prendre les choses en main. Une fois, la municipalité nous prête une maison vide, une autre fois, deux professeurs nous ouvrent un bureau de la ville pour que nous y dormions. Réunis avec Hussein et Karim autour du poêle, alors que la nuit est glaciale, nous discutons de longues heures. Nous tombons de sommeil avant d'avoir pu rassasier leur curiosité.

L'expérience accumulée depuis notre arrivée en Turquie et l'hospitalité trouvée partout en chemin ont eu raison de l'angoisse du soir, cette incertitude à l'heure du départ de ne pas savoir de quoi la journée sera faite. Nous partons légers, sans nous demander où nous dormirons ni qui nous rencontrerons, étrangement persuadés d'être parfaitement intégrés.

Depuis le départ, notre énergie provient des autres, de celle qu'ils mettent dans nos rencontres, aussi brèves soient-elles, puisque seule compte l'intensité. Cette énergie, cette envie nous poussent à continuer, toujours. Paradoxalement, elle est aussi celle qui nous épuise, une rencontre n'est intéressante que si chacun y met le même désir, la même curiosité, la même force. Elle est à la fois la source de notre motivation, l'indispensable pommade régénérante nous poussant tous les jours à continuer, à cumuler de nouveaux efforts, et celle qui nous use, nous mange littéralement parfois. Quelles que soient les conditions, nous devons avoir le même engagement que nos hôtes. Si nous sommes souvent physiquement éprouvés, nous n'avons jamais connu une telle motivation.

À Harat, un vieux berger nous recueille. Revenant de la bergerie où il enferme ses animaux pour la nuit, il nous dépasse à Mobylette, s'arrête et nous fait signe de le suivre. Toute la soirée, nous partageons le thé avec lui et sa femme dans la seule pièce chauffée de la maison. Une cour permet de passer dans les autres salles. À la façon précautionneuse dont ils l'utilisent, retirent le bouchon et versent le thé, nous comprenons la valeur de leur Thermos usé. Les fruits que nous avons pris l'habitude d'emporter pour ces invitations sont acceptés sans cérémonie.

Un des petits-enfants passe dans la soirée ; le lendemain, nous n'avons d'autre choix que de rester en ville pour satisfaire la curiosité de toute sa grande famille. À contrecœur, avec le sentiment qu'on nous force à trahir, nous quittons le logement des parents, jugé indigne de nous recevoir par leur fils aîné chez qui nous allons nous installer. Nous aimions pourtant la simplicité de leur accueil, le calme et la sérénité qu'ils dégageaient, à l'opposé de l'effervescence habituelle.

Bezar nous emmène sur l'exploitation familiale. Une chèvre est prélevée sur le troupeau. De retour dans sa maison, il la saigne en notre honneur, nous goûtons immédiatement quelques morceaux de foie frais cuits en brochette autour d'un thé partagé avec d'autres membres de la famille. Avant de nous emmener dans la montagne pour une hypothétique chasse, il laisse à sa femme des ordres pour le dîner.

Ce soir, sur le pas de la porte, il y a un amoncellement invraisemblable de chaussures. Dans le vaste salon, nous nous retrouvons entourés de plus de trente personnes autour d'une nappe étendue au sol : la famille. Peu à peu, le clivage hommes/femmes se détend, jusqu'à « voler en éclats » à l'heure des séances photos et vidéos. Nos vélos sont sortis, chacun s'y essaye en zigzaguant d'un bout de la salle à la porte d'entrée. À plus de minuit et demie, la fête se termine. Ce soir-là, je note l'attention des pères pour leurs enfants, qu'ils soient filles ou garçons, ils sont très proches.

Au fur et à mesure que nous pénétrons dans les montagnes de la province de Fars, le paysage devient moins aride. Au bord d'un lac presque asséché, les montagnes plongent et se réfléchissent dans les terres partiellement immergées, nuancier de vert précieux et de bleu persan. Le soir, les bergers retournent vers les villages. Au loin, un cavalier nous dépasse à fond de train dans le vert naissant des champs.

Nous nous arrêtons au village suivant. Plus rapidement qu'ailleurs l'attroupement se forme et les invitations fusent. Les hommes s'engueulent cordialement pour choisir où nous dormirons. Un petit nerveux, très agité et parlant plus fort nous pousse chez lui sous les invectives de la place. Houman est hyper agité, il court partout, hurle des ordres à sa femme, part acheter de quoi dîner et donne mille indications à ses enfants, à sa famille et à ses voisins. Comme pratiquement chaque soir, toute la famille de notre hôte vient en visite, sa mère, ses sœurs et les femmes de ses frères. Lors de démonstrations très inhabituelles, Houman affiche son dégoût du régime des mollahs. Il a même une photo de Saddam affichée dans la pièce principale.

Plus tard, quand il sort son nécessaire à opium, le calme revient. Après quelques bouffées, ses yeux ont noirci et ses lèvres sont lourdes. L'arrêt chez Houman est le premier d'une longue série placée sous l'influence opiacée tant cette région sent le *teriak*, l'opium en provenance directe d'Afghanistan. Les hommes fument avidement pour tromper l'ennui, une odeur lourde de vernis plane longtemps. Leurs lèvres sont foncées, leur vie ralentie mais apaisée.

Dès le lendemain commence une longue descente vers la mer, depuis des semaines nous ne sommes pas redescendus du plateau iranien, à plus de 1 000 mètres d'altitude. Le temps est idéal, légèrement chaud, nous roulons facilement. Nous contournons les montagnes pour passer de vallée en vallée sans aucun effort. Soudain les champs sont verts, de ce vert presque miraculeux tant il est vif des jeunes pousses de blé. Ce vert signifie la sortie temporaire de l'hiver (tant que nous resterons dans le Sud), il est la promesse d'un renouveau. Dans notre album de couleurs, le vert de Fars est venu s'ajouter au fauve des plaines d'Anatolie et aux terres brunes, pourpres et sombres du Kurdistan. Les palmiers sont la preuve que nous avons gagné l'été en plein cœur de l'hiver.

Nous sommes arrêtés sur le bord de la route, contemplatifs, pas encore lassés de ce feu de verts à contre-jour dans le soleil couchant. Une voiture s'arrête, l'homme nous invite immédiatement à loger chez lui, il nous demande de l'attendre sur place, il a encore une visite à faire. Au moment de repartir, il nous glisse que ce pays est mauvais, le gouvernement corrompu. Cette déclaration nous surprend, elle ressemble plus à un test qu'à un élan de franchise. Peu importe, nous sommes bien décidés à l'attendre. La nuit tombe, l'air est translucide et la lune est un cil.

Une heure plus tard, nous sommes installés chez notre hôte, un agriculteur fortuné. Sa maison est immense, bâtie autour d'une cour où s'empile le matériel agricole. Une stricte séparation existe entre les pièces pour les femmes et celles réservées aux hommes. Nous nous tenons dans un salon luxueux et vaste, notre homme s'occupe de quelques dossiers avec ses fils et son intendant. Ils rentrent et sortent. Nous avons le sentiment que cette démonstration est destinée à nous impressionner. Le repas est délicieux et riche, nos matelas cossus et les coussins aussi nombreux que confortables, mais nous n'arrivons pas à vaincre la distance palpable dans laquelle l'homme nous maintient. À chaque fois que je sors dans la cour, je suis épié, surveillé par les femmes qui ne peuvent retenir des chuchotements bruyants et des exclamations effarouchées. Je ne les verrai pas.

En allant prendre sa douche, Célina est interceptée par une des filles qui l'attire à l'écart. Grâce aux photos que nous transportons, elles nouent une conversation et s'interrogent sur la vie en Europe. D'une simple photo de la rue, les trois sœurs et la mère relèvent mille détails qui les intriguent, réclament autant d'explications. Elles sont surprises d'apprendre que l'homme et la femme sur la photo ne sont que des amis. Elles répètent à Célina leur désapprobation. Heureusement qu'elles ne se doutent pas de ce qu'il y a dans les verres… Une autre photo d'une de nos amies iraniennes à Paris les choque : elle ne porte pas le voile. Célina s'essaye à l'impossible : expliquer la laïcité.

Une leçon

Sur la route qui nous conduit à Dabiran, nous sommes suivis par trois motos qui, en faisant mine de nous encourager, se rapprochent du vélo de Célina et, tout en roulant, défont un sac accroché en haut du chargement. Nous venons de nous faire voler la poubelle du repas de midi !

À Dabiran, nous nous arrêtons devant une boutique bien en vue ; nous faisons nos courses pour le soir. Un attroupement se forme. En discutant avec les habitants, nous comprenons qu'un tremblement de terre a partiellement démoli la ville. Les habitants sont contraints de dormir sous des tentes de la Croix-Rouge depuis six mois, devant leurs maisons fissurées et craquelées, pas encore effondrées, mais déjà inhabitables. Nous demandons s'il existe un bâtiment où nous pouvons nous installer ou une cour d'école pour planter notre tente. Une femme ouvre son portail, nous fait signe et nous tire par la manche. Nous sommes étrangers, elle veut nous héberger. La tente est prévue pour dix et ils sont déjà quinze. Il y a son mari, docteur, ses enfants, ses belles-filles et d'autres personnes de la famille. La nuit est fraîche, nous dînons et prenons le thé dans la maison avec toute la famille, je ne comprends donc pas l'utilité des tentes. J'insiste pour que Célina et moi dormions dans la maison vide, puisqu'ils refusent que nous plantions notre tente, qu'ils jugent inconfortable, à côté de la leur. Ils ne sont pas favorables à cette idée et continuent de répéter « *zelzélé, zelzélé* », mot trop entendu depuis un mois en Iran. Nous ne comprenons pas le danger, nous insistons, nous dormirons dans la maison, soucieux de ne pas les encombrer davantage.

Le lendemain matin, nous discutons, de nouveau tous réunis dans la maison, quand un boum terrifiant secoue la ville. C'est un choc sourd et inattendu, d'une puissance indescriptible, la première secousse tellurique de notre vie. Elle est bientôt suivie par d'autres répliques plus éloignées. Nous comprenons maintenant pourquoi ils dorment sous la tente. L'activité sismique est intense et quasi permanente dans la région. Nous qui pensions que le village avait subi une secousse quelques mois auparavant et que depuis, rien ne s'était passé…

Le soir, nous buvons un thé sous leur tente quand une nouvelle secousse noue nos entrailles. La femme, plus amusée qu'inquiète, comprend notre panique et nous glisse, espiègle, que, peut-être, nous dormirons avec eux ce soir. Son mari, le docteur, est plus angoissé. À chaque poussée, il se dresse et se tend comme si c'était la dernière. Il ne peut s'habituer à ces tremblements de terre successifs. Nous dormons blottis sous la tente. À chaque secousse, nous nous réveillons en sursaut, le cœur se décrochant. Dehors, tous les chiens de la ville hurlent, ils se renvoient un écho macabre dans la nuit. Nous avons du mal à nous rendormir.

Le soir de notre arrivée à Dabiran, je suis invité à boire le thé puis à fumer l'opium avec les hommes. Célina est avec les femmes dans une pièce à part. Nos sacoches sont l'objet de toutes les curiosités, chacun ouvre, se sert et essaye ce qu'il trouve. L'un des hommes met les lunettes de soleil noires et imposantes de Célina. Avec sa moustache épaisse et ses cheveux noirs, volumineux et coiffés en arrière, il est le portrait de Saddam. Je fais part de cette ressemblance, elle est accueillie par les éclats de rires des hommes. Je suis encore content de moi quand les rires diminuent et que l'homme retire les lunettes. Il retire aussi son œil de verre qu'il me met dans la paume de la main avec ces mots : « Voilà ce que m'a fait Saddam. » Je suis ébahi par ma bêtise, affligé de mon absence. J'avais évidemment remarqué que l'homme avait perdu un œil et nous n'avons que trop croisé d'invalides de cette guerre effroyable qui a opposé l'Irak et l'Iran jusqu'en 1988 et fait un million de victimes. Heureusement, « Saddam » est indulgent et plus délicat que je ne l'ai été, il n'y a pas une once d'agressivité ou de ressentiment dans ses paroles.

Toute la famille insiste pour que nous restions la journée. Nous n'avons pas le temps de réfléchir à la proposition qu'un des fils est déjà en train d'égorger les poulets pour un repas de fête. Toute la famille, proche et éloignée (des notions qui n'existent pas là-bas tant la famille est une dès le premier lien de sang et de parenté), vient nous rendre visite, des voisins arrivent aussi sous n'importe quel prétexte. Les gens d'ici ne parlent pas iranien entre eux, ils ont des visages particulièrement beaux et intenses, regards clairs et profils de purs-sangs, droits et fins. Les femmes sont étonnantes, elles ne portent ni tchador ni voile noir, mais de simples foulards colorés. Leurs cheveux sont tressés en deux grandes nattes qu'elles nouent parfois sous le menton.

Toute la journée, dix fois, vingt fois, nous répétons notre histoire, entourés d'une galerie de visages lumineux et d'yeux expressifs placés autour du poêle selon leur importance sociale. Des petites filles aux cheveux noirs, plus épais que de la paille, se réfugient dans les jupes des grands-mères au regard serein, aux gestes lents et graves. Célina est habillée en princesse iranienne par les filles, les mères se prennent au jeu, lui mettent du khôl et prêtent leurs plus beaux bijoux. Chaque fois qu'elle pense se reposer, Célina est sollicitée pour mille choses par les femmes, elles lui expriment ainsi leur joie de l'avoir avec elles. Ma situation est plus facile, tout le monde est prévenant avec l'homme que je suis. Si je m'assoupis après un repas, le vide se fait dans la salle pour ne pas perturber mon sommeil. Si Célina s'endort, personne n'y prend garde ni n'hésite à la réveiller pour lui demander quelque chose ou lui confier un bébé.

Les hommes n'ont pas grand-chose à faire de leur journée, ils vont et viennent, attendent et repartent. Le matin, nous démontons et remontons un bout de moto et, à la nuit tombée, nous fumons avec le docteur de retour. Nous avons pu prendre une douche chez un proche, venu nous rendre visite. Tous les enfants nous accompagnent à travers la ville. À la lueur d'une bougie suspendue dans une lampe tempête, notre troupe avance dans le tas d'éboulis et de fosses ouvertes qu'est devenue la ville.

Le lendemain, nous devons quitter nos hôtes. Nous avons le cœur lourd. Ces départs sont terribles parce qu'ils ressemblent à des adieux alors que nous débordons encore de l'affection reçue. Parce qu'il est plus facile de quitter un amour consommé qu'un amour prometteur. Une partie de la famille est revenue spécialement nous voir partir, nous saluons tout le monde la gorge serrée, puis nous ouvrons le portail et nous engouffrons dans la ville. À l'extérieur, un essaim de motos nous attend, qui nous escorte sur une dizaine de kilomètres. À deux ou trois par moto, ils bourdonnent autour de nous, ils crient, rigolent, accélèrent, nous font des signes et nous encouragent. Ma vue se brouille, j'ai un nœud dans le ventre, je ne peux plus avaler. Quelques mètres après qu'ils nous ont laissés, nous nous arrêtons pour récupérer, je fonds en larmes. Pour évacuer toutes les émotions accumulées depuis deux jours. Nous venons d'être accueillis de la plus belle et généreuse manière par une famille qui n'a plus qu'une maison lézardée et trop dangereuse pour être habitée. Nous venons d'être recueillis par des gens réfugiés sous tente de la Croix-Rouge. Ils n'avaient déjà plus rien et nous ont encore tout donné.

Le golfe sous escorte

Quand nous approchons du golfe Persique, les températures augmentent. Nous passons de plateau en plateau en suivant des corridors étroits entre les montagnes. D'une place vaste, verte et fraîche, nous tombons sur une plaine désertique puis sur une vallée pelée qui fera place à un riche et fertile plateau.

À environ 250 kilomètres au nord-est de Bander Abbas, la police se met à nous escorter, de loin d'abord. La voiture roule au ralenti assez loin derrière nous. Je m'arrête pour me soulager et voir leur réaction. Un policier sort mitraillette au poing et surveille les alentours : « La région est dangereuse pour vous. » Nous devrons nous contenter de cette explication.

Pendant deux jours, à chaque entrée de juridiction, les voitures se relayent. Le soir, la police nous conduit directement à l'hôtel du gouvernement avec interdiction de dormir ailleurs. Le gérant nous impose le prix officiel pour les étrangers : 28 dollars la chambre. Il est de la pire espèce de fonctionnaires et ne veut rien entendre quand je lui explique que cette somme est colossale pour notre budget. Il tourne le dos et s'en va. Il sait que nous n'avons pas le choix. Nous insistons pour, au moins, ne pas payer plus que le prix iranien de huit dollars la chambre : c'est encore beaucoup trop, mais plus acceptable à nos yeux. Il ne veut rien savoir, il prétexte mille mauvaises raisons pour ne pas faire l'effort.

Une bande d'étudiants (majoritairement de Téhéran), vivant dans l'hôtel en période de cours et s'apprêtant à partir le soir même en vacances, sont témoins de notre arrivée avec la police, puis de mes démêlés avec le patron. Ils nous viennent en aide, insistant pour que nous obtenions le prix iranien. Le taulier est inflexible. Dans ces situations-là, je m'écarte, laisse retomber le soufflé un moment, et je repars à la charge, inlassablement. S'il ne veut pas m'avoir sur le dos toute la soirée, nous devrons trouver un compromis. Quand je reviens, le fonctionnaire me tend une clef pour huit dollars. Nous comprenons plus tard son changement d'attitude suspect. Tous les étudiants ont donné un dollar, refusant que nous payions plus que le prix iranien. Nous nous y opposons. En vain, eux tiennent à nous exprimer la honte qu'ils ont de leur gouvernement et à réaffirmer le sens de l'hospitalité des Perses.

Nous quittons la ville sous une escorte plus discrète, deux policiers nous suivent à Mobylette. Le patron de l'hôtel les a prévenu de notre départ. Après quelques kilomètres nous sommes libres, la route se transforme en piste, entre un plateau de rocailles et un paysage de savane très surprenant. Nos anges gardiens nous préviennent : une autre équipe nous attend une cinquantaine de kilomètres plus loin.

Le soir, nous passons un contrôle à l'entrée du seul village croisé depuis le matin, où nous comptons aller chercher un logement. La police refuse de nous laisser avancer plus loin. Elle a reçu des ordres. Nous devons dormir près du poste de contrôle entouré de barbelés, qui abrite une petite unité armée. La police nous accompagne dans le village en 4 x 4 pour que nous fassions nos courses. Au retour, ils nous désignent une place pour planter notre tente, à l'écart de la route, en vue de l'intérieur du poste de surveillance et de la guérite de veille, juste sous un transformateur électrique. Détail anodin si un orage violent et interminable n'avait pas éclaté, puis tournoyé contre les montagnes toutes proches.

27 janvier 2004

Les airs moites de bord de mer nous surprennent peu avant que nous arrivions sur le golfe Persique. Sur le littoral, les roches saignent, elles sont rouge cramoisi, l'air salin les empêche de cicatriser.

Pour arriver à Bander Abbas, nous n'avons d'autre option que de rouler sur les autoroutes. La nuit est tombée. Après une demi-heure de voie rapide, nous décidons de nous arrêter et d'attendre le lendemain.

Il reste 20 kilomètres, mieux vaut dormir dans un des routiers installés le long de la route. L'atmosphère y est lourde, les chauffeurs, les mécanos et tous les gens qui tournent autour des établissements sont défoncés. Personne ne comprend ni ne répond à nos questions, ils nous entourent sans réaction, nous sommes encerclés de regards hagards, zombies dans la nuit balayés par les phares du trafic de la voie express. Nous repartons jusqu'à la ville, tant pis si nous n'avons que nos petites lampes frontales pour nous éclairer. Une heure plus tard, pour la première fois depuis notre départ, nous profitons d'une soirée tiède. Nous déambulons en chemise dans les rues où règne une atmosphère plus décontractée et plus légère qu'ailleurs en Iran ; une certaine langueur est même palpable.

Malgré la chaleur brutale de la région, nous décidons de pousser jusqu'à Minab, à une centaine de kilomètres au sud-est de Bander Abbas. Une route unique y mène, elle est en travaux, le trafic y est dense. La traversée entre les deux villes est désertique avant de retrouver les bords de mer et des plantations de fruits luxuriantes.

Le brassage de population y est remarquable. Il y a des types beaucoup plus africains, des femmes qui parlent fort et rient. Elles portent des couleurs éclatantes. Elles ont cette démarche des Africaines, lascive et ondulante, un balancement à se damner pour sept générations. Ici, le tchador devient boubou.

Parmi une population plus traditionnelle, vivent des femmes entièrement masquées et cagoulées à longueur d'année, malgré la chaleur moite et intense. Elles revêtent le masque après leur mariage. L'origine n'est pas certaine, mais il serait un accessoire de mode, une coquetterie et non pas une obligation religieuse. Sur des cagoules noires, des masques rectangulaires, brodés de couleurs vives, ne révèlent que des yeux brillants. Mais ces yeux me regardent. Pour la première fois, des yeux de femme n'hésitent pas à s'attarder sur moi, à me fixer en prenant tout leur temps et non à la dérobée. Le port du masque peut sembler une condition intolérable, il offre, en contrepartie, un espace de liberté inaccessible aux autres femmes : masquées, elles ne sont pas reconnaissables. Le port du masque les autorise même à quelques coquetteries inimaginables dans le reste de la société traditionnelle, elles ont souvent les chevilles découvertes : prolongées d'un pantalon collant orné de motifs vifs.

Le fonctionnaire

En bus, nous remontons presque d'un trait de Minab à Ispahan. À Shiraz, nous demandons une troisième et dernière extension de nos visas avant de reprendre la route vers l'Asie centrale.

Les photocopies prêtes, la preuve des frais de visas payés en main, je retourne au commissariat, au service des étrangers. Un fonctionnaire m'attend. Il est impeccablement assis, exactement au centre de son bureau propre et net, vide. Les manches vert-jaune de son uniforme de police sont ajustées et repassées, le pli est marqué. Elles dépassent de son cardigan kaki et cintré sur lequel des galons sont greffés. Installé dans un fauteuil encore sous plastique, il garde les bras croisés sur son bureau en attendant les formulaires que je lui apporte. Deux fois deux documents à renseigner d'après nos passeports et à l'aide du papier carbone qu'il ajuste, appliqué. Il est maintenant concentré sur la page à remplir. Il tient fébrilement le passeport dans sa main libre, il le feuillette dix fois, le tourne, le retourne et, pour la vingtième fois de suite, revérifie la même page. Sous le bureau, son pied se tord d'angoisse avant de se raidir sous la concentration, le temps de noircir la case correspondante. Après chaque réponse, le fonctionnaire se repositionne, se passe le doigt sous l'œil et essuie la sueur qui perle à son nez. Le cérémonial est d'une exaspérante lenteur. Le chef beuglard ne doit pas être loin. Un par un, il sort les tampons de leur tiroir particulier. Il les aligne sur son bureau, face aux encriers de couleurs correspondantes. Il relève la manche droite de sa chemise, saisit un tampon, le presse consciencieusement dans l'encre bleue, puis l'applique selon une verticale parfaite sur une page vierge de mon passeport. Il le retire promptement pour éviter les bavures. Il recommence le manège avec deux autres tampons. Les dates sont à ajouter au stylo noir et un commentaire à l'encre bleue. Enfin il se recule dans son siège et contemple la page complète du passeport. Il est satisfait, soulagé. Voilà un passeport de fait.

Il réajuste maintenant le papier carbone pour remplir les formulaires du second passeport. Vingt minutes plus tard, nos papiers attendent sur le coin du bureau rendu à son état virginal, débarrassé des tampons, encriers, papier carbone et trombone. Le cérémonial m'a mis de très belle humeur. Chaque fois que j'essaie de lancer un semblant de conversation, une panique sourde l'envahit. Est-il outré que j'ose m'adresser à un fonctionnaire de son importance ou n'ose-t-il pas me parler ? Plusieurs fois, je demande si je peux récupérer mes passeports. D'un geste lent et pontifiant, que ses paupières accompagnent, il me demande d'attendre.

Dans la pièce voisine, une conversation téléphonique retient mon attention depuis quelques minutes. Je ne comprends rien à ce que l'homme raconte mais je reconnais le nom de tous les endroits où nous sommes passés. J'identifie même les plus petits villages où nous avons dormi. Je suis abasourdi : en deux mois, nous n'avons sorti nos passeports que deux fois, pour satisfaire à l'enregistrement dans les hôtels officiels pour étrangers où la police nous avait « demandé » de rester.

La vérification au téléphone est longue : ils ont perdu notre trace quelques jours aux alentours de Bander Abbas quand un camion de chantier nous a sauvés d'une noyade dans la boue sur une portion de route impraticable. Nous sommes ainsi passés inaperçus au contrôle de police suivant. J'insiste pour savoir ce qui se passe ; la seule réponse que j'obtiens est : « Nous attendons l'autorisation de Téhéran. »

Nos extensions en poche, nous quittons sans regret Shiraz dont on nous avait pourtant vanté le calme et la beauté. D'Ispahan, nous reprendrons la route pour traverser le désert et les montagnes qui nous séparent de la frontière nord-est, porte de l'Asie centrale.

Quelques jours de fièvre me clouent à Ispahan, puis à l'hôpital où je suis gardé en observation pour une suspicion de paludisme. Au service des maladies infectieuses, je fais face à une impressionnante succession de visites médicales. Tous les médecins viennent voir l'étranger hospitalisé. Quelques-uns feignent de regarder mes courbes de malade, certains passent par pure curiosité et d'autres pour parler anglais. Les infirmières de tous les services trouvent une raison pour faire un tour à mon étage. Un type habillé d'une combinaison bleue rentre dans la chambre, inspecte les documents suspendus au bout de mon lit, me pose deux ou trois questions sur mes maux de tête, ma fièvre et ma provenance, puis s'en va. Le lendemain, je le retrouve à l'étage inférieur, une raclette, un saut et une serpillière à la main. Nous nous saluons d'un grand éclat de rire.

Au bout du couloir, une chambre est occupée par un type maigre portant les stigmates d'une longue maladie. Il déambule seul à longueur de journée et fume dès qu'il peut. Un après-midi, nous essayons de discuter dans le couloir. Notre conversation ne va pas bien loin. Je mesure sa solitude en repassant devant le bureau des infirmières ; l'une d'elles, en le pointant du doigt, a ces mots : « *Careful, AIDS, AIDS.* »

À Ispahan, la vie est plus détendue et permissive qu'ailleurs en Iran. La rivière Zayandeh en traverse sereinement le centre-ville, ses abords sont verts, aménagés en espace de vie, les ponts qui l'enjambent sont des lieux d'animation et de rassemblement très courus. La ville bénéficie d'une richesse architecturale unique, le joyaux est, sans nul doute, la place Khomeyni, éternelle à toute heure, magique quand, à la tombée de la nuit, nous contemplons ses lumières depuis les toits, installés autour d'un thé et d'un narghilé. Les plus belles et colossales mosquées du pays se disputent la place à Ispahan. Le bleu de Perse y révèle toute sa puissance, surmonté de décorations sublimes aux motifs enlacés, plus denses et mieux ordonnés qu'une végétation de forêt tropicale.

Dans les arcades cernant l'immense place Khomeyni, autrefois terrain de polo, des artisans travaillent l'étain et le cuivre dans une cacophonie de tintements et de martèlements qu'eux seuls peuvent supporter. Certains cisèlent des coupelles d'une fine pointe, d'autres frappent de toutes leurs forces sur des plaques pour les transformer en marmites gargantuesques. La réputation de la ville dans l'artisanat de l'étain et du cuivre se défend au marteau.

De l'autre côté de la rivière, nous trouvons le quartier arménien. Dans une cathédrale en forme de mosquée mais surmontée d'une croix, nous assistons à un culte orthodoxe de la plus pure tradition.

Le long de la place et sur les bords de rivières, les nombreuses *choïkhouné* de la ville, trait unique en Iran, permettent aux habitants d'Ispahan de partager thés et longues volutes de fumée dans des cadres sublimes, imprégnés d'histoire. Les Iraniens de tout le pays ne sont pas avares de compliments sur Ispahan, leur destination préférée, détendue et belle.

Tambour, *daf* et *kuzeh*

Nous quittons Ispahan aux premiers jours des commémorations de l'imam Hussein, martyr du culte chiite largement majoritaire en Iran. Ce rite est issu du schisme avec les sunnites concernant la succession de Mahomet. Les chiites reconnaissent Ali, son gendre et cousin, comme premier imam à la mort du prophète. Par la suite, plusieurs des imams chiites seront victimes de la branche sunnite. Il en résultera un culte des imams massacrés, les principaux étant Hussein et Reza. Chaque année, quarante jours durant, les Iraniens honorent le martyre de l'imam Hussein, de ses partisans et de toute sa famille exterminée à la bataille de Kerbala. Le pays se drape de noir, toute musique est interdite, des processions sans fin ont lieu dans tous les villages et villes du pays. Au son des tambours, en colonnes, les hommes avancent au même pas. Torses nus, ils se flagellent le dos en cadence avec deux fouets en métal qu'ils tiennent dans chaque main. D'une seule voix, ils chantent le même et infini refrain : « Imam Hussein, Imam Hussein… Imam Hussein, Imam Hussein… Imam Hussein, Imam Hussein… » Le tambour continue, inexorable : tous les hommes se fouettent dans un même élan. L'impression qui se dégage de ces manifestations est lourde au premier regard. Maintenant que nous connaissons mieux la vie iranienne, que nous savons quelles apparences les gens sont obligés d'adopter, nous relativisons la portée de ces démonstrations. L'importance culturelle de l'événement est bien plus évidente que la ferveur fanatique à laquelle on veut souvent nous faire croire.

Trois cents kilomètres dans les espaces immenses du désert du Dasht-e-Kavir nous ont menés à Nadah, petite oasis au pied d'un îlot de montagnes planté en plein désert. Les bords de route ne sont qu'un spectacle de roches multicolores barrant de verts et de mauves l'ocre du sable. La matinée passée, la lumière devient blanche, laiteuse, chargée de la poussière des vents violents qui balayent la région. Les rares arbustes d'épines sont pratiquement couchés. La route, infiniment droite, est couverte de serpents de sable ondulants. Ces vents nous ont parfois expédiés à 25 kilomètres à l'heure à destination, parfois nous nous sommes lamentés sur la fragilité de nos conditions. Nous sommes ingrats avec le vent, prêts à nous plaindre à la moindre occasion, s'il est de face, s'il nous malmène de côté ou nous empêche de déjeuner tranquillement, alors que souvent il nous a aidés, portés même. Rarement nous l'avons reconnu et jamais ne l'avons encensé autant que nous l'avons maudit et insulté.

À Nadah, nous séjournons trois jours chez Khosrô et vivons au son de sa musique – *didgiridou*, *kuzeh* et *daf* – et dans les vapeurs opiacées de sa médecine. Les *kuzeh* sont des vases anciens de différentes hauteurs qui produisent un son grave qu'on jurerait sorti d'une bulle. Le *daf* est un instrument traditionnel kurde : sur un cadre arrondi en bois, une peau de chèvre est tendue ; sur toute la circonférence du cadre, des anneaux métalliques sont accrochés. Ils permettent de produire des tintements et des sons aigus, éloignés des simples percussions.

Quand Khosrô commence à jouer de ses instruments, Dieu seul sait quand il va s'arrêter. Il sort son *daf*, chauffe la peau et ses doigts pour obtenir les sons qui lui conviennent avant de se lancer dans ce qui semble être un petit exercice. Cinq heures plus tard, les yeux révulsés, il joue toujours. Nous sommes transportés. Sa musique raconte des histoires incroyables, nous nous laissons embarquer dans des contrées lointaines. Vibrations, sons ronds et pleins, parfaits et aboutis, les notes sont tantôt gouttes d'eau, tantôt galets roulés par la rivière. Elles occupent tout l'espace, rebondissent sur les murs et ne s'inclinent que devant l'énormité, la rondeur ou la subtilité et la délicatesse de la suivante. Khosrô enchaîne les sons, rythmes et arythmies improvisés. Il les assemble, les répète, les dissèque, en tire toute la quintessence, puis les oublie pour d'autres juste inventés, imaginés. Chaque transition est à la fois une aube et un crépuscule. Avant qu'un rythme ne s'épuise, le suivant pointe déjà. C'est un murmure, un souffle, une rumeur. Il prend place, marque son territoire, gonfle, enfle encore, tonne, explose et se répand avant de s'évaporer devant le suivant.

Nous écoutons les yeux fermés. La rumeur qui enfle est une troupe de guerriers africains, ils sont face à nous, ils piétinent le sol et le martèlent du bout de leurs lances. Que nous veulent-ils ? Les tambours montent de la forêt, ils approchent, ils sont là, les guerriers reculent. Nous sommes soulagés, les tambours sont enjoués, les gros de la tribu donnent le rythme, tout sourire. La pluie arrive, on l'entend à peine, ce sont les premières gouttes sur les feuilles, elle tombe sur le village maintenant, elle calme l'ardeur des tambours, elle résonne mollement sur les toits en paille, elle rebondit sur les toits en taule... C'est l'automne, il pleut sur les hangars, la ville résonne de coups et d'éclats qui se rapprochent, ceux d'une manifestation d'ouvriers en colère, elle progresse rapidement, ils sont au pas de course, ils déferlent sur nous, ils sont dix mille à nous faire front... Nous ouvrons les yeux, Khosrô est seul au monde.

Cet homme est un cliché, mais un cliché magnifique, un original, même, de ceux qui les définissent. Gourou, géant et peu volubile, grande taille, grandes mains, grosse et belle gueule barrée par une barbe fournie, des sourcils denses et une crinière noire et épaisse, sauvage. Son physique suffit à imposer sa présence. Ses paupières sont lourdes et noires, son regard a les absences des grands fumeurs d'opium et de hasch. Quand il joue, ses yeux s'animent. Sur un coin du plafond, il lit et anticipe sa musique. S'il atteint un rythme qui le comble, ses yeux roulent en arrière, révulsés. Ses gestes sont devenus patients ou absents, ceux qu'il a mille fois répétés ont renoncé à être rapides ou innovants. Il les exécute lentement, sans excitation, sans dépense d'énergie inutile. Ses lourdes mains s'attardent pour faire un filtre. Il reste perdu des minutes entières dans les flammes où un morceau de hasch chauffe à la pointe de son couteau.

L'Alborz, dernier rempart

Nous passons quatre cols en quatre jours pour franchir la dernière chaîne de montagnes qui nous sépare de l'ex-URSS. La route est superbe, des plateaux d'abord, la terre est ocre et rouge, de gros cailloux de lave nous regardent passer l'œil noir et luisant. Puis la route s'encaisse et devient un enchaînement de murs à franchir ; déjà on ne voit plus l'Iran et il est trop tôt pour prétendre au Turkménistan. Depuis que nous avons atteint le massif de l'Alborz, de très légers détails dans le faciès des habitants nous révèlent que nous touchons aux portes de l'Asie centrale. Les visages sont plus larges, les pommettes légèrement saillantes et les yeux délicatement tirés.

Imam Qoli, avant-dernière nuit en Iran. Le petit village est coincé entre les deux plus gros cols de la route, nous nous y arrêtons. Très vite, un attroupement se forme, mais les hommes restent distants, comme souvent dans cette partie du pays. Nous repérons le plus avenant, nous discutons, c'est alors la ruée, comme toujours. Avalanche de questions, de mains qui touchent, palpent et jaugent nos vélos. Ils sont cinq autour de la carte, ils tracent la route. La route est fausse, la carte est en latin.

Nos hôtes ce soir-là sont les parents de l'étudiant qui nous a invités. Il est en vacances au village. Ils ont 60 ans mais en paraissent 80. D'un point de vue statistique, je sais que c'est faux, l'Occident est l'exception et ce sont nos sexagénaires qui ont la jeunesse de quadragénaires. L'homme est voûté et a bien du mal à se déplacer. Pendant sa prière, il peine à toucher du front la pièce d'argile placée sur le sol, devant lui. Son œil gauche est mort, vide, il a laissé un trou béant et noir, une cavité effrayante qui ressemble à la moitié de la mort. Le côté gauche de son visage est paralysé, mais il le fait encore souffrir à en juger la façon dont il le tient en permanence. Quand il tire sur sa cigarette, il prend l'air de partout dans un bruit de narghilé plus étanche.

Il se transforme en vieille loco vapeur pour recracher la fumée.

Sa femme est disponible pour tout. Le dîner passé elle fume son opium dans son coin, elle est appliquée, comme une petite grand-mère sur un travail de couture que des yeux de presbyte ne facilitent pas. Elle surveille scrupuleusement la longue pique de métal qu'elle chauffe. Avec beaucoup d'attention, elle approche la boulette d'opium au bout de sa paille pour aspirer la fumée apaisante. De temps en temps, elle relève la tête et jette un regard narquois à son fils qui désapprouve.

Ces soirées d'hiver se passent dans une pièce unique, chauffée à bloc. Une lourde odeur de pétrole flotte. J'ai la place de choix, près du poêle, il n'est pas envisageable que j'en change. La pièce est toute petite. Les gouttes de pétrole tombent dans le brûleur avec une régularité exaspérante. J'étouffe, je transpire, je m'éponge le front, je m'essuie le nez et je fais des allers et retours incessants dehors où la température est maintenant largement négative. Toute la soirée, des chants frénétiques au nom de l'imam Hussein s'élèvent et se répondent des deux mosquées du village. Nos hôtes, eux, ne sont bien qu'autour de leur poêle, ils ne transpirent pas une goutte malgré leurs empilements de vêtements, l'homme porte même un bonnet brun en laine.

Levés tôt, nous partons pour rejoindre la frontière à une quarantaine de kilomètres de là. Nous avons prévu de passer la nuit à Bajgiran, le village frontière côté iranien. Nos visas de transit pour le Turkménistan ne sont valables que dix jours à partir du lendemain. Nous dépassons les bergers qui ont récupéré tous les moutons du village et s'en vont dans la montagne. Ils ont à la main un long bâton pastoral et au pied six molosses aux oreilles coupées pour protéger les troupeaux des loups. Ce sont des alabayas du Turkménistan.

Les pentes qui mènent à la frontière sont terribles, nous faisons le yo-yo dans les vallées encaissées. Bajgiran, suspendu à la frontière, est écrasé par les montagnes alentour. Au col, nous devinons les bâtiments de la douane. Sur les pancartes des magasins, l'alphabet arabe, auquel nous nous sommes accoutumés sans pouvoir le déchiffrer, est doublé d'inscriptions en cyrillique aux airs faussement familiers. Les rares habitants vivent du trafic frontalier, tous les autres sont de passage. Ambiance de bout du monde. Des gamins peu habiles en négociations essayent de nous rouler sur les taux de change. Dans la nuit nous cherchons un endroit pour nous restaurer. Dans une ruelle, une lueur : un café. Des groupes de camionneurs discutent autour d'un thé dans un mélange de russe, de turc et de persan. Il y a ceux qui passent régulièrement la frontière et quelques Turcs qui vont livrer aussi loin qu'au Kazakhstan. Dans la pénombre, un petit vieux, sec et usé, un clope vissé au bec, casquette des années soviétiques sur la tête et foulard rouge autour du cou, s'affaire pour servir tout le monde sans faire tomber ses cendres dans les œufs au plat. Son costume, ses manières sont intemporels, il sort directement des photos qu'Henri Cartier-Bresson rapporta de l'URSS dans les années 1950.

Relevé dans le carnet de bord de Célina, la veille du passage de la frontière : « Depuis cinq jours, je roule vers ma liberté, ce n'étaient pas les montagnes qui allaient m'arrêter. Et Dieu sait pourtant combien j'ai aimé ce pays, ces gens, cette hospitalité. C'était bouleversant parfois. Mais je vais enfin pouvoir laisser derrière moi ce foulard qui m'étouffe, cette chemise longue que je ne supporte plus et ces regards souvent lourds des hommes dans la rue.

« Je me suis lavé les cheveux ce soir, ils sont prêts à être lâchés, à voler dans le vent, à se gonfler d'une liberté qui m'échappait souvent.

« À Achgabat, je veux aller au marché, m'asseoir à une terrasse, lire, écrire, regarder la vie, commander une bière et dîner dans un resto. Je rêve à une journée aussi idiote que ça, une journée qui me rappelle tout ce que l'Iran n'autorise pas. Je risque d'être déçue, je ne sais pas à quoi ressemble une ex-république soviétique toujours sous dictature, mais ce soir j'ai besoin de rêver à des choses aussi stupides que celles-là. »

En Iran, comme en Turquie, nous avons toujours été invités, aidés, dépannés ou remorqués sans problème, spontanément et sans fausse manière. Mais, presque à chaque fois que Célina a manifesté son enthousiasme et sa gratitude par des sourires naturels, que nous considérions comme normaux et innocents, les hommes sont passés en mode harcèlement. Peu importe qu'ils nous sachent mariés, qu'ils le soient eux-mêmes et nous aient montré des photos de leurs femmes et enfants, dès qu'ils entrevoient une possibilité, le manège commence. Parfois franchement et carrément, et la situation est alors plus facile à régler que quand l'approche est sournoise, faite de suggestions poisseuses et d'effleurements malsains. Dès qu'une femme, une Occidentale particulièrement, ne se voile pas le visage de noir et de fermeté, la porte semble ouverte et tous les hommes veulent s'y engouffrer. Il est impossible d'expliquer que la porte est fermée malgré les sourires. Dans les cafés Internet, la consultation des derniers sites visités est révélatrice de l'état de frustration dans lequel sont maintenus les hommes. Dans des pays barrés d'interdits sexuels où l'image de la femme occidentale est celle que relaient nos chaînes de télévision, que tout le monde capte, les fantasmes sont inévitables.

Un matin où nous avons pris le temps de nous aimer, nous réalisons toutes les difficultés de ce voyage en couple. Depuis plus de cinq mois, nous évoluons dans des terres où aucune démonstration affective entre homme et femme n'est possible. Le plus simple geste n'est pas envisageable, se tenir la main ou s'embrasser est hors de question. La distance qui existe ici dans un couple s'est insidieusement glissée dans le nôtre. Nous vivons côte à côte tout notre temps, nous le partageons sans pouvoir afficher notre complicité ou notre attachement. Le soir, dans les familles, nous n'avons pas un instant d'intimité ni une seconde de repos, sollicités par tous. À l'heure du coucher, nous n'avons bien souvent que la force de nous effondrer sans prendre assez de temps pour nous parler, nous comprendre et entretenir toutes les fondations d'un couple. Sans occasion de nous retrouver, chaque énervement, chaque susceptibilité peuvent devenir dramatiques.

Deux ayatollahs

Ce matin, nous allons passer la frontière turkmène, direction Achgabat. Nous quittons le petit hôtel de la ville frontière. À la réception, nous contemplons une dernière fois les deux immenses posters des ayatollahs Khomeyni et Khamenei. Depuis trois mois, nous sommes habitués à les croiser partout, sur les billets de banque et dans tous les lieux publics, restaurants, hôtels, magasins, marchés, pompes à essence. Dans les villes, leurs portraits géants occupent les grands carrefours. Ici, nous remarquons que les posters sont plus imposants que d'habitude : est-ce une mise dans le bain volontaire pour les nouveaux arrivants ou une piqûre de rappel aux camionneurs iraniens qui passent la frontière pour aller livrer du matériel à la capitale turkmène toute proche ?

De l'ayatollah Khomeyni, je n'avais gardé que le souvenir des images de la guerre Iran-Irak ; Saddam était alors soutenu par l'Occident. Je me souviens particulièrement de celles utilisées par la télévision en incrustation pour illustrer le sujet développé par le présentateur du journal. Son portrait était terrifiant, diabolique. Ses yeux étaient pleins d'une colère haineuse et ses traits incapables de pitié pour ses soldats. Ces derniers étaient filmés brandissant les clefs du paradis que le régime leur avait remises avant leur départ pour le front, où leur nombre servait à compenser la technologie militaire dont l'Iran ne disposait pas.

Khomeyni est encore omniprésent dans la vie iranienne, toujours accompagné par l'ayatollah Khamenei. Ils portent tous les deux le turban noir des Seyyed, les descendants du prophète. Khomeyni est toujours représenté en père de la patrie, le regard bienveillant et posé. Il s'en dégage une grande profondeur d'âme, une intégrité inébranlable et une autorité naturelle.

Malgré l'illusion démocratique qu'il réussit à produire et la confusion parfois faite en Occident, l'Iran est une dictature, une dictature religieuse.

En février (2004), des élections ont lieu à l'Assemblée. Elles interviennent au milieu du second mandat du président Mohammad Khatami, présenté comme un réformateur. La branche dure du pouvoir veut reprendre la main sur la vie politique du pays. Le conseil des Sages, qui, entre autres, valide la candidature des prétendants, élimine à quelques semaines des élections tous les candidats réformateurs représentant un danger pour les conservateurs. Les réformateurs n'ont d'autre choix que de faire appel, au dernier moment, à des seconds couteaux pour la plupart inconnus des électeurs. Alors que le taux de participation menace d'être tellement bas que le système de la République islamique en sortirait affaibli, une série de mesures est prise pour « inciter » les gens à voter. Ainsi, les étudiants qui n'auront pas voté ne pourront se réinscrire à l'université l'année suivante. Le lendemain des élections, les journaux reprennent les propos du suprême leader, l'ayatollah Khamenei : « *In totally free, healthy and legal elections, people of Iran responded to a plot fomented to create the impression that a gap was opening between the people and the Islamic establishment*[1]. » Et encore : « *The people has emerged as the winner of this election and it was the US, the Zionist and the enemy of Iran who lost*[2]*...* »

En Iran, les élections sont libres, mais les candidats imposés. L'Iran n'est pas une démocratie, puisque tout le pouvoir est aux mains des mollahs qui présentent les candidats qui feront leur jeu. L'Iran n'est pas une démocratie, malgré les processus démocratiques dont elle se targue.

Souvent, au cours de cette traversée, nous avons demandé aux Iraniens ce qu'ils pensaient de leur gouvernement ; nous avons rarement eu de réponses et jamais quand nous étions réunis avec plusieurs personnes, si ce n'est une approbation silencieuse de circonstance. Ceux qui nous ont confié ne pas aimer leur pays ont un geste sans équivoque désignant les enturbannés comme responsables de leurs frustrations. De la même manière, ils se plaignent de leur corruption.

---

1. « Lors d'élections totalement libres et régulières, le peuple iranien a répondu au complot fomenté pour créer l'impression qu'un écart se creusait entre le peuple et la classe islamique dirigeante. »

2. « Le peuple est sorti vainqueur de ces élections, ce sont les États-Unis, les sionistes et les ennemis de l'Iran qui ont perdu. »

L'image des Iraniens si souvent véhiculée par les médias occidentaux est celle de barbus effrayants et vindicatifs, alors qu'ils sont, les premiers, victimes d'un régime qui ne leur convient pas – combien de fois en Iran m'a-t-on suggéré de me raser la barbe à cause de ce qu'elle représente ? Peut-on leur reprocher de ne pas se débarrasser de ce régime des mollahs qui les enferme dans ce double jeu, dans cette schizophrénie sociale où s'opposent visage public et vie privée ?

Les années sous le règne du shah ont été des années de souffrance pour toute la société iranienne. La révolution n'est pas sortie de nulle part, elle a éclos dans la brutalité et les injustices du système précédent, puis a été récupérée par les mollahs et Khomeyni. Les Iraniens ont depuis longtemps su développer cette double vie, maniant les apparences pour s'accommoder des obligations, dissimuler et protéger leur réalité.

En 1980, immédiatement après l'arrivée de Khomeyni au pouvoir, l'Irak, soutenu par l'Occident, a déclenché une guerre qui, en huit ans, fera plus d'1 million de victimes iraniennes. L'Iran compensait son handicap technologique par le nombre de combattants qu'il envoyait au front. Aujourd'hui encore, cette guerre est très présente dans le quotidien des Iraniens, les invalides sont légion et il subsiste de nombreuses traces de la guerre. Les taxis, par exemple, continuent de couvrir leurs phares du film opaque utilisé pendant la guerre pour pouvoir rouler de nuit sans se faire repérer. En plus du sacrifice humain consenti, la guerre a rendu le pays exsangue d'un point de vue économique. L'Iran, riche en pétrole, bénéficiant de tous les climats et d'une population éduquée, subit encore les conséquences d'un développement retardé.

Nous repartons avec l'impression fortement ancrée que les Iraniens ont trop souffert ces dernières décennies pour envisager un changement brusque et radical. Ils auraient trop à perdre, eux qui savent s'affranchir des excès et des interdictions du régime tout en maintenant les apparences, garantes de leur tranquillité.

Turkménistan

Achgabat

29 février 2004, 158e jour

Nous quittons donc l'Iran pour plonger dans l'Asie centrale de l'ex-URSS. Nous laissons une dictature religieuse pour des dictatures aux relents de soviétisme.

Comme toute la région devait le faire, le Turkménistan, ancienne république de l'URSS, déclara son indépendance en 1991. Chef du parti communiste local, Saparmourad Niazov conserva le pouvoir, se renomma Turkmenbashi (le chef de tous les Turkmènes) et mit en place une des dictatures les plus autoritaires et les plus propagandistes qui soient. Les larges ressources en gaz et en pétrole du pays, sa politique de non-ingérence chez ses voisins et son absence de prétention militaire et territoriale lui permettent de continuer à diriger le pays d'une main de fer, avec l'assentiment tacite des États-Unis et de la Russie.

Une seule route asphaltée fait le tour de ce pays à peine plus petit que la France, occupé aux trois quarts par le désert de Karakoum et peuplé de moins de cinq millions d'habitants. Elle part de Turkmenbashi, un port sur la mer Caspienne, et rejoint la frontière ouzbek après avoir longé les montagnes de la frontière iranienne.

Le pays reste fermé aux journalistes et n'autorise le tourisme que dans des conditions draconiennes. À Téhéran, après ronds de jambes et palabres, nous avons pu obtenir un visa de transit de dix jours.

La frontière iranienne est à cheval sur le col séparant les deux pays, à environ 1 500 mètres d'altitude. Célina monte en tête, pressée de se débarrasser du foulard qui lui est devenu insupportable. Les formalités accomplies, nous passons une lourde grille devant des camions que des soldats fouillent. Avant de basculer au Turkménistan, Célina s'arrête. Elle prend tout son temps pour détacher le foulard. Elle entame la descente et laisse le vent emporter son foulard. Elle me sourit d'un air effronté avant de hurler sa joie de sentir de nouveau le vent dans ses cheveux.

Quelques kilomètres plus bas, le passage de la frontière turkmène nous donne une idée de ce qu'a pu être l'entrave administrative de ces pays. Nos passeports passent par dix mains différentes, nous devons remplir des formulaires de toutes les couleurs en passant de bureau en bureau. Peu importe, nous avons le temps et Célina goûte à sa nouvelle liberté. Les formalités accomplies, une longue descente, vertigineuse par endroits, dans une zone tampon militarisée qui servait de rempart à l'URSS contre les incursions du voisin ennemi, nous ramène à 200 mètres d'altitude. Des miradors surveillent toutes les perspectives. Dans un virage dominant toute la plaine turkmène, nous nous arrêtons pour profiter de l'instant et partager une orange ; un taxi ralentit à notre hauteur en hurlant : « *Parking problem ! Parking problem ! Go ! Go*[1] *!* »

À la barrière qui nous sépare du reste du pays, nous subissons un dernier contrôle sous le regard inquisiteur d'ours mal léchés, habillés de longs manteaux gris. Leurs énormes casquettes des années soviétiques leur confèrent une importance intimidante.

Nous entrons dans le pays par Achgabat, la capitale et la ville la plus surprenante qu'il nous sera donné de voir. La route longe d'abord une succession inattendue d'hôtels neufs, construits les uns à côté des autres. Ils sont tous vides. Plus loin, une série de tours modernes attendent aussi inutilement. Le centre-ville est au bout d'avenues démesurées qu'une faible circulation peine à remplir. Les voitures, toutes identiquement désuètes, sont perdues sur ces gigantesques artères.

À un croisement, un café ! Tables et chaises sont installées sur le trottoir pour cette belle journée de printemps. C'est un café banal dans lequel femmes et hommes sont accoudés à une même table dans une même conversation. Un café extraordinaire pour nous qui sortons de trois mois dans les campagnes turques suivis d'un autre trimestre en Iran. Spontanément, sans nous consulter, nous nous arrêtons tous les deux pour regarder le spectacle. Nous avions oublié cette vie. Nous prenons soudain conscience de tous les interdits des sociétés que nous venons de traverser, de la façon sournoise dont ils ont distendu nos relations. Nous ne résistons pas au plaisir d'un déjeuner en terrasse. Une serveuse vient prendre la commande, minijupe et corset bordeaux. Je me fais l'effet d'un adolescent boutonneux sur une plage en été. Son apparition est un songe,

1. « Ne restez pas là ! Ne restez pas là ! »

je me mets à bégayer quand elle me sourit. En retournant en cuisine, elle balance son arrière-train, je n'ose même pas regarder tant je crains de voir la police débarquer de tous côtés.

De l'autre côté du boulevard, des chapelets de femmes en uniforme gris-vert sortent de l'école militaire. Elles attendent sur le trottoir un taxi ou un amoureux. Je ne me lasse pas de leur féminité mise en uniforme, jupes au genou, bottines noires et brillantes à mi-cheville, chapka de princesse. Dans mon carnet de notes, pour résumer la journée, j'inscris ce jour-là : « Des femmes qui vivent, des femmes qui vivent, des femmes qui vivent !!! »

Deux jours sont nécessaires pour que nous n'hésitions plus à nous promener l'un contre l'autre, pour que nous ne soyons plus surpris de voir hommes et femmes se parler dans la rue ou une serveuse bousculer sans ménagement son cuisinier.

Le centre-ville est constitué d'avenues grandiloquentes sur lesquelles sont érigés une formidable concentration de bâtiments mégalomaniaques, tous à la gloire du président et du peuple turkmène. L'académie militaire, le ministère de la Justice et le palais présidentiel sont construits en marbre blanc, leurs architectures rivalisent d'audace, mais sont déjà concurrencées par d'autres projets monumentaux en cours de construction, tous ordonnés par le président. Un stade olympique, en forme de coquillage ouvert, a aussi été construit : le Turkmenbashi Olympic Stadion. Les mémoriaux colossaux de la Seconde Guerre mondiale et du tremblement de terre de 1948 qui ravagea la ville, dans lequel le président perdit sa mère, passent inaperçus à côté de la statue couverte d'or du président qui, montée sur l'arche de la Neutralité, pivote en permanence pour rester face au soleil. De sorte qu'on ne sait plus si Niazov tire sa puissance de l'astre ou si le soleil n'ose tourner le dos au président à vie, auteur de la *Ruhnama*, le « Livre de l'âme », une épopée nationale d'inspiration divine.

Des femmes balayent en permanence l'asphalte du centre-ville, elles sont disposées tous les cent mètres, prêtes à bondir sur les poussières qui pourraient gêner le cortège présidentiel. Tous les coins de rue sont ornés de drapeaux turkmènes, de fanions de couleurs et de posters à l'effigie de Niazov. À chaque carrefour, la police ou l'armée sont présentes. Dès que nous sortons un appareil photo, ordre nous est donné de le ranger. Une journée durant, nous parcourons la ville pour recenser les endroits d'où ne serait pas visible une photo ou une statue du président. Nous rentrons bredouilles.

Au centre-ville, une grande halle en partie ouverte abrite le marché russe. Sur les étals, les femmes turkmènes, dans leurs robes colorées traditionnelles, astiquent les fruits qu'elles empilent en pyramides pour attirer les clients. Les stands de viande, de poisson, de fromage, de graines, de fruits séchés et de liqueur occupent les allées principales. L'ambiance de marché est au rendez-vous, quelques mémères ont la gouaille plus tenace que d'autres. À l'heure du déjeuner, les stands à brochettes en contrebas de la halle ne désemplissent pas.

Sur les étals, nous découvrons des bocaux énormes de caviar, vendu à la louche. Les vendeuses proposent toutes les variétés existantes. Les prix sont dérisoires. Nous emportons deux boîtes, que nous ouvrirons aux pauses-déjeuner pour accompagner les œufs brouillés. Ce décalage est encore une des grâces du voyage : les paysages secs et poussiéreux n'évoquent en rien les airs salins de bord de mer ni le luxe qui accompagne habituellement la consommation de caviar.

En périphérie du centre-ville, devenu quasiment désert par l'effet centrifuge de la folie des grandeurs de Niazov, de vieux immeubles hérités des années soviétiques tiennent encore debout malgré le béton fissuré et leur spectaculaire état de délabrement. Les habitants d'Achgabat s'y entassent, loin des fastes présidentiels. Les antennes satellites obscurcissent des fenêtres déjà trop petites.

Dans la rue, les rares voitures autres que les antiques Lada sont celles du gouvernement et des expatriés dont les sociétés exploitent les richesses du pays ou construisent les palais de la dictature. Nous sommes magnifiquement accueillis par deux d'entre eux, rencontrés dès notre arrivée à la terrasse d'un café. Ils nous font découvrir cette face du pays. Autour de ces expatriés, dans les rares bars branchés et restaurants de luxe, gravite une population féminine diablement attirante et séduisante. Ces filles n'ont d'autre solution que de s'accrocher à un riche Occidental pour se sortir de l'impasse dans laquelle le système turkmène les maintient. Le soir où la curiosité nous pousse dans une boîte de nuit, le quota est de quatre femmes pour un homme. Dès que je me mets à danser, trois ingénues se jettent sur la piste, sensuelles et impudiques. Elles me lancent des regards à me faire oublier mon état civil et avaler tout rond l'alliance que je ne porte pas.

Durant l'ère soviétique, le Turkménistan avait été colonisé par le pouvoir central pour asseoir la domination de Moscou. De cette période subsiste une large colonie russe résidant principalement à Achgabat. Les Russes restés au Turkménistan après la chute de l'URSS et qui, dans la plupart des cas, n'avaient nulle part d'autre où aller ont reçu un passeport turkmène sur lequel est précisée leur origine, leur fermant ainsi la porte de nombreux métiers que le gouvernement veut voir occupés par des Turkmènes de souche. Ils sont une deuxième fois victimes du nationalisme et d'un régime dictatorial.

Nous repartons d'Achgabat encore éblouis et incrédules du choc culturel que nous venons de vivre. L'atmosphère, les fastes et les excès de la ville nous ont transportés hors du temps, à la limite de la réalité.

En transit

Nous retournons à vélo vers un quotidien plus terre à terre, plus empreint de réalités que les supercheries de la vie d'expatriés dans laquelle nous avons plongé sans réticence trois jours durant. Cette première journée à vélo au Turkménistan sera la seule que nous apprécierons car elle longe les montagnes de l'Alborz au sud. Joliment escarpées, celles-ci prennent racine dans le tendre vert de la plaine. De l'autre côté de la route, nous longeons l'immense désert turkmène, déjà monotone, qui occupe l'essentiel du pays. La journée n'est qu'une ligne droite, tout juste distraite au passage d'un vieux train de marchandise traîné par un long panache noir.

Horace, un agriculteur truculent, nous fait signe de le suivre à l'entrée de la ville où nous allions chercher un logement. Il nous emmène directement chez lui, une maison ouverte sur une cour de ferme. Des poules pataugent dans leurs chiures, quelques veaux traînent dans la boue, du vieux matériel est entassé çà et là sous la surveillance d'alabayas, les terribles chiens turkmènes. Ils sont naturellement agressifs et musclés. Leurs oreilles taillées sont réduites au minimum pour éviter les blessures dans les combats et leurs sales gueules cassées et puissantes ne nous inspirent rien d'autre que de longs détours.

Horace range nos vélos de telle sorte que, pour y avoir accès, un visiteur devrait passer à portée de crocs du plus impressionnant de ses chiens, attaché à une longue chaîne.

Dans la cour et dans la maison, cinq becs de gaz brûlent en permanence, à l'air libre, sans raison. Horace s'explique : le gaz est gratuit, en les laissant brûler, il s'évite de devoir chercher des allumettes. La nuit, dans toute la campagne, nous discernons quelques flammes bleutées trahissant la présence des maisons.

Commence ensuite un des repas les plus mémorables de ce voyage, une inimaginable séance de gavage. Pendant plus de deux heures, la femme et la belle-fille de Horace nous servent un dîner monumental que nous diluons dans la vodka. L'entrée suffirait à rassasier dix personnes. Au deuxième plat, je suis à bout, je me force pour y goûter sans me douter que trois autres plats arrivent encore. Célina est depuis longtemps endormie à même le sol, mal remise du changement de rythme entre les dernières semaines passées à rouler fort pour passer la frontière à temps, les soirées chez des hôtes dont nous devions rassasier la curiosité et les trois jours de pause d'Achgabat.

Entre chaque plat, entre chaque bouchée me semble-t-il, Horace et moi portons des toasts. Tout ce que nous avons déjà avalé permet d'éponger l'alcool et l'alcool dilate un peu plus nos estomacs. Nous trinquons à la russe, cul sec, après nous être répandus dans de longs toasts balbutiés dans un mélange de moins en moins compréhensible de turc et de russe. Au cinquième plat, un poulet entier qui suivait de près de la graisse de mouton dans un bouillon fumant, je suis à l'agonie. Depuis une heure déjà je ne peux plus me plier en avant. Reste le coup de grâce, le dessert : cinq œufs au plat, surmontés d'une larme de sauce tomate…

Pendant le dîner, la télévision diffuse des visites de Turkmenbashi dans ses provinces. Le cérémonial est au point. Il est accueilli pompeusement au pied de l'hélicoptère présidentiel par une délégation tirée à quatre épingles. Il se recueille ensuite à l'écart entouré des quatre vieux sages turkmènes qui lui ont offert le pain. Dans leur tenue ancestrale et sous leur toque en laine d'agneau, ils incarnent les anciens conseils de sages de la société clanique mise à mal par Turkmenbashi. Vient ensuite le temps des chansons et des danses folkloriques en costume, des femmes, des enfants, plusieurs chorales se relayent pendant d'interminables quarts d'heures. Turkmenbashi reste debout face aux artistes, admiratif et à l'écoute de son peuple. Il sort de son veston une enveloppe copieusement garnie qu'il remet aux artistes avant de recevoir la ribambelle d'enfants venus saluer joyeusement le bon père de la nation.

Je finirai par me traîner, plus près de l'éclatement que saoul, dans la pièce attenante au salon qui nous servira de chambre. Célina y est effondrée depuis de longues heures.

Nous repartons de chez Horace sous une grosse chaleur, le vent de face en permanence. Pour se faire une idée assez correcte de la géographie turkmène, il suffit de déplier une carte du pays. Rien d'autre n'y apparaît que l'absence totale de dénivelé (excepté le long de la frontière iranienne), la route unique qui en fait le tour et quelques noms de villes indiqués çà et là. À vélo, l'impression est la même : nous suivons une bande de goudron cabossée, posée sur un horizon infiniment plat qui disparaît sous la courbure de la terre. Il n'y a ni panneau ni indication. La route contourne même les rares bourgs qu'elle pourrait traverser, si bien qu'elle ne présente absolument aucun intérêt, ni relief, ni paysage, ni rencontre.

Dushak est perdu sur la grande ligne de chemin de fer qui reliait Moscou à ses provinces les plus distantes ; celle-là était stratégique puisqu'elle longeait la frontière iranienne. L'ambiance y est étrange entre les maisons éparses, la gare et les trains de marchandise parfois à l'abandon. Dans la nuit, deux taches de lumière blafarde dénoncent les étals vides, qui font office de commerces.

Nous dormons dans l'hôtel miteux aux dimensions soviétiques, qui vit grâce au passage lié à l'entretien des trains. Les hauteurs sous plafond donnent le vertige, les salles sont immenses et vides, à peine habillées d'une peinture fade jusqu'à hauteur d'homme. Le parquet est gris, il résonne sinistrement. L'hôtel est occupé par quelques personnages bizarres en survêtements et maillots de corps dont nous devinons, aux forts relents de vodka qu'ils dégagent, les intentions pour la soirée. La femme édentée qui s'occupe de l'hôtel veille sur ses deux étrangers, elle nous garde près de la réception, nous mettant en garde contre ceux qui ont déjà trop bu. Les chambres sont étroites, les lits bancals et répugnants, la porte ne ferme pas et des blattes plus grosses que nos pouces sortent des fissures du béton.

Le lendemain, sous le soleil qui inonde la matinée, nous préparons notre départ dans une ambiance joyeuse, accompagnés de la tenancière d'hier et de curieuses. Nous sommes captivés par leur simplicité et leur gentillesse. Elles sont douces malgré la dure vie qu'elles mènent. Nous leur montrons la carte et quelques photos de Paris, elles nous offrent leur sourire, en or pour les plus riches, édenté pour la plupart.

Le long de la route de Mary, toujours aussi monotone et inintéressante, un personnage tient un étal de chapeaux et manteaux traditionnels. Le passage est limité, nous sommes contents de nous rencontrer. Malgré la chaleur écrasante, il est coiffé de la haute et large toque en laine d'agneau typique des Turkmènes, le *telpek* ; le sien est noir. Il porte la longue barbe en collier traditionnelle. L'homme est affable et disponible. Il nous habille de ses manteaux de peau superbement tannés à la main – les plus beaux sont en caracul, mouton local –, teints de sang et d'or, et nous coiffe de ses plus précieux *telpek*. Nous transpirons à grosses gouttes sous le poids des vêtements et de l'intense chaleur.

Peu avant la tombée de la nuit, nous arrivons à Mary, à quelques lieues de l'ancienne Merv qui subit de plein fouet la rage et le feu des conquêtes mongoles du XIIIe siècle.

Nous échappons à l'hôtel réservé aux étrangers, aux tarifs indécents. Avec l'aide de chauffeurs, nous trouvons un logement beaucoup plus modeste dans un hôtel en complet délabrement. Il est dirigé par une grande Turkmène de belle allure. Elle ne se gêne pas pour afficher le mépris dans lequel elle tient ses employées russes. Face à l'accueil, deux d'entre elles ont envahi le canapé de toute leur corpulence. De temps en temps, l'une d'elles fait l'effort de se lever et se dandine jusque derrière le comptoir pour prendre une clé ou réclamer de l'argent à un client. À partir de midi, celle aux cheveux teints en jaune, mi-longs et gras, ne lâche plus les clients qui n'ont pas encore payé pour la nuit à venir. Ils s'acquittent promptement, pour ne pas avoir affaire plus longtemps à son gros nez épouvantable, ses yeux porcins et les tentures de velours bleu électrique qui lui servent de robe. L'autre ressemble à une oie endimanchée, le derrière vissé dans le canapé. Elle ne fait rien, elle se donne l'impression de dominer le monde depuis son séant, elle prend des airs, elle tient la baraque, elle règne. Sa coiffure prétentieuse ressemble à un mauvais gâteau à la crème, l'orange de ses cheveux jure avec l'excès de rouge à lèvres qui tartine sa bouche en cul-de-poule. Cette grosse femme inutile est engoncée dans sa chemise blanche trop cintrée et son cardigan rouge, et sa jupe noire ne cache pas la rondeur de ses mollets. Une troisième femme est en charge du ménage, les autres l'acceptent tant qu'elle reste à l'écart de leur territoire. Secrètement, elle doit envier les deux matrones. Ses cheveux sont courts et raides, ses avant-bras potelés de mémère efficace dépassent de sa robe large, stricte et grise. Contrairement aux deux vulgaires, sa gentillesse est évidente, elle est disponible et agréable, elle nous aide à nous installer. Quand nous avons fini, elle nous offre un sourire un tiers en émail, un tiers en or et le reste en gencive.

Ici, en ex-URSS, nous rencontrons le glauque et le sordide, conséquences d'une industrialisation et d'une urbanisation planifiées et ratées. Pour ne prendre qu'un exemple, il vaut mieux un trou au fond du jardin et un broc d'eau qu'utiliser des chiottes bancales, qui refoulent ou fuient. Pour déclencher la chasse, il faut plonger la main dans la réserve d'eau marronnasse, après avoir attendu dix minutes qu'elle se remplisse au compte-gouttes par un tuyau rouillé et plein de calcaire. Les peintures moisissent et s'effritent dans une odeur de renfermé tenace.

Turkmenabat est la ville la plus proche de la frontière ouzbek, nous l'atteignons la veille de l'expiration de nos visas. Le bazar en plein air est une foule de couleurs de fruits et de légumes, de femmes en foulards et robes aux tons vifs. Leurs faciès à la croisée des mondes – tête large, mâchoires affirmées mais sans lourdeur, pommettes fortes – sont fascinants. Quelques-unes ont hérité d'yeux bleus transparents ou d'un vert mordoré lumineux : celles-là sont sublimes. Leurs incisives en or sont une coquetterie. Notre présence sur le marché en surprend certaines qui n'hésitent pas à venir nous inspecter de près.

Dans ce pays vierge de tourisme, à peine entaché d'une présence russe aujourd'hui plus discrète, personne ne cherche à profiter de nous, tous sont disponibles. De ce passage éclair dans le pays, nous sommes marqués par la simplicité des Turkmènes – tellement étrangère à leurs voisins perses – et leur douceur qui s'accordent pourtant mal avec les réalités de leur vie.

Déjà nous n'avons d'autre choix que de quitter ce pays que nous n'avons qu'entraperçu.

Ouzbékistan

À boire !

9 mars 2004, 166ᵉ jour

Matin gris, journée froide et venteuse. N'étaient-ce quelques bourgeons sur les arbres, rien n'indique que nous approchons de la fin de l'hiver. Depuis quelque temps, les journées hésitent entre une chaleur brutale, à laquelle nous ne sommes pas habitués, et les affres de la saison triste.

Après avoir rejoint la frontière par une route plus longue et difficile que prévu, nous partageons, côté turkmène, un dernier thé avec les femmes venues pour faire du change. Dans le baraquement en tôle, nous comptons et recomptons les piles de billets. Leurs sacs en plastique en sont remplis, dissimulés sous quelques vêtements. Passé le barrage turkmène, nous enfourchons nos vélos dans la zone neutre. Le poste ouzbek est 2 kilomètres plus loin. Nous remplissons les questionnaires, donnons nos passeports et attendons le coup de tampon libérateur sur nos visas. Dix minutes plus tard, un des douaniers m'appelle : le visa de Célina n'est pas valable, le numéro de son passeport y a été mal reporté, il ne peut pas la laisser entrer dans le pays.

La situation est claire : soit nous trouvons une solution, soit nous restons bloqués entre deux frontières, déjà plus au Turkménistan et pas encore en Ouzbékistan, la zone de non-droit parfaite. Nos chances de retourner côté turkmène sont nulles, les douaniers ne nous laisseront jamais passer. Nous devons débloquer la situation côté ouzbek, sans nous énerver ni braquer les douaniers desquels notre sort dépend.

Première mesure : éloigner Célina des problèmes administratifs, son sang tourne vite. Deuxième étape : faire comprendre au douanier les complications organisationnelles et administratives auxquelles il sera confronté si nous restons bloqués à la frontière, à *sa* frontière... Une demi-heure plus tard, nos problèmes sont résolus, le douanier a choisi de fermer les yeux.

La route est pire encore côté ouzbek, toujours face au vent, emprisonnée entre deux mornes canaux creusés dans un paysage de sable plat aux couleurs de l'hiver.

Alar, première ville après la frontière, est étendue, sans véritable centre. Nous dénichons difficilement un endroit pour déjeuner : une grande pièce refroidie par l'humidité de la journée. Dans cette cantine, pas de table classique mais de grandes banquettes en bois de la taille d'un lit double, avec des dossiers sur deux côtés et recouvertes de tapis. Des coussins et une table basse y sont posés, permettant de déjeuner et de s'installer pour des siestes magnifiques. Nous les rechercherons systématiquement pour la pause de la mi-journée. Dans la même salle, des Ouzbeks déjeunent et s'envoient des shots de vodka. Nous trinquons ensemble.

Succession de villages étendus, organisés autour des champs immenses : des kolkhozes remontant à l'époque soviétique. Chaque maison a son lopin de terre, occupé par quelques animaux pelés et un coin potager. Comme les Turkmènes, les Ouzbeks sont surpris de nous voir. Ils sont, en revanche, bien moins timides. Ils nous lancent des « *At kouda*[1] ? » du bord de la route. D'un index pointé sur la gorge ou d'une pichenette au même endroit, ils nous invitent à nous saouler avec eux.

De l'autre côté d'un canal, un homme gesticule et hurle, il se dirige en courant vers le pont pour nous rejoindre. Mokhtar n'a aucune difficulté à nous convaincre d'abandonner nos vélos et venir chez lui, son énergie désordonnée et son enthousiasme sont communicatifs. Il a 33 ans, une femme de 30 ans et trois enfants qui ont hérité de son énergie. Une fois encore, le turc, assez proche de l'ouzbek, pimenté de quelques mots russes nous permet de communiquer toute la soirée. Mokhtar est le premier d'une longue série d'Ouzbeks à nous parler de Fantômas et de Jean Marais. Il répète à l'envi « Bonjour messieurs, asseyez-vous », seul souvenir des cours de français enseignés durant l'époque soviétique quand l'anglais et les films anglophones étaient bannis.

Quand la fraîcheur de la soirée s'installe, il se couvre les épaules du *tchopane* ouzbek, ce long manteau noir matelassé caractéristique de la région, et coiffe une chapka en fourrure synthétique. L'énergie de nos hôtes et l'avidité qu'ils ont de tout comprendre et de tout savoir sur nous, sur nos familles et sur la France, est telle que nous nous couchons épuisés, nos affaires éparpillées dans toute la maison.

---

1. « D'où venez vous ? » en russe.

Une pause aussi inattendue que surprenante est venue interrompre ce tourbillon de questions : à l'heure des « Feux de l'amour », les enfants ont allumé la vieille télévision noir et blanc et sont restés, avec leurs parents et le frère de Mokhtar, en visite, muets devant le feuilleton affreusement doublé en ouzbek par une unique voix d'homme interprétant tous les rôles et couvrant la version allemande encore audible.

Le premier contact avec un pays est déterminant pour la suite. Inconsciemment, il conditionne notre état d'esprit, la manière dont nous aborderons les rencontres suivantes. En Iran, ce premier échange n'était pas venu tout de suite, nous laissant à nos questionnements. Ici, nous devons à Mokhtar de repartir convaincus de la curiosité et de la spontanéité des Ouzbeks.

Nous arrivons à Boukhara sur les traces d'une histoire phénoménale qui nous dépasse. Le khanat de Boukhara, qui englobait Samarkand, fut l'un des trois royaumes ouzbeks, avec ceux de Khiva et de Kokand, issus de la dislocation de l'empire de Djaghataï, fils de Gengis Khan. La ville a eu une grande importance religieuse, comme en témoignent toutes les mosquées et madrasas (écoles coraniques) qui rivalisent de somptuosité. Dans cette enclave tadjike intégrée à la République ouzbek par l'administration stalinienne, nous nous faisons comprendre avec nos rudiments de persan, proche du tadjik. La ville vit ses dernières heures de quiétude avant le début de la saison touristique. Nous visitons seuls le centre-ville, un concentré de monuments fabuleux, joyaux de la route de la soie.

À l'ombre d'un chêne cinq fois centenaire, nous profitons de la quiétude et des grandes banquettes ouzbeks pour un thé, un repas et pour prendre des notes sur les jours passés.

Les quelques jours de vélo nécessaires pour rallier Samarkand sont tous semblables : le paysage est plat, sans relief, d'une perfide monotonie. Une pluie froide et régulière le rend plus austère encore. Elle nous frustre des siestes pastorales, les deux bras sous la tête, la panse bombée, chauffée par un soleil de printemps, dans un des nombreux vergers en fleur des villages kolkhozes traversés. Nous devons nous contenter d'une atmosphère triste et humide. Les haltes de midi nous confirment la belle humeur, aux relents de vodka, des Ouzbeks. À l'heure du déjeuner, l'alcool est chaleureux et convivial, il aide à oublier la pluie et à nouer des contacts, à défaut d'aider à pédaler.

Plus tard dans l'après-midi, la vodka a fait des ravages. Les hommes titubent le long de la route, ils nous parlent de près, nous abordent pour nous livrer leur secret avec l'intimité des désespérés, puisée au fond de la bouteille. Ils insistent lourdement pour que nous trinquions avec eux et ont des gros rires idiots. En cette saison, les journées des cultivateurs sont vides, la tristesse et la monotonie de la campagne sont pesantes, les années de collectivisation ont brisé l'initiative individuelle, boire est un acte social et salutaire.

Tous les jours, le scénario est identique : dès 14 heures, nous avons du mal à repérer les hommes à jeun qui pourront nous donner les bonnes indications pour la route. Ceux qui sont saouls ne connaissent pas la réponse, mais veulent nous aider à tout prix ; s'ils apprennent que nous sommes français, ils peuvent répéter à l'infini les deux phrases qu'ils ont retenues de l'école : « Bonjour, je m'appelle… » Ou, en s'adressant à moi : « Bonjour madame, comment allez-vous madame ? » Aucun d'entre eux n'est agressif ni vindicatif, ils sont simplement saouls et pesants.

Nous avons appris à juger le taux d'alcoolémie à la position de leur chapka. La vodka donne chaud, elle fait transpirer, à grosses gouttes parfois. Plus l'alcool monte, plus l'homme repousse sa chapka. Si elle tombe, l'homme est mûr, il ne tardera pas à suivre.

Après une journée entière sous la pluie et les deux dernières heures à nous demander où nous allons pouvoir nous arrêter, nous trouvons un chauffeur de Kammaz[1] à l'entrée de son village. Il nous fait signe de le suivre dans la nuit et la boue. Sa maison est inhabituellement grande, nous n'en verrons que deux pièces. Sur son lopin, il a un champ de pommes de terre et une étable avec quatre vaches. À peine avons-nous mis pied à terre qu'il débouche une première bouteille. Sa femme s'occupe de la table : des zakouskis de toutes sortes et trois œufs par personne. La journée a été longue, je n'ai eu le temps ni de me réhydrater ni de récupérer, et je dois déjà trinquer avec notre gaillard. La règle est simple : bouteille ouverte, bouteille finie. La tactique basique : entre deux lampées de vodka, boire le plus de thé possible et manger, manger. La première bouteille passe, la deuxième suit sous la surveillance amusée mais habituée de sa femme. Son fils aîné, 6 ans, est agacé. Célina me soutient, soulagée d'être épargnée. Nous nous couchons tard, je m'endors comme une masse. Réveil pénible, une barre de métal vissée entre les tempes.

Un autre soir où la nuit tombe tôt, nous n'espérons rien d'autre qu'une longue nuit de sommeil dans la chambre sordide que nous avons dénichée dans un bâtiment à l'abandon à l'entrée d'une petite ville. Il

1. Marque de camion russe.

continue de pleuvoir, l'atmosphère est pesante. Depuis quatre heures de l'après-midi, nous n'avons pu parler à personne qui ne soit dévasté.

Le lendemain, le ciel est plus bas encore, la pluie se remet à tomber quand nous fuyons cette étape difficile. Deux kilomètres plus loin, un couple nous rattrape sur son vélo chinois à grandes roues. Lui pédale, une chapka sur la tête, dans son grand *tchopane* bleu foncé ; elle est assise en amazone sur le porte-bagages, elle tient un parapluie en l'air pour les protéger de la pluie de plus en plus roide. Ils reviennent du marché. Pendant 10 kilomètres, nous restons côte à côte. Je ne me lasse pas de l'impression qu'ils dégagent, lui le paysan irréprochable, jeune, fort et enthousiaste, et elle la femme enjouée et dévouée que tous les hommes de la route regardent. Par signes, ils nous invitent à venir prendre le thé chez eux. Leur maison est minuscule et pauvre, des tapis rapiécés et une toile cirée trouée servent pour les repas, toute leur vaisselle est cabossée. Ils ont deux enfants, la petite fille reste près de sa mère, craintive et effacée. Le garçon, plus petit, est rassuré quand son grand-père maternel nous rejoint, il se cale entre son père et lui et n'a plus peur de répondre à nos grimaces.

De chez eux, nous repartons gonflés à bloc. Des bandes de corbeaux nous suivent, nous dépassent de leur vol sinistre, se posent, nous regardent passer, nous lancent quelques mauvais présages, puis repartent à nos trousses. Il pleut, il pleut, il pleut sans espoir, mais désormais ça n'a plus d'importance.

Depuis le début du voyage, un sourire, un rien nous donne l'envie de continuer dans les moments plus difficiles. Tant que nous aurons la certitude de pouvoir faire de belles rencontres, comme celle-là le fut, nous trouverons l'énergie et la motivation pour avancer. Nous avons souvent dit que nos vélos étaient l'instrument de communication de notre voyage et notre motivation le moyen de locomotion ; pour être tout à fait exacts, nous devons ajouter que l'enthousiasme des gens et l'accueil reçu sont notre carburant quotidien.

Protégés du mauvais œil

Nous nous obstinons à rouler en recherchant, dès que nous croisons une ville, un endroit pour nous réchauffer, boire un thé et, secrètement, chercher un de ces clins d'œil qui sont toute notre motivation.

Le long d'un marché, une cantine fume sous un auvent. La pluie ruisselle de la tôle ondulée. Sur les banquettes, tous les clients sont blottis dans leurs *tchopane*. Le temps de nous installer pour déjeuner, nous sommes au centre d'une conversation, tous ont relevé le nez et viennent se serrer autour de nous et nos vélos. Un vieux, encombré dans son lourd manteau, fume seul sur sa banquette sans nous perdre de vue. Le verre épais de ses lunettes est étoilé, il tient par le miracle du Scotch. L'homme se fait rapporter nos paroles puis demande à ce que nous le photographiions, pour s'octroyer de cette éternité qui lui est de moins en moins acquise, ai-je l'impression.

La pluie ne se lasse pas, elle a bientôt raison de l'étanchéité de nos vêtements, elle finit par pénétrer, insidieuse et obstinée, à travers nos coutures. Des kilomètres de vergers en fleur continuent de narguer nos rêves de sieste lourde. Le long de la route, femmes et enfants attendent blottis à cinq ou six sous une bâche en plastique trop courte et trop usée, ils vendent des champignons et des herbes. Les habits colorés des femmes sont visibles de loin dans ces paysages mornes.

Maintenant, une neige fondue et un vent glacial nous tourmentent dans de grandes lignes droites vallonnées, abandonnées dans les champs. À l'entrée d'un village, pour prendre des renseignements sur la suite du parcours, nous nous arrêtons près d'une famille occupée à vendre des légumes. Comme nous, ils sont rincés, nous avons tous notre compte de pluie. L'homme nous invite chez lui, son bon sourire nous a sauté aux yeux aussitôt arrêtés. Sa maison est constituée de deux pièces. La première, minuscule et sombre, est l'unique pièce chauffée. Ils s'y tiennent tous en hiver. Les murs sont noircis par la fumée du poêle, la fenêtre est partiellement obstruée pour lutter contre le froid et la neige. L'autre, à laquelle on accède de l'extérieur, est profonde et claire, elle est utilisée pendant les beaux mois.

Dans la pénombre de la pièce chauffée, nous passons toute la fin de l'après-midi et la soirée, assis en tailleur, à boire le thé, à parler et à rire. La mère de notre hôte est là, avec sa femme, ses trois enfants et ses beaux-frères. L'un d'eux est cuit, il cuve. De temps en temps, il relève la tête pour participer à la conversation. Persuadé que nous ne l'entendons pas, il beugle de plus en plus fort les questions que nous ne comprenons pas. Comme tant d'autres en Turquie ou en Iran, quand il apprend que nous sommes français, il nous déclare : « Henry, Zidane, *frantsous*, *frantsous* Henry, Zidane ? » Exact. Il rajoute aussitôt, avec cette fierté que nous avons retrouvée dans tous les pays : « Musulman, Zinédine Zidane, musulman ! » Il n'a dès lors plus qu'une obsession : l'âge de Zinédine Zidane. De 5 heures du soir à plus de minuit, toutes les dix minutes, il relève péniblement sa tête lourde, me fixe de son œil abruti et m'interpelle, en gueulant d'abord, puis en soupirant à mesure que la soirée avance : « *Skolka liet Zidane ? Zidane, Skolka liet*[1] *?* »

La femme nous a préparé un *plov*, ce repas de fête ouzbek à base de riz, de carottes et de mouton. Nous partageons le repas dans la pénombre, blottis autour du poêle, entre deux intermèdes sur Zidane. Dehors, le temps s'est déchaîné, le vent ébranle la frêle toiture et hurle dans les arbres.

Les discussions que nous avons sont limitées, mais elles permettent toujours de satisfaire une partie de la curiosité réciproque qui nous anime. Avec quelques mots appris, quelques phrases retenues, des gestes, des dessins, un dictionnaire ou la bonne volonté d'un étudiant en anglais du village, nous comblons tous les soirs un petit morceau du fossé culturel qui nous sépare. Nous commençons souvent par parler du pays, du métier ou de la famille, quand ce n'est pas de la destination que nous visons. Le sujet de la famille est le plus universel de tous. Dans ces régions, la structure familiale est forte, déterminante pour ses membres. L'ordre de naissance, le sexe décident de la place de chacun.

Tous s'étonnent que nous n'ayons pas d'enfants, plus encore quand ils connaissent nos âges. Peu envisagent que ce puisse être un choix, que l'essentiel pour nous, pour l'instant, est ce voyage. Nous sommes surpris les premières fois quand, pour répondre à nos questions, sans pudeur et sans peine apparente, ils nous disent avoir perdu un ou plusieurs enfants. L'explication est gestuelle et le geste est brutal : yeux

1. « Il a quel âge, Zidane ? Zidane, il a quel âge ? »

fermés, tête inclinée et langue pendante. La manière dont ils évoquent le décès d'un enfant est presque anecdotique tant la mortalité infantile reste élevée, tant ce quotidien est le leur. Tout au long de ce voyage, la scène se répétera souvent, plusieurs fois par semaine. Les sophistications occidentales leur sont aussi peu naturelles que la fragilité de leur vie l'est pour nous.

Au matin, le froid a supplanté les intempéries. La grand-mère détache son bracelet qui la protège du mauvais œil, ses vieilles mains le séparent en deux et attachent, hésitantes, chaque moitié à nos guidons.

Le soleil est là, le vent nous pousse pour arriver à Samarkand. Au premier rayon du soleil, nous réalisons combien, à vivre dehors en permanence, nos humeurs subissent les variations du temps. Les journées entières où alternent crachin et pluie dans l'atmosphère glauque de paysages sans intérêt pèsent sur notre moral. L'humidité nous maintient dans un inconfort permanent et le ciel qui pisse en continu nous empêche de relever la tête. Des petites villes, nous ne remarquons que le sordide des constructions ; de l'alcoolisme, nous ne percevons que l'aspect tragique ; de la route, nous ne retenons que les lignes droites sans fin à lutter contre le vent. Encore une fois, tout ce temps, l'enthousiasme reçu en bord de route nous porte. D'un sifflement, les ouvriers dans les champs nous saluent. Sur le bord des routes, les plus surpris tournent leur main ouverte vers le ciel, les plus timides nous regardent discrètement, les plus prompts lancent des « *At kouda ?* » en série et les plus enivrés regardent soudainement leur bouteille comme si elle était la cause de notre apparition.

17 mars 2004

Samarkand, la ville que Tamerlan choisit comme capitale de son empire en 1370, est bien plus étendue et importante que Boukhara. Elle n'a pas les charmes de sa voisine. Les fabuleuses et monumentales constructions – madrasa, mosquée, mausolée et observatoire – qui ont fait la réputation de Samarcande sont éparpillées dans la grande cité. Les montagnes du Tadjikistan ne sont qu'à quelques kilomètres de la ville, barrant par beau temps le ciel de cimes enneigées.

Nous nous y reposons plusieurs jours sans nous lasser de l'effervescence et des couleurs du marché. Couleurs saturées des épices présentées dans de grands sacs en toile de jute, couleurs vives des fruits, essentiellement des pommes rouges ou jaunes, et couleurs fades des légumes cultivés dans un sol pauvre : carottes, navets, pommes de terre et choux. Le vert des herbes, posées à terre, côtoie le blanc frais de tous les produits laitiers que des femmes vendent dans des bassines ou dans des bouteilles en plastique. Elles attendent en ligne, dans leurs robes bariolées, le derrière fatigué posé sur un seau ou débordant d'une caisse. Dans les allées plus passantes, des femmes se baladent les bras remplis d'or, elles vendent les fabuleuses galettes de Samarkand à la mie dense, le pain est encore chaud. Des stands barbecue proposent des brochettes au mouton ou des brochettes de gras, taillées dans la queue du mouton. Quelques-uns s'enivrent à table. Un cul-de-jatte saoul, clope au bec, force le passage à bout de bras sur ses cales. Il vocifère sur tout le monde. Il arrête un des transporteurs du marché et négocie avec lui dans une logorrhée de jurons. Il repart sur sa charrette, posé entre ses sacs crasseux qui contiennent ses achats, et continue d'insulter la terre entière.

L'étape de Tachkent est obligatoire pour obtenir les visas kirghize et chinois. La perspective de passer du temps dans une autre grande ville ne nous réjouit pourtant pas.

À Tachkent, la population change radicalement des campagnes dont nous sortons. Des poupées en tenues délavées, échancrées, ajustées, fendues et moulantes côtoient de vieux Ouzbeks en *topee*[1] et *tchopane* dont la barbe blanchie est symbole de sagesse. Contrastes de capitale. La ville semble immense tant la place perdue est considérable. Toutes les constructions sont séparées les unes des autres par de vastes espaces. Tachkent n'a rien du glauque et du délabré que j'anticipais, mais les avenues sont trop larges et les distances trop grandes pour favoriser la vie.

Nos visites à l'ambassade de Chine nous laissent une impression désagréable tant nous sommes confrontés aux clichés qui circulent sur ce pays. Un fonctionnaire constipé, prétendant parler anglais, répond à chacune de nos questions en répétant agacé : « *One month, thirty dollars... one month, thirty dollars... one month, thirty dollars*[2]. » À la deuxième visite, nous tombons sur un autre interlocuteur, parlant anglais, mais odieux ! Il affiche clairement son dédain, ses yeux nous ignorent, ses réponses nous méprisent. Il daigne inspecter les papiers que nous venons de remplir et ponctue la fin de son travail d'un « *Money !* » sec et aigu qu'il éructe main tendue, sans un regard. L'argent compté, recompté, il balance un papier rempli d'idéogrammes chinois, se lève et s'en va.

Pour la première fois, nous sommes confrontés à la Chine et aux idées toutes faites auxquelles nous ne vou-

1. Chapeau ouzbek caractéristique.
2. « Un mois, trente dollars. »

lions pas croire. Nous ressortons de l'ambassade moins pressés d'arriver en Chine, mais conscients de la générosité de l'accueil dans cette Asie centrale.

Fabuleux Fergana

Nous nous dirigeons désormais vers la vallée du Fergana, le cœur de l'Asie centrale, une vallée immense, surpeuplée et cernée par les montagnes kirghizes et tadjikes. Depuis Tachkent, deux jours de vélo sont nécessaires pour atteindre le col à 2 200 mètres qui isole la vallée du reste de l'Ouzbékistan. L'accès à cette enclave stratégique de la région est sous le contrôle étroit de Tachkent qui mène dans le Fergana une violente politique de répression contre tous les mouvements de protestation sociale, sous couvert de contrôler la montée de groupements islamistes que sa politique même alimente.

Depuis 1991 et l'indépendance, Islam Karimov gouverne en dictateur. Il enferme ses opposants et mène une politique de répression préventive vis-à-vis de tous les mouvements politiques ou religieux non autorisés par son gouvernement. La torture est une des pratiques du régime, la répression de manifestations à l'arme lourde en est une autre. Dans ce contexte, seuls les mouvements islamistes arrivent à exprimer leur opposition à travers des actions radicales. Ils sont les seules voies d'expression d'une population qui n'a plus que ce choix-là, quand bien même il ne lui est pas naturel.

Le passage du col permet de rompre enfin la monotonie de la plaine. Sans transition, nous découvrons des paysages de montagnes renaissant au printemps et illuminées par un lac aux eaux bleu-vert. Nous profitons d'un pré à vaches dominant le lac pour planter notre tente dans un décor qui appelle à la contemplation.

Tous les membres de la famille à qui nous avons demandé l'autorisation de nous installer sur leur prairie nous apportent des friandises, que nous partageons dans le soleil revigorant. Ils restent pantois devant notre démonstration de montage de tente. Après une demi-heure de conversation et d'essai de vélos, la grand-mère sonne le retrait, soucieuse de ne pas nous déranger. Dans sa foulée, toute la famille se retire, alors que nous ne souhaitons qu'une chose : passer plus de temps avec eux.

Les deux soirs précédents, ceux qui nous avaient hébergés s'étaient comportés de la sorte, se retirant subitement. Nous ne savions pas alors comment interpréter leur conduite : les avions-nous offensés ? Était-ce un excès de timidité ou la politesse leur ordonnait-elle de rester discrets ?

La route s'enfonce dans une vallée de plus en plus étroite menant au pied du col. Elle grimpe agréablement, chaque échoppe le long de la route est une occasion pour nous arrêter. Aujourd'hui est une de ces journées où nous voulons profiter de tout. Après un nouveau *check-point*, la route crochète et attaque la pente ; malgré les lacets et les détours, elle est raide. Nous transpirons à grosses gouttes sous un soleil tenace. La route, l'usure, les kilomètres ont raison d'un pneu. Une hernie nous oblige à démonter une roue et à sortir un de nos pneus de secours. Un homme arrive, il nous a vus passer et réparer. Il nous aide à regonfler et nous invite chez lui pour la soirée. Une fois encore, le destin nous a bien servis. Avant de rejoindre sa maison, nous participons à son trafic d'essence. Des buissons, il sort des bidons et ravitaille à toute vitesse ceux qui se sont arrêtés. Il vit avec sa femme et ses cinq jeunes enfants à l'écart dans la montagne. Il s'occupe de ses veaux, vaches et moutons, et de son petit trafic. Ses enfants ont tous des yeux rieurs et clairs, d'un vert perçant ou d'un bleu transparent. Sa maison est simple : sous le renfoncement du auvent, une estrade est construite en pisé. Nous nous y installons pour le thé et le *plov* en famille ; nous y dormirons aussi, malgré la fraîcheur de la nuit, pour profiter de la voûte d'étoiles.

Le col est étroitement surveillé par l'armée. Nous devons traverser deux tunnels successifs avec interdiction de nous arrêter sur le tronçon entre les deux postes qui le gardent. Une nouvelle fois, la cinquième pour celles qui viennent de Tachkent, les voitures sont fouillées avant de pouvoir poursuivre. D'un poste à l'autre, les militaires informent leurs collègues de l'arrivée des véhicules.

En redescendant, nous entrons enfin dans la vallée de le Fergana. Le premier village est Popski, l'accueil y est à l'image de l'enthousiasme des habitants de la région pour notre simple présence. Il culminera à la veille de quitter le pays.

Nous avions remarqué dans la foule un homme à la peau de blond, rougie de soleil, et aux cheveux clairs que nous avions devinés sous son *topee*. Bientôt il nous rattrape, il transporte son fils aîné sur le porte-bagages de son vieux vélo aux roues voilées. Il s'appelle Schurlak. Sa maison est à l'écart du bourg, entre des peupliers qui longent les canaux d'irrigation et des abricotiers en fleur. Sa femme est belle, pommettes et mâchoire fortes, les yeux tirés. Elle est enceinte de sept mois et demi. Notre arrivée l'oblige à s'affairer, elle est embarrassée si nous proposons de l'aider. Entre deux réprimandes à ses gamins turbulents, elle prépare la pièce dans laquelle nous prendrons notre repas et dormirons. Elle court chercher du bois et allume le feu pour préparer le riz puis laisser mijoter le *plov* de circonstance. Sans fille, elle n'a pas d'aide, elle assume seule ses tâches quotidiennes : traire les vaches, s'occuper des veaux, nourrir les moutons, attraper les poules, alors qu'elle a déjà du mal à se baisser, et les monter dans le grenier ouvert sur l'extérieur. L'échelle est courte, il manque un barreau qui l'oblige à des enjambées périlleuses dans son état, mais elle refuse toujours que nous l'aidions. Puis elle prépare le thé et nous sert le repas. Son mari se retire alors de la pièce pour nous laisser dîner seuls. Enfin ils reviennent, nous passons la soirée à parler le plus avidement possible, à essayer de se comprendre, de se connaître.

Le lendemain matin, encore une fois, nous traînons pour partir, tant il est difficile de se quitter après un premier contact si intense.

La journée est belle et chaude, elle a la puissance du premier beau jour de printemps, celui qui donne une confiance absolue dans l'avenir : les vergers sont en fleur, les cultures frémissent, les feuilles des arbres bruissent dans le fond de l'air qui exhale un souffle chaud. Même les peupliers, que j'ai toujours accusés d'être raides et macabres, sont jeunes et verts. La vie jaillit de partout, les gens se déplacent plus légèrement aujourd'hui.

Désormais, à chaque arrêt, nous déclenchons des attroupements. La curiosité des gens se transforme toujours en démonstration de générosité. Jamais la spontanéité de l'accueil qui nous est reservé ne sera aussi forte qu'ici. À certains arrêts, les gens se disputent notre présence. Le soir, nous faisons la tournée des maisons voisines pour satisfaire tout le monde. Le *plov* des fêtes est cuisiné en notre honneur.

Dans les *choïkhouné* où nous déjeunons, les patrons refusent que nous payions, souvent un client a déjà réglé notre addition. Quand nous tentons une petite sieste affalés sur une table, il se trouve toujours quelqu'un pour nous apporter un oreiller. Un jour où nous sommes en train de manger, un homme revient offrir un foulard à Célina pour s'excuser d'être venu nous parler en état d'ébriété. L'instant d'après, une Daewoo toute blanche, toute propre et toute neuve s'arrête à notre hauteur. L'accoutrement des occupants ne ressemble à rien de ce que nous avons croisé dans cette vallée du Fergana. La grand-mère porte d'opaques lunettes de soleil argentées et la mère est trop maquillée à côté de ses deux filles. L'homme sort, jeans flambant neufs, petite veste de cuir mince et cravate rouge trop fine, en cuir également. À travers ses lunettes de soleil enveloppantes, il nous tend deux billets, 1 500 soums au total – environ 1 euro –, en m'expliquant qu'ils veulent absolument faire quelque chose pour nous. Ici, même les parvenus sont prévenants.

La générosité et la soif de communication des habitants sont telles que, plutôt que de nous diriger directement vers la frontière kirghize, nous décidons de faire le tour de la vallée en longeant les frontières au sud, en poussant jusqu'à la ville d'Andijan à la pointe est et en remontant vers la frontière que nous passerons vers Namangan, au nord. Avant d'arriver à Andijan, nous dormons chez un couple de quinquagénaires. Leur dernier fils nous a invités depuis la porte ouverte d'un bus qui nous dépassait. À plus de 11 heures du soir, la police débarque. Je suis en train de sortir notre matériel de couchage. Célina, gantée de plastique, aide notre hôte à se teindre les cheveux en noir. Un des voisins a dénoncé notre présence. Après quelques palabres, les hommes en uniforme s'en vont. Une heure plus tard, alors que la maison est endormie, ils débarquent de nouveau. Un gradé a pris les choses en main, il explique que nous n'avons rien à faire ici et s'en va avec nos passeports que nous devrons récupérer le lendemain au commissariat. Nous sommes inquiets pour nos hôtes, anxieux de les avoir exposés à des problèmes. Eux sont exaspérés par cette visite humiliante, en colère contre la police et le voisin délateur. Le lendemain, nous récupérons nos papiers sans problème auprès du chef de la police. Il nous rappelle une règle que nous n'avons jamais suivie en Ouzbékistan : l'enregistrement auprès d'un poste de police est obligatoire pour chaque nuit passée dans le pays. Nous partons sans insister avant qu'il pense à nous demander la preuve de nos précédents enregistrements.

À l'exception d'une aube translucide, un lendemain de tempête, sur fond de montagnes kirghizes déchaînées dans le lointain, la vallée de le Fergana ne nous a pas offert de paysages particuliers. Pourtant, nous ne nous sommes jamais ennuyés tant le spectacle, ici plus encore que dans le reste du pays, est en bord de route. Les gens y vivent, la vallée est surpeuplée.

Des milliers d'« *At kouda !* » lancés de tous côtés, des gamins abandonnent leurs troupeaux dirigés avec force jets de pierres et se mettent à courir à travers champs pour nous voir passer. Les champs sont parsemés des couleurs vives des femmes travaillant collectivement, bêches en main. Des ânes attelés cahotent sous la charge de leur propriétaire, de provisions ou de récoltes à vendre au marché local. Un âne avance tout seul, sans personne dans la carriole. Ah ! si, un homme endormi en dépasse, déjà rond : il est à peine midi ! L'âne connaît le chemin… Des vieux, cartes en main et thé à portée, à l'ombre de platanes centenaires ; tous ces hommes accroupis devant leurs maisons, qui ont dû être blanches. Ils attendent, par habitude. Ces anciens qui font blanchir leurs colliers de barbe au soleil, notre passage les laisse perplexe.

Des femmes vendent leurs pains ronds et dorés juste sortis du four, d'autres, leurs larges derrières posés dans un seau, attendent preneur pour leurs légumes. Des hommes préparent des braises pour l'heure des *chachlik*. Des Lada cabossées et poussives ou des minuscules Daewoo bondées à craquer nous dépassent en suffoquant. Dans un fossé, un homme endormi, la tête rejetée en arrière, tient encore la bride de son cheval qui broute à côté, un gamin perdu attend contre le ventre de l'ivrogne. Des vélos nous doublent à toute berzingue dans un bruit de vieilles guimbardes pour venir nous observer, d'autres godillent, chargés de bidons de lait trop lourds. Et partout, comme ailleurs, ces centaines d'index pointés vers la gorge qui nous invitent à venir nous saouler...

Tout l'espace libre de cultures est occupé par les moutons. L'appétit pour la viande et la graisse de ces animaux est tel que le pays résonne de leurs bêlements. Dans toutes les maisons, les tentures, les tapis sont imprégnés de leur odeur, forte et épaisse. Pas un repas de fête où un animal n'est sacrifié.

Sur les marchés, la graisse des *chachlik* crépite sur les braises ardentes. Ceux de graisse pure s'arrachent, ils sont plus chers que ceux de viande. Un repas est réussi si lèvres et moustaches sont luisantes et si les doigts sont graissés jusqu'au coude. Les mains rugueuses des acheteurs ne s'attardent que sur la queue du mouton, principal réservoir de graisse. Ils la soupèsent d'un geste habitué. Les animaux ont été tondus pour mettre en évidence leur cul énorme. Quand un troupeau avance au trot, nous ne remarquons que le tressautement grotesque de ces appendices monstrueux, fruits d'une sélection appliquée et dix fois centenaire.

Après avoir déniché des pneus de rechange sur le marché de pièces détachées d'Andijan, nous quittons la ville dans les grosses chaleurs du début d'après-midi. À Paytugh, plus loin, c'est jour de marché. Célina s'éloigne pour acheter des fruits, je reste avec nos affaires. Immédiatement, une foule dense se presse autour de moi, une cinquantaine de personnes me submergent de questions, ceux qui comprennent mes réponses les expliquent aux autres. Je suis tiraillé, interpellé de tous les côtés. Après dix minutes, une vieille femme qui tient un stand sur le marché s'approche et m'offre un grand mouchoir en tissu. Nous devons avoir de sales têtes sous la chaleur et la poussière de cette journée. L'instant d'après, ceux qui m'entourent partent dans toutes les directions. Ils reviennent avec des cadeaux : miroirs, ciseaux, brosses à dents, rasoirs, foulards, peignes…

Célina est revenue, mais la foule nous empêche de bouger. Une personne nous demande un autographe. Immédiatement, tous les autres veulent aussi une signature. Les écoliers qui passent sur le marché se font dévaliser leur cahier. Un journaliste, l'haleine chargée de vodka, se met en tête de nous interviewer, il est porté par toute l'assistance, il griffonne n'importe comment sur son carnet.

Voilà plus d'une heure que nous sommes dans la tourmente quand arrive le photographe de la ville. Nous posons maintenant avec tous ceux qui veulent un souvenir de notre passage. Dix fois, vingt fois, trente fois nous sommes photographiés. La ville entière défile, le photographe ne veut plus nous lâcher, lui aura gagné sa journée. Plus de deux heures nous sont nécessaires pour remonter sur nos vélos et nous échapper de la ville.

Cinq kilomètres plus loin, la tête encore bourdonnante, nous doublons une belle et paisible *choïkhouné* à l'ombre de grands platanes. Elle est occupée par une

Derrière les montagnes : la Chine. Route du Torugart, Kirghizstan.

Le plus jeune fils sera responsable de ses parents et héritera de leur patrimoine, bâton de vieillesse et gardien du domaine.
Province de Bayan-Olgii, Mongolie.

Tsagan Nuur, le « Lac blanc », un nom hérité des glaces et des neiges de l'hiver sans doute. Arkhangaï, Mongolie.

Jeux kazakhs. Si la femme rattrape le cavalier, elle le cingle de coups de cravache. Province de Bayan-Olgii, Mongolie.

La transhumance. En fin de journée, les chameaux continuent au même train, imperturbables. Province de Bayan-Olgii, Mongolie.

Arkhat : « Venez passer l'hiver chez moi si vous voulez. »

L'*aoul* de Kara Tao, le campement d'hiver sur la Montagne noire. Province de Bayan-Olgii, Mongolie.

Jeu kazakh traditionnel. Province de Bayan-Olgii, Mongolie.

Dans la yourte de Kumbolt. Province de Bayan-Olgii, Mongolie.

Yourtes installées dans les *jailoo*, pâturages d'altitude utilisés durant les mois d'été. Province de Bayan-Olgii, Mongolie.

Chasse à l'aigle en terre kazakhe.
Province de Bayan-Olgii, Mongolie.

Un groupe d'*akh sakal*, les « barbes blanches », devant une *choïkhouné* de Paytugh. Ouzbékistan.

Dernières retouches à un tapis de feutre traditionnel, le *sirmak*. Province de Bayan-Olgii, Mongolie.

Gymnastique au son des tambours et des incantations à Ali dans une *zohl khoune*, maison de forces. Yazd, Iran.

Une mère et son plus jeune fils. Province de Bayan-Olgii, Mongolie.

Célina entame la descente du col du Wolong, à 4585 mètres d'altitude.
Sichuan, Chine.

Un chasseur de marmottes venu nous rendre visite.
Région d'Uureeg Nuur, Mongolie.

Deux Ouïgours dans une rue de Kachgar. Chine.

Il y a des jours… Perdus dans un désert de pierres.
Province d'Uvs. Mongolie.

L'été, la surveillance des troupeaux est plus lâche, la vie de berger ponctuée de siestes monumentales au soleil dans les *jailoo*. Province de Bayan-Olgii, Mongolie.

Pour tromper le mauvais sort, les plus jeunes garçons sont coiffés comme des filles. Province de Bayan-Olgii, Mongolie.

Sichuan, Chine.

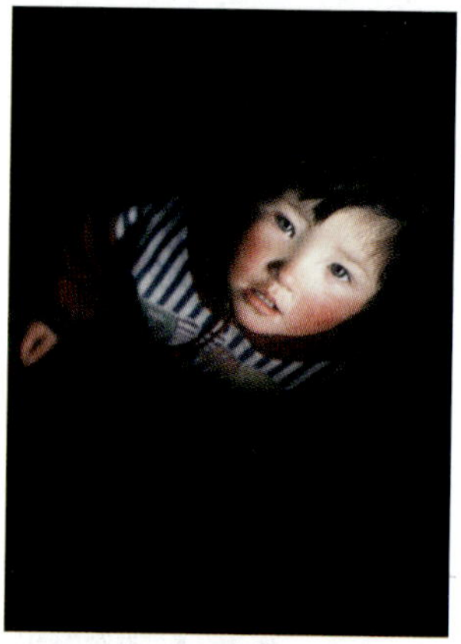

colonie d'*akh sakal*[1], des anciens qui jouent aux cartes. Nous voulons profiter de ce havre de paix après le tourbillon du marché, boire un thé et récupérer sur une des fameuses banquettes ouzbeks. Un par un, les anciens abandonnent leurs cartes et viennent s'installer autour de nous, ils écoutent le patron qui nous questionne. Sous les vignes grimpantes, nous discutons plus calmement.

Un étudiant s'approche, il nous a suivis depuis le marché en taxi pour nous inviter chez lui. Jahangir va encore à l'école, mais prépare, avec des cours du soir, un diplôme pour entrer à l'université de Tachkent. Après une heure de discussion dans le calme de la *choïkhouné*, nous le suivons pour retourner en ville. Nous nous rendons directement chez lui, le plus discrètement possible. Sa famille occupe une grande et belle maison à l'abri des regards, derrière de hauts murs. La décoration est moderne et riche. Nous retrouvons, surpris, tables, chaises et canapé. Le père a été ingénieur dans l'aéronautique du temps de l'URSS et travaille maintenant dans une fabrique de meubles. Nous fêtons notre rencontre à la vodka et au cognac. Toute la famille nous fait promettre de rester le lendemain chez eux.

Des jeunes mariés viennent montrer la vidéo de leur mariage : le départ de la femme de chez ses parents, son arrivée dans sa nouvelle famille sous une couverture, puis la cérémonie religieuse, le repas, les cadeaux, les enveloppes d'argent, les chants et toutes les autres festivités. Le marié commente la vidéo, fier d'avoir franchi le pas qui le séparait du statut d'homme. Sa jeune femme est paniquée ; sur toute la vidéo la peur, l'angoisse et le stress sont visibles dans ses yeux dilatés. Aujourd'hui

1. Littéralement « barbes blanches » : les anciens.

encore, entourée de sa nouvelle famille, elle est repliée sur elle-même, elle ne lève pas une fois le regard sur la télévision ni sur aucun de nous.

Jahangir a une sœur aînée, elle sera mariée dans quelques semaines avec un homme qu'elle connaît à peine. Ses émotions, qu'elle ne contient pas avec Célina, se résument à une inquiétude difficilement exprimable. Avec elle, nous visitons son ancienne école, une vieille institutrice parlant bien français nous propose d'assister à un cours. L'attention des enfants est monopolisée par notre présence : nous ne pouvons rester spectateurs et improvisons une petite discussion sur notre voyage avec l'aide de l'institutrice. Par la porte du fond, la classe se remplit, une centaine d'élèves s'entassent maintenant dans la salle. Pendant plus d'une heure nous répondons à l'insatiable curiosité des gamins. Notre traductrice est obligée d'y mettre fin. Un enfant nous fait inscrire une dédicace porte-bonheur en français sur son carnet. Toute l'école se jette alors sur nous, cahiers tendus, dans une inimaginable frénésie. Pendant plus de trois heures, nous nous emplissons de l'image de ces gamins curieux, de leurs billes énormes quand ils nous découvrent, de leurs rires quand nous nous mettons à bafouiller quelques mots en russe. Quand les doutes nous tarauderont sur notre entreprise, nous n'aurons qu'à nous rappeler le regard de ces gamins éberlués pour les faire voler en éclats.

Dernière journée en Ouzbékistan, journée grise, triste : une fois de plus, nous quittons trop tôt un pays dans lequel nous avions nos repères. Nous comprenons les gens et arrivons vraiment à échanger. De part et d'autre, l'avidité de communiquer est telle qu'aucune barrière ne résiste à l'impact d'une onomatopée, d'un coup de crayon, d'un mime, d'un rire, de quelques mots de russe, de turc ou d'un vieux souvenir de français.

Au moment de dire au revoir à Jahangir et sa famille, nous trompons notre peur de ne plus les revoir en leur demandant d'écrire, au feutre indélébile, un mot sur nos sacoches. Nous avons la gorge serrée. Depuis le temps que nous voyageons et quittons, presque chaque matin, des hôtes qui nous ont offert bien plus qu'un toit pour la nuit, nous nous énervons de notre sensiblerie systématique. C'est un tort, elle nous permet de ne pas nous user dans ce voyage, d'être toujours disponibles et curieux. Il n'y a rien de plus sordide qu'un voyageur blasé, pas assez lucide pour comprendre que sa place n'est plus là et plus assez courageux pour la chercher ailleurs, autrement.

Nous repassons par la *choïkhouné* où Jahangir nous avait rattrapés. À peine sommes-nous arrêtés que tous les vieux, les barbes blanches, lâchent cartes et verres de thé pour venir autour de nous. Ils sont en tenues traditionnelles, solennels et intimidants. Nous les saluons un par un, émus : c'est le pays que nous quittons. Célina, respectueuse de la distance entre hommes et femmes observée dans la vallée, ne peut ressentir la chaleur des poignées que nous échangeons. Je ne comprends pas pourquoi ils semblent comblés à ce point de me serrer la main. Que représentons-nous pour eux exactement ? Peut-être qu'ici, seul l'instant compte. Alors, qu'il soit intense. Et s'il y a une suite… *In cha' Allah !*

Pour nous, chaque pont de communication, chaque contact que nous établissons est un aboutissement en soi, bien plus satisfaisant qu'une étape à vélo rondement menée. Nous touchons là au cœur de notre démarche, de notre voyage.

Ultime arrêt, avant de passer la frontière, dans un petit resto routier, sous la pluie sordide d'un hiver qui se prolonge. Les *chachlik* arrivent rabougris et froids. Nous quittons la vallée de le Fergana pour les montagnes qui l'enferment. Nous laissons les Ouzbeks sédentaires pour aller rencontrer les nomades kirghizes.

Kirghizstan

Frissons nomades

8 avril 2004

Nous suivons le Naryn, un affluent du Syrdaryia, qui grossit à mesure que nous le remontons. Toute la vallée du Fergana est alimentée par l'eau des montagnes kirghizes, les Ouzbeks ont créé des canaux de déviation et d'irrigation partout dans la vallée surexploitée. L'eau verte et bleue contraste avec cette journée en gris et blanc. Nous suivons la ligne de couleur pour entrer au pays des montagnards. La frontière passée, la route se resserre immédiatement. Quand les nuages décrochent des montagnes, ils laissent deviner des paysages grandioses.

Sous leurs hauts chapeaux de feutre, symboles de leurs montagnes, les Kirghiz nous impressionnent par leur réserve ; ils semblent moins accessibles que leurs voisins. Mais, dès le premier soir, ils sont aussi saouls. Notre retenue n'y résiste pas, nous trinquons à l'amitié franco-kirghize, à nos vélos, à leurs chevaux… au soleil, à la pluie, aux montagnes… peu importe, du moment qu'on boit !

La vraie montagne est plus loin, nous roulons encore dans les contreforts de la Kirghizie. La région est peu peuplée. La route enchaîne sans répit montées brutales et descentes à pic, toujours trop courtes pour nous laisser reprendre notre souffle. Nous circulons le long de parois lancées dans un défi à la verticalité qui plongent dans les méandres onctueux d'un fleuve de glacier. L'eau verte et bleue est plus épaisse que du lait. À contre-jour, au moindre rayon de soleil, elle se transforme en dragon de strass.

Dans les rares *choïkhouné* qui vivent du faible trafic entre Bichkek et Osh, les deux villes principales du pays, nous trouvons toujours un abri pour nous protéger du mauvais temps persistant. Si rien n'est prévu, en deux temps trois mouvements, une pièce est dégagée et un matelas installé. Le matin, nous avons souvent du mal à régler ce que nous avons consommé. Nos nuits sont hachées par le son déchirant d'un karaoké pris en otage par des chauffeurs plus ivres que morts. Entre deux lampées de vodka, entre deux rots, ils se refilent le micro et vomissent leur talent relatif. Les beuveries ont pour but que l'on y participe, pas que l'on y assiste en spectateur.

En alternant toujours les montées brusques et les descentes raides, nous approchons du lac Toktogoul. La route s'ouvre parfois sur d'étroites et vertes vallées où des chevaux pâturent. Le pays commence à ressembler au rêve que je m'en faisais. Dans les hautes herbes que l'hiver a laissées, des dizaines de majestueux chapeaux de feutre flottent, inclinés. L'herbe ondoie. Agenouillés, des Kirghiz enterrent un ami.

Le ciel s'ouvre enfin. De belles maisons avec des balcons en bois bordent la route. Les toits en double pente, plus forte au faîte, symbolisent les montagnes kirghizes aux bases évasées et aux sommets abrupts.

La route s'élève, durablement cette fois, avant de basculer vers le lac enfin visible. À plus de 60 à l'heure, nous nous vengeons largement de toutes les côtes coupe-pattes enchaînées depuis une semaine. Le panorama est splendide, la route tombe dans l'eau. Le nord du lac est dominé par d'ahurissants sommets enneigés. De gros nuages cotonneux sont rivés dessus. C'est là que nous allons. Le lac est bleu, bleu, bleu. Nous sommes enfin au Kirghizstan. Pour atteindre le cœur du pays, il n'y avait qu'à remonter les eaux de glacier. Avant d'attaquer les premières hautes routes, nous contournons le lac. Les troupeaux paissent dans les herbes nouvelles à la verdeur si tendre. Ni barrière ni limite dans ces espaces, les bergers surveillent leurs troupeaux de loin. Quand ils se rapprochent trop, les bergers qui discutaient partent dans une joyeuse cavalcade éloigner leurs bêtes.

À cheval, ils s'approchent de nous, mais gardent une certaine distance. C'est à nous de briser la glace. Nous flattons leurs chevaux et, presque immédiatement, échangeons nos montures ! Les chevaux kirghizes sont grands et puissants, ils ne demandent qu'à partir, déjà excités d'avoir travaillé derrière les troupeaux. Le cuir sent fort, les harnais sont blanchis d'écume, l'animal tire sur son mors, il lève la tête. Depuis le temps que nous rêvions à ces instants… Nous retenons les chevaux encore. Ils marchent de côté, lèvent haut les sabots. Puis ils se détendent, partent à fond. Devant nous la plaine est vaste, sans autre limite que le lac au loin. Nous nous reculons dans les selles et laissons filer. Nous avions toujours rêvé de ces chevauchées, nous en frissonnions en les imaginant.

Tous ces kilomètres pour cette course, nous les referions mille fois. L'animal commence à souffler, il est à fond et l'horizon ne bouge toujours pas. Un sentiment de plénitude nous envahit, nous nous sentons vivre pleinement. Nous oublions tout, pour la première fois nous ressentons le bonheur de toucher au but, et le brin de sérénité qui l'accompagne.

Passé cette première semaine, nous laissons derrière nous les collines onctueuses et verdoyantes de Toktogoul où troupeaux et chevaux paissent en nombre. Quelques chiens enragés nous empêchent de nous retourner autant que nous le souhaiterions. Nous abandonnons nos premières siestes sous le soleil brûlant et dans l'herbe grasse de printemps pour le premier gros obstacle de la route, le col d'Ala Bel, 2 500 mètres plus haut.

Dans la montagne, nous retrouvons vite l'hiver, la neige et des températures qui abrègent les pauses. D'en bas, les cimes paraissent inaccessibles. Nous ne doutons pas qu'elles le soient réellement : que valons-nous en montagne ? Nous comptons sur le beau temps actuel pour nous rendre ce passage moins difficile. Dès que nous quittons le bord du lac, la route remonte une rivière encaissée qui nous prive d'horizons vastes. Plus moyen de nous échapper, nous n'avons d'autre possibilité que de nous acharner sur notre coup de pédale.

À la pause de midi, nous déjeunons le long de l'eau. Des plaques de neige recouvrent la rivière encore glacée. Fidèle à ses habitudes, Célina s'y baigne, saisissant chaque occasion, quels que soient le lieu et la température, pour se laver. Pour ma part, mon courage est nettement inférieur à ma tolérance pour la saleté.

Le reste de la journée monte sans fin ; 1 000 mètres de dénivelés plus tard, nous sommes au pied des premières avalanches. Les talus de neige nous dominent de plusieurs mètres. Désormais, sur les versants à risques, nous ne nous arrêterons plus et roulerons séparés.

À une vingtaine de kilomètres du col, une *choïkhouné* est notre dernière chance de dormir au chaud, de garder des réserves pour un lendemain où nous irons dans l'inconnu. Nous ne sommes jamais montés si haut à vélo.

La famille nous héberge dans sa roulotte de tôle bleue, un poêle en occupe le centre, il y a une pièce de part et d'autre. La pièce de la famille est dégagée la journée, matelas et couettes sont empilés dans un coin. L'autre pièce contient une table basse et deux lits, des lits chewing-gum, à sommiers en ferraille maillée, trop souples pour y dormir correctement. La roulotte mesure au plus 2,50 mètres de large sur 8 ou 9 mètres de long. On en trouve partout dans ces montagnes. Les gens y mènent des vies isolées autour de quelques ruches ou dans l'attente d'y servir un thé. En cette saison, ils attendent surtout que le froid s'en aille pour de bon.

Nous nous réveillons tôt, conscients de partir vers nos limites physiques. Notre monde se réduit rapidement à deux couleurs, le blanc de la neige et le bleu du ciel. Le vent contre nous, nous montons à l'allure d'escargots, patiemment, certains des efforts à venir et concentrés sur l'obstacle. Chacun dans sa bulle, chacun à son rythme.

Les périodes de récupération sont limitées par le froid, nous avons à peine le temps de descendre du vélo, d'enfiler un pull et de nous étirer que le vent nous transperce déjà. La seule solution est de continuer. À force de patience plus que de gros mollets, nous passons. La route continue de s'élever, la réverbération sur la neige est de plus en plus intense, presque entêtante. Enfin le col, 3 250 mètres. Il domine un plateau qui s'étale à nos pieds. Les perspectives deviennent immenses, mais restent de glace. Aujourd'hui encore, nous sommes ridicules sur nos vélos, tellement petits. Mais assez fiers finalement. La descente, notre récompense. Toutes nos couches suffisent à peine pour supporter le froid d'une vingtaine de kilomètres de descente douce où nous profitons des grandes courbes en roue libre.

Otmok, 2 500 mètres d'altitude. La route en croise une autre qui vient d'Ouzbékistan. Quatre roulottes, une maison en bois et une grande bâtisse en béton d'allure soviétique, à l'abandon. Seule la fumée qui sort des tuyaux rouillés trahit la présence d'habitants. La vie est confinée à l'intérieur des roulottes. Nous allons frapper aux portes, deux vieux nous ouvrent. Encore une fois, un poêle, une table basse et quelques coussins meublent la roulotte, nous pourrons dormir là. Célina va se laver dans le ruisseau croûté de glace. Je l'imite timidement, lâchement, par peur de ses railleries, uniquement. La nuit à peine tombée, le froid est terrible. Nous nous pelotonnons à l'intérieur.

Nos hôtes proposent à boire ou à manger à toute heure, ils ont aussi deux réserves d'une cinquantaine de litres d'essence pour un éventuel dépannage. Les Kirghiz s'accomodent de tout, et débrouillent tout. Ils offrent de la chaleur surtout. La réalité est sans appel : il y a plus d'humanité ici que dans nos sociétés de services, services garantis, aseptisés. L'humanité y a l'odeur de la transpiration, la force de l'abnégation et la chaleur d'un poêle réconfortant. Chez nous, elle se dissout dans la Javel.

Au milieu de la nuit, de grands coups de poing assenés dans la porte réveillent tout le monde. Les yeux embrumés, la femme cuisine un *lagman*[1] pour les deux

1. Soupe de nouilles agrémentée de légumes et de mouton.

hommes qui s'installent à nos côtés. Encore fourrés dans nos sacs de couchage, nous buvons un coup ensemble. Puis les chauffeurs repartent dans la glace et la nuit.

Le matin, nos bouteilles d'eau sont congelées, d'un bloc. Dans la roulotte, le poêle fume, la glace obstrue le conduit. Aujourd'hui, nous partons pour une courte journée, nous nous arrêterons au pied du dernier col qui se dresse avant Bichkek, la capitale située dans la plaine au nord du pays, entre la frontière kazakhe et le pied des montagnes. La matinée est paresseuse, nous attendons que le soleil chauffe, nous discutons avec nos vieux autour de thé, de pain et d'un *lagman*. La femme enfile un à un les poissons pêchés la veille par son mari pour les mettre à sécher dehors. Ils ont la taille de goujons.

Sur le plateau immaculé, suspendu à 2 500 mètres et bordé, au nord comme au sud, par des montagnes aussi régulières qu'une épine dorsale, nous avançons, subjugués par le spectacle. Le soleil et le froid s'y livrent une lutte intense : pour quelques heures en milieu de journée, le soleil prend le dessus. Gare au retour de bâton quand il abandonne la partie. Dans la rivière, des hommes pêchent à cheval, ils vont par deux, un cavalier en croupe.

Le dernier col avant Bichkek est signalé à 3 500 mètres d'altitude. Les renseignements que nous arrivons à obtenir ne sont pas concordants, ni sur la distance à parcourir ni sur la pente à affronter. À l'heure où nous partons, le soleil rosit les montagnes, nous avons empilé tous nos vêtements. Arrivés au pied du col, nous devinons presque toute la route depuis le bas, elle serpente et enlace la montagne à l'infini. Nous partons à l'assaut tout doucement, mais plus sûrement que les

Lada surchargées, que tous les vieux bus bondés et les Kammaz[1] à l'agonie, capots ouverts dans le bas-côté. Les passagers des bus sont obligés de monter à pied, tout droit dans la pente, pour soulager les ancêtres en surchauffe sur le bord de la route.

Coup de pédale après coup de pédale, nous nous accrochons.

Nous dominons maintenant le plateau suivi les jours précédents. Au sud, les montagnes font barrière. Le soleil est intense, la neige partout ; nous grillons, exposés à 360 degrés par la réverbération. Dans un virage, alors que la route s'entortille sur un pan de montagne, nous voyons trois skieurs. Dix minutes plus tard, ils nous dépassent en camionnette. La voiture les dépose en haut et redescend les prendre. Dix fois de suite ils nous doublent et nous proposent la navette. La route est splendide, à chaque virage elle offre une nouvelle vue, nous préférons prendre notre temps. Quand nous arrivons au départ de leur piste, le col est presque en vue. Nous traînons les vélos dans la neige pour nous offrir une pause tous ensemble.

Une demi-heure plus tard, nous atteignons le col de Töö Ashu. C'est en fait un tunnel de plusieurs kilomètres, mal éclairé et inquiétant ; heureusement le trafic est nul. De l'autre côté, la neige a totalement disparu, un vent puissant et glacé souffle. Nous tombons à pic dans des gorges nous menaçant de leurs surplombs de roche aiguisée mauve, verte et rouille. La descente est longue, 45 kilomètres plus tard nos avant-bras sont en feu, nos doigts crispés sur les freins à cause de la pente et des plaques de glaces cachées dans les zones d'ombre. Plus bas, les gorges s'évasent, elles laissent passer quelques rayons de soleil. Nous ralentissons

1. Camion russe.

encore, dans l'espoir de nous réchauffer. En contrebas de la route, nous repérons un petit vallon. Un petit vallon vert, dans lequel deux arbres fruitiers se parent de leurs atours de printemps. Au milieu coule une rivière. Il est l'heure de camper.

Issyk-Koul

Nous devons rejoindre Bichkek, retourner à la dure réalité des villes pour préparer administrativement le passage du Torugart, un des deux cols ouverts entre la Chine et le Kirghizstan. La route n'est qu'une succession sans fin de maisons en bois posées en bord de route. Au sud, les montagnes que nous venons de franchir sont dressées telles des remparts.

Bichkek est à 400 mètres d'altitude, en quelques heures nous passons de la glace à une chaleur lourde. La ville n'a rien du sordide de Tachkent. Elle a taille humaine, elle est agréable, peut-être parce que les arbres y sont en fleur.

Nous trouvons une grande maison aménagée en *guesthouse*, le jardin nous permettra de bricoler et de profiter du début de la belle saison. Sabyr, le propriétaire, aménage de nouveaux espaces pour accueillir plus de monde. De 5 mètres carrés, il tire six places en empilant les couchages et en multipliant les étagères de rangements. Il a les certitudes et l'absence de scrupule des nouveaux capitalistes. La maison lui vient de son père, un écrivain célébré dans le Kirghizstan. Elle est remplie de grands portraits du père offerts par des artistes ou peints par Boris, un des deux frères aînés avec qui Sabyr partage la maison. Ses deux frères n'ont pas dû supporter la notoriété du père, ils ont sombré dans un alcoolisme profond. Boris, l'aîné, que Sabyr maintient à l'écart dans un petit kiosque donnant plus sur la rue que sur le jardin, se démolit à la vodka. Il commence tôt et enchaîne toute la journée. Les autres soûlards du quartier sont admiratifs de sa descente. Son cadet en fait partie.

Les deux frères de Sabyr vivent dans des bouges immondes qu'un bordel incroyable rétrécit encore. Les poules du jardin rentrent là-dedans, perchent et chient sur l'entassement de vieux journaux, la collection graisseuse de pièces détachées, les tableaux, les casseroles ou les outils posés en vrac n'importe où. Le second frère de Sabyr boit autant que l'aîné, mais tombe plus vite. Un jour, sa fille vient lui rendre visite. Il est angoissé, anxieux de lui faire bonne impression. Quand elle arrive, il est mûr, trop mûr. Tout valse et tangue. Il tient à peine debout. L'air hagard, il plisse les yeux pour fixer sa fille enfin là et le monde qui se dérobe. Il s'avance vers elle et, au deuxième pas, s'effondre. Il vient de franchir la frontière du sordide. Dans le regard dur – pour ne pas montrer toute sa tristesse – de la fille, il y a encore de la compassion. Elle le couche puis s'en va.

Trois Suisses qui nous suivaient depuis la Turquie nous rattrapent à Bichkek. Nous les avions déjà croisés à Téhéran puis à Samarkand. Ils nous avaient reconnus grâce aux photos que nous laissions chez les gens qui nous hébergeaient. Comme nous, ils avaient été forcés par le mauvais temps de s'arrêter dans une pompe à essence au Kurdistan. Pour nous réchauffer, le responsable avait mis une chaise en plastique dans le poêle à brûler. Pour eux, il a vu plus grand, il y a mis un pneu, manquant de les asphyxier quand la fumée a envahi le *lokanta*.

Nous voyageons seuls depuis longtemps, notre instinct pour reconnaître des amis est bien aiguisé, il ne nous trompe pas. Serge, Antoine et Olivier voyagent depuis près de un an dans une atmosphère franchement potache, nous tombons dedans sans retenue. Nous avions la même idée du voyage : le vélo n'était qu'un accessoire.

Les quatre journées pour atteindre le lac Issyk-Koul sont mornes et grises. Le ruban d'asphalte se confond avec la tristesse du ciel, la route n'a aucun intérêt. En groupe, ces journées-là passent plus facilement, le peloton a une vie en soi. Nous ne sommes plus vraiment au Kirghizstan depuis que nous roulons à cinq. Comme un groupe d'étudiants, nous pourrions nous autosuffire. C'est le danger qui nous guette et sans doute la raison pour laquelle nous nous séparerons dans quelques jours. Les montagnes sont couvertes de nuages bas et noirs, nous voyons des traces de neige. Nous rêvons d'un lac bleu et d'un printemps sûr, nous préférerions savoir l'hiver derrière nous pour de bon.

Le matin du cinquième jour, le lac est bleu... Le ciel est bleu, les montagnes sont blanches de neige et noires de roches et la plaine, de hautes herbes séchées, est en or.

Partout des animaux, des chevaux, des étalons protégeant leur harem, à la poursuite des jeunes mâles qui y prétendent, dans une chorégraphie de ruades, de hennissements, de morsures, de poursuites et d'intimidation. Le spectacle est inouï, unique. Même pour nous, alors que la route est devenue notre ordinaire et l'extraordinaire notre quotidien. Nous ne ressentons rien de l'usure du voyage, nous n'avons rien perdu de notre virginité face à l'émotion et à l'intensité du moment. Bien sûr, une personne débarquée directement d'Occident serait plus déphasée et éblouie par la majesté des lieux, mais ce que nous avons perdu en dépaysement, nous l'avons gagné en assurance, en « savoir apprécier », « savoir faire » et « savoir réagir ».

Nous plantons nos tentes dans un verger non loin du lac Dès le matin, les Kirghiz viennent nous voir pour que nous essayions leurs montures. Entre deux allers-retours à cheval, nous enfournons notre petit déjeuner. Comme des gosses, d'excitation nous avalons de travers.

Dans la végétation plus haute que nous, nous tombons parfois sur un troupeau de vaches ou de chevaux. Deux fois nous levons ce qui me semble des perdrix, elles ont la taille de poules faisanes.

Dorénavant, nous essayons en chemin tous les chevaux que nous croisons ; notre excitation ne tombe pas : rien ne nous transporte plus qu'un démarrage à fond de train sur ces plaines immenses et vierges de toutes barrières.

Le lac Issyk-Koul offre des haltes splendides, des plages vierges le long de ses eaux turquoises et glacées, des petits vallons d'herbe neuve ou de vergers en fleur. Nous demandons à planter nos tentes sous les abricotiers et les cerisiers à l'écart d'une ferme. Les visites de la famille sont motivées par la curiosité, mais empreintes d'une grande discrétion. Nous ne sommes plus habitués aux manières... En retour, nous avons peur de les déranger. Un mouton est égorgé et mis à bouillir de longues heures, nous sommes invités. Deux plats d'abats trônent en notre honneur. Au centre, la tête du mouton, servie avec les yeux, est tournée dans ma direction ; puisque je suis le plus vieux de la délégation. Face au mouton servi de la sorte, nous sommes empruntés, incertains de ce que nous devons manger et de ce qui sert à la décoration. Le chef de famille prend les choses en main : tout se mange et, en tant qu'invités, nous devons faire honneur. Il nous impose un rythme excellent : une bouchée surprise, un verre de vodka… Tout y passe, le foie servi avec le gras de la queue, le foie servi avec du gras d'ailleurs, les poumons, les intestins et l'estomac qu'accompagne une franche odeur de merde. Nous finissons par les yeux, servis simplement, sans garniture. Passé le mauvais goût psychologique (nos idées préconçues sur certaines parties), tout se mange avec plaisir.

À cheval, nous remontons les petites vallées partant du lac et arrivant au pied des montagnes Tian Shan qui séparent toute la Chine de l'Ouest, l'ancien Turkestan oriental, de l'Asie centrale. Elles culminent à plus de 7 000 mètres d'altitude. Nous débouchons au galop sur les plateaux qui dominent les vallons. Accrochés à flanc de montagne, des troupeaux paissent. Plus haut, presque inaccessible, un cimetière est suspendu entre le gris sombre des roches et la fraîcheur des nouvelles herbes. Un parfum d'éternité s'en dégage.

Le matin où nous devons nous séparer, chacun traîne pour partir, essaie de cacher une dernière pierre dans les sacoches des autres, en guise d'aveu, pour dire que ce n'était pas pour rien tout ce temps passé ensemble.

Nous reprenons la route, seuls. Peut-être anxieux de nous retrouver tous les deux, mais certains que le voyage en profondeur, celui où l'on s'expose en permanence, ne peut se faire à plusieurs. Le groupe cache et protège, on peut s'y réfugier ou se reposer sur lui. Souvent, il intimide les autres. Le confort des rigolades, le plaisir des discussions interminables commencées autour d'une gamelle qui mijote et la motivation née du groupe sont précieux, mais ils s'accordent mal avec les rencontres.

Nous repartons vers l'est, la route longe le lac : 70 kilomètres d'une eau pure, barrée seulement par les montagnes portant encore les stigmates de l'hiver. Nous sommes désormais tournés vers la route qui nous sépare du Torugart, à la frontière chinoise, et vers les autres cols à passer dans un *timing* précis : nos autorisations pour entrer dans la zone frontière ne sont valables qu'une journée.

Sur le toit du centre du monde

Nous quittons le lac par une aube resplendissante. La lumière est étincelante. L'air, d'une absolue pureté, offre mille détails à l'infini. Cette lumière miraculeuse, la plus belle depuis notre entrée dans le pays, dure toute la journée. À la nuit tombante, elle a la magie de la mer en Corse au coucher du soleil, la même profondeur de bleu marine, cette épaisseur insoupçonnable pour qui ne l'a jamais vue.

Le vent nous malmène, il s'acharne même à chaque variation du terrain, l'effet venturi est sans pitié. Le soleil nous brûle méticuleusement toute la journée. Nous nous frayons un chemin à travers les montagnes et le vent. Nous trouvons un long plateau de pierres ocre et noires, où rien ne nous abrite, un petit lac émeraude caché dans l'épaule d'une montagne et des successions de vallées toujours plus vertes et dominées par des montagnes colossales. Les peupliers scintillent le long des rivières. Le Kirghizstan est une succession de perles toujours plus fines et mieux protégées, à chaque fois plus difficiles à atteindre.

Les premières brûlures du soleil ne résistent pas aux cols, la grêle tombe alors cinglante, la neige est soufflée en bourrasque. Les cieux hésitent en permanence entre les extrêmes : bleu limpide ou colère noire et foudroyante. Les cols jouent avec les détours de la route et nos nerfs, nous pensons toujours y être, mais nous devons toujours pousser plus loin.

Une journée entière, nous grimpons avec le vent de face, déjà handicapés par des pneus trop larges qui collent sur la route dégradée. Le vent est fort, il souffle en bourrasques. Dans les passages étroits, nous sommes stoppés, obligés d'attendre une accalmie. S'il arrive de travers, nous devons mettre un pied à terre sans pouvoir toujours retenir le chargement. Chaque virage offre une vue nouvelle sur les montagnes alentour, sur la route qui n'en finit pas de grimper et sur un ciel qui finira par se déchaîner sur nous.

D'habitude, la peine est vite oubliée devant ces paysages outrageusement beaux. Aujourd'hui, le vent ne nous laisse pas d'issue. Les derniers kilomètres dans la tourmente sont éprouvants : il n'y a plus d'asphalte, la piste est vicieuse et glissante avec des pourcentages à la limite de nos forces, la grêle nous fouette. Au sommet, nous pensons basculer vers une descente méritée, en fait la route est terriblement encaissée et le vent est encore monté d'un cran ; nous sommes obligés de forcer sur les pédales pour descendre. Nous roulons à 9 kilomètres à l'heure en pleine pente. Dans ces moments, la bonne humeur devient très instable et, à la moindre contradiction, le vase, remplit toute la journée, déborde. Non, il explose. Une de ces engueulades mythiques, sans raison, mais pas sans éclats, nous plonge dans une rage folle.

Deux heures plus tard, nous sommes vidés, mais doutons déjà de ce qui a déclenché cette hystérie. Deux ans après, nous nous souvenons encore de l'engueulade, mais pas de sa cause !

Dépassé les axes du tourisme communautaire qui s'est développé dans les quelques petites villes accessibles en transport en commun, nous recroisons des populations réellement curieuses et accueillantes. L'enthousiasme que nous recevons sur la route efface toutes les peines accumulées en montagne et dans la chaleur poussiéreuse de la vallée entre At Bashy et la frontière chinoise. Pour nous protéger des chiens, Célina utilise un bâton façon rouleau à pâtisserie, et j'ai un fouet fabriqué avec un manche de bois et des morceaux de courroie récupérés sur la route. Un Kirghiz, chez qui nous avions campé et qui nous avait déjà régalés d'un dîner, m'a donné sa cravache faite de huit brins de cuir tressés pour remplacer ma piètre défense. Le manche est poli à la paume de ses mains, le cuir imprégné de l'odeur de son cheval.

Sur la route, nous avons tout le loisir de croiser la lente vie des éleveurs et de leur famille. Sur des charrettes chargées de gros bidons métalliques, des gamins vont se ravitailler en eau au trot court et saccadé de leurs ânes. Tous les enfants des environs se retrouvent au puits du village. La file et l'approvisionnement se font dans une logique qui nous échappe. Nous arrivons les derniers, mais pouvons remplir nos gourdes immédiatement au débit lent d'une mécanique éprouvée. Le retour du village, derrière les ânes trop petits, est plus poussif, le fouet claque.

Un soir, nous allons nous perdre à l'écart de la route pour camper. Un homme court comme un forcené à travers la plaine poussiéreuse. Il ne nous laissera pas dormir ailleurs que chez lui. Il a le teint cramoisi et, dans ses yeux, danse une inquiétante lueur : les ultimes lumières du soleil se transforment en flammes. Posé sur ses oreilles décollées, son grand chapeau achève de lui donner un air d'aliéné. Je n'arrive pas à me déterminer entre le fou et le demeuré. Après que sa femme nous a rejoints, c'est sa gentillesse que je remarque. Est-ce dû au lieu, à l'instant ou à la lumière ? Peu importe, j'ai été près de céder a un instinct de peur irraisonnée, à abandonner toute logique et à refuser toute aide.

Une bougie ne suffit pas à éclairer les deux pièces de sa maison, l'une sert de dortoir, l'autre de salle de vie.

Autour de la table de bois, basse et branlante, ses gamins se disputent le yaourt. La morve au nez, le petit tabasse le plus grand, obligé de se retenir. Son père n'accepte ni les pleurs ni les plaintes. Les lueurs du poêle, dans lequel brûle l'argol[1], tremblent dans les yeux jaunes de notre hôte. De son chapeau de feutre dépasse une mèche raide et noire taillée en pointe. Ses oreilles sont toujours rabattues par le chapeau. Dans cette pénombre vacillante, il reprend des airs démoniaques. Autour, tout est plongé dans un noir profond. Seuls nos visages se détachent de la nuit, le sien emplit toute la pièce. La maison est presque vide, à l'exception d'ustensiles de cuisine, de morceaux de feutre servant à s'isoler du sol et des couvertures pour la nuit. Tout est imprégné de l'odeur forte et tenace du mouton.

Une grosse veste en peau d'agneau est accrochée au mur de l'entrée. En l'enfilant, nous prenons une première mesure de ce que doivent être les mois d'hiver, en fait l'essentiel de l'année, dans la région. Nous passons ici aux beaux jours qui durent quatre ou cinq mois tout au plus, nous ne voyons que l'anecdotique de leur réalité. Nous commençons à ressentir l'intensité de leur vie dans cet environnement extrême, et alors qu'ils sont dénués de tout.

La brume de chaleur qui avait écrasé la journée a fini par se dissiper, la nuit est intense et profonde. En sortant dans l'obscurité, nous dérangeons un groupe de chevaux en semi-liberté, la surprise les fait hennir, puis ils s'enfuient au galop. Nous n'avons que nos oreilles pour deviner la scène.

Depuis les contrées les moins peuplées d'Anatolie, les habitants nous mettent en garde contre les loups. Ce soir ne déroge pas à la règle. Ici, ils ont mangé un

1. Combustible fait d'excréments de bétail.

camionneur tombé en panne dans un col de montagne, il y a un an à peine. Là-bas, dans les villages haut perchés, c'est une petite fille qui a disparu. Ailleurs, c'est autre chose. Partout où ils sont présents, le message est unanime, en quelque langue que ce soit : « Ils sont là, ils rôdent et vous ne devez à aucun prix dormir dehors. » Nous comprenons le rôle social du loup : il est à la fois l'ennemi commun invisible, l'inconnu menaçant, le catalyseur des peurs fantasmatiques et la petite lâcheté autorisée à tous. Les bavards en ont une frousse bleue, d'un détail ils font un récit, d'un soupçon une légende, tandis qu'une plissure narquoise échappe au regard posé des taiseux qui les écoutent.

Le vélo nous emmène dans des paysages époustouflants, mais c'est à cheval que nous atteignons le cœur du pays. Au galop dans les nouvelles herbes, au milieu des troupeaux, ça sent le cuir chaud et la sueur, nous rêvons en couleur. À chaque fois que le terrain le permet, nous nous lançons dans des courses effrénées. Sans retenue, nous nous enivrons du roulement des sabots sur la terre. Cette euphorie sauvage nous emporte bien au-delà des steppes.

Nous sommes en période de transhumance. Une famille monte, à cheval, installer ses yourtes dans les *jailoo*[1]. Elle est précédée de cinq cents bêtes qui avancent lentement. La femme est tellement encombrée du matériel indispensable au quotidien qu'on la croirait montée sur deux mules à la fois. Son rôle est de suivre, pas de diriger le bétail. Tous sont chargés de couvertures, de sacs de farine, de plaques de thé ou d'outils. Seul le cheval du père est léger, qui ne transporte que deux sacoches et son couchage roulé derrière la selle. Il

1. Pâturages d'altitude utilisés durant les mois d'été.

dirige les manœuvres. Le plus jeune, encore trop petit pour se mettre en selle tout seul, emmène dans ses sacoches les agneaux trop fragiles pour suivre. Quand je le croise, il fait bêler un des petits en lui maintenant la tête dans le sac de feutre. Il veut me faire croire que son cheval fait ce bruit-là, ses yeux rieurs le trahissent. En Occident, un gamin de cet âge-là est tendre, lui a la gueule brûlée par le soleil, ses pommettes sont cramoisies, ses lèvres gercées éclatent par endroit.

Plus loin, un étalon fait la loi. Il se cabre et rue au train de jeunes mâles, l'encolure tendue et les oreilles couchées. Il protège ses juments et leurs poulains. Enfin, il éloigne son troupeau ; en dictateur il intimide, pousse les siens au galop. Un nuage de poussière soulève la colline qu'ils dévalent.

De Tash Rabat, situé à plus de 3 000 mètres d'altitude, ultime pause dans notre progression à vélo vers la Chine, nous partons à cheval dans la montagne. Nous sommes rattrapés par un éleveur de yaks qui cherche ses bêtes, pistant leurs traces. Ses animaux sont partis vers les hauts pâturages, trop près de la frontière chinoise, et il veut les ramener dans la plaine. Nous allons à son pas, les rênes détendues, les mains occupées à rouler une cigarette dans du papier journal. Nous remontons loin le torrent sans voir aucune bête dans les vallons adjacents.

Nous arrivons dans un cirque difficilement franchissable, nous montons encore sur un autre versant pour surveiller toute la montagne à la jumelle. Nous discernons trois Marco Polo[1] au loin, nous devinons leurs énormes cornes enroulées en spirale. À l'heure de partager notre boîte de sardines et le croûton de pain que

1. Surnom donné à l'argali, le plus gros mouton sauvage connu.

nous avons emportés, l'éleveur nous montre comment entraver les pattes antérieurs des chevaux avec la corde du licol.

Après quatre heures de recherche, les grands yaks en tête du troupeau sont enfin visibles. Le ciel est noir maintenant, le vent se lève. Les animaux sont éparpillés, nous lançons nos chevaux dans les rochers et le remblai pour ramener les ruminants. Le terrain est accidenté et escarpé, nous ne devons pas oublier d'animaux dans les plissements du terrain. Devant l'orage menaçant, nous redescendons le troupeau au galop. Les petits, encore fébriles sur leurs pattes, hésitent à se jeter dans les eaux vives que nous devons traverser plusieurs fois. Nos chevaux les poussent. Les mères sont inquiètes. Elles meuglent. Elles cherchent leurs veaux. Elles les rejoignent dans une course débridée, succession d'accélérations brusques et de ruades soudaines. Les chevaux donnent toute leur mesure. Ils ne laissent aucun animal s'écarter, harcèlent les veaux hésitants et remontent la pente au galop à la première sollicitation. L'agilité et la dextérité des yaks sont stupéfiantes sur ces terrains accidentés. Quand ils pâturent, ils ressemblent à de lourdes vaches, maintenant ils galopent, bondissent par-dessus les ruisseaux, grimpent légèrement dans la rocaille et se jettent puissamment dans les torrents glacés. Le troupeau est redescendu dans la vallée, l'orage éclate. Dans une semi-pénombre, nous rentrons au grand galop sous les grêlons.

Une fois encore, nous ne ressentons plus rien que la plénitude de l'instant. Ce voyage, ce pays, cette culture nous comblent de ces moments, nous touchons quotidiennement le ciel.

20 mai 2004

Nous partons vers la frontière chinoise sous la pluie. Célina a ramené un gros mal de gorge et de la fièvre de notre chevauchée sous l'orage, elle peine sans mot dire. Pluie, soleil, tonnerre et grêle se succèdent dans des tourbillons de vent avant de laisser la place à un soleil et à une lumière d'une absolue pureté pour la plus spectaculaire et grandiose portion de route depuis notre départ.

La piste nous immerge plus encore que la route dans ces décors trop vastes pour nous. Par la grâce d'un paysage magistral, toutes les difficultés de la journée prennent sens. Le plateau est d'or, bien gardé par les montagnes déchaînées qui séparent le pays de la Chine. Sur l'Altiplano bolivien, j'avais déjà ressenti ce vertige mystique qui ne nous laisse aucun doute sur la vacuité de notre existence passée.

Dernier campement au Kirghizstan, à l'écart de tout. Nous sommes dans une zone frontière d'accès restreint, seuls sur un toit de l'Asie centrale, au centre du monde.

La nuit a été froide, les maux de Célina ont empiré. Nous cahotons toute la journée sur une piste pierreuse avant d'atteindre, sous la menace de nuages noirs, le bord du lac qui mène à la frontière. L'ambiance est glauque dans ce poste avancé qui ressemble à un cimetière abandonné de roulottes. Nous installons notre couchage dans une cantine. Les nuages lourds ont fini par percer, la pluie toque sur la tôle. Dernière nuit au Kirghizstan, que nous devons déjà quitter alors que notre passion est intacte, loin d'être assouvie. Dernière nuit avant de plonger vers la grande inconnue chinoise.

Cette nuit est longue, Célina dort à peine, elle hoquète toute la nuit sans rien dire. En inspectant sa gorge à la lumière blafarde de nos lampes frontales, elle la découvre ravagée. Elle ne dit rien de sa fièvre, avale un bol de thé brûlant et tient bon. L'angoisse de ce dernier col à passer pour atteindre la frontière l'empêche de se relâcher.

Au matin, il ne pleut plus. La neige a pris le relais, balayée à l'horizontale par un vent violent. Nous rejoignons le poste frontière à la première heure. La visibilité est quasi nulle. Une fois encore, le flegme des autorités kirghizes, à l'inverse de tout ce que nous avons rencontré dans cette Asie centrale très militarisée, facilite les formalités. Nos papiers sont en ordre, mais nous devons attendre : les militaires ont égaré la clé de la porte frontière. La neige continue de s'entasser sur la route. Nous partons enfin, 8 kilomètres d'ascension nous séparent du col du Torugart (3 700 mètres) qui marque la frontière chinoise. Le vent souffle toujours, la route est une patinoire, chaque coup de guidon mal dosé nous met par terre. Pour repartir nous peinons, nos pneus sont trop larges, la surface de glisse trop importante. Nous tombons, relevons tout le vélo qui dérape, remontons en selle dans un équilibre précaire et, après quelques coups de pédales, retombons.

D'énormes camions kirghizes, surchargés de ferraille, surgissent du brouillard ; ils godillent dangereusement en nous dépassant, mais font la trace. Nous finissons en poussant dans le vent qui brouille tout. Soudain la frontière est là, nous y sommes. Célina est à bout, la tension tombe, elle se met à grelotter.

Devant nous, la Chine…

Chine

Kachgar, l'invitation au voyage

La frontière est indiquée par une simple plaque aux armes de la République populaire de Chine et par des militaires dont la tenue diffère. Nous sommes aux portes de la Chine, de l'empire du Milieu, un pays hors norme, démesuré : dix-sept fois la superficie de la France et, surtout, vingt-deux fois sa population. Le col du Torugart est, paraît-il, une des plus spectaculaires entrées en Chine, mais nous ne voyons rien d'autre que la neige soufflée à l'horizontale.

Nous serons bientôt à Kachgar. Kachgar. C'était un de ces noms qui nous faisaient rêver, un de ces noms qui, à eux seuls, sont une invitation au voyage, comme Pondichéry ou Valparaiso. Kachgar. Nous ne savons rien de cette ville, mais nous l'avons toujours imaginée inaccessible, cachée dans des montagnes labyrinthes où s'étaient réfugiées toutes les gueules cassées et les âmes brisées de la création.

Les autorités chinoises interdisent aux touristes le passage de la frontière par leurs propres moyens. Les

Kirghiz nous ont laissés monter jusqu'au col, mais nous n'avons d'autre choix que de rejoindre Kachgar en voiture. Le plus douloureux n'est pas de passer à côté d'une descente d'une centaine de kilomètres, mais d'être parachutés à Kachgar sans préparation, sans vivre la transition de la frontière à la ville, sans avoir pris la température de la région depuis nos vélos, sans avoir testé la population. C'est trop rapide et frustrant. Sur la route, nous aurions rencontré des Ouïgours, en ville nous ne ferons qu'en croiser. En doublant les villages de terre rouge à l'ombre de peupliers, nous pressentons l'accueil que nous aurions trouvé dans les arrière-cours à l'abri des regards.

Célina arrive à Kachgar épuisée et grelottante. Malgré la chaleur et le soleil que nous retrouvons en ville, elle n'a qu'un souhait : soigner son angine et se coucher. Elle entre dans la première pharmacie, se plante derrière le comptoir et ouvre grand sa bouche pour montrer les tréfonds de sa gorge à qui voudra bien l'aider. La pharmacienne s'inquiète de son état et appelle ses collègues. Après un mini-colloque où chacun y va de son inspection et de ses commentaires, ils donnent à Célina un spray et lui font signe de l'utiliser immédiatement. Célina hésite tant elle se sent observée. Elle se décide, vaporise. Tous sont aux aguets... Un, deux, ça brûle ! Ça brûle ! Et bien plus qu'un vieux schnaps. À les observer, c'est ce qu'ils attendaient. Célina se tord de douleur et se tape les poings contre les cuisse : rire général. Le lendemain, une matinée de consultation pour les femmes est organisée à la pharmacie, ils proposent à Célina de revenir.

Dans le sous-sol, une dizaine de femmes attendent déjà. Célina prend place sur le banc. Tour à tour, les femmes se présentent au bureau où se tient un homme en blouse blanche. Il a une cinquantaine d'année, ses rares cheveux sont gominés sur son front fuyant, son regard plissé est dissimulé derrière de grosses lunettes Mao carrées. Sans parler, il saisit tour à tour le poignet droit de sa patiente, puis le gauche. Il sort une ordonnance, balance quelques idéogrammes dessus et passe à la suivante. La visite est gratuite.

Quand arrive le tour de Célina, le scénario est identique : pouls droit, pouls gauche, ordonnance. Célina a un doute, elle ouvre sa bouche en grand, pointe l'éclairage blafard de sa lampe frontale sur le fond de sa gorge et articule un ggrrrgggrrrllll du plus bel effet. Le médecin relève la tête, imperturbable : il a compris, tout est sur l'ordonnance. Il se tourne déjà vers la prochaine patiente.

La transition depuis le Kirghizstan est brutale, nous n'attendions pas une telle opulence. Les étals des marchés sont remplis de couleurs et de saveurs dont nous n'avions plus idée. Dans la rue, les cantines et les vendeurs ambulants proposent une cuisine variée, inventive et inimaginable pour nous dont le régime est à base de pâtes, de riz et de gras de mouton depuis des mois. Une semaine durant, nous enfournons dumplings[1] et fruits pour satisfaire une gourmandise soudain sollicitée et que nous ne soupçonnions plus. Les centres commerciaux débordent de produits, de musique, de lumières et d'Escalator. Ils sont d'un modernisme que nous pensions avoir laissé derrière nous. Les rues sont bondées de monde. Vues à une certaine distance, les avenues principales ne sont qu'une foule compacte en marche.

---

1. Ravioles chioises à la vapeur.

En pénétrant en Chine par Kachgar, la plus occidentale des entrées dans le pays, nous continuons notre découverte des peuples turcs. Les Ouïgours sont les inventeurs de la grammaire turque, ils vivent dans le berceau des populations turques. Dans la rue, ils côtoient des gueules qui nous sont plus familières, des Kirghiz et des Ouzbeks principalement, reconnaissables à leurs chapeaux. Il y a également des Hui et des Kazakhs, dont nous ferons plus ample connaissance plus tard. Des Tadjiks aussi. Située à la pointe ouest du Xinjiang, la plus grande région de Chine, la ville est le carrefour de toutes les routes qui viennent du Pakistan, d'Afghanistan, du Tadjikistan et du Kirghizstan.

À scruter des après-midi entiers tous ces gens du centre du monde qui déambulent dans les rues, nous leur imaginons des histoires extraordinaires. Brigands de montagne, bergers sans peur, passeurs d'opium, petits-fils des guides des caravanes de la soie ou victimes de la collectivisation forcée de Staline qui ont fui leur terre d'origine pour venir se réfugier ici... Cruel destin de ceux qui ont dû subir les affres de l'histoire particulièrement tourmentée de cette région.

Nous croisons en ville des femmes entièrement couvertes, aucune partie de leur visage n'est visible, même leurs yeux sont cachés. Elles ne portent ni le tchador noir traditionnel ni la burqa afghane, mais un hidjab de laine ou de toile de jute de couleur beige. Le reste de leur tenue n'a rien de particulier ou de distinctif. À travers la maille elles devinent leur chemin et, plus surprenant, se reconnaissent quand elles se croisent sur les marchés et dans la rue.

Nous sommes loin, bien loin de la Cité interdite et de la terre des Han, mais nous comprenons immédiatement la technique de colonisation par le nombre qu'utilise le parti dans le Xinjiang. Les Han agissent en rouleaux compresseurs, peu importent les croyances ou coutumes locales. Ils représentent 85 à 90 % d'une population de plus d'un milliard trois cent millions d'individus, le nombre leur donne raison. Le gouvernement orchestre une migration systématique de Han dans des zones qui ne leur sont pas acquises afin qu'ils y atteignent des taux d'occupation proches de 50 %. Depuis une dizaine d'années, cette présence est accompagnée d'un fort essor économique, d'un véritable développement. Sans doute la clé de la victoire pour les Han.

La colonisation massive et l'urbanisation forcée détruisent l'ancienne ville, mélange de constructions traditionnelles et d'insalubrités, et réduisent petit à petit l'identité ouïgoure. Les vieux quartiers ne résistent pas à la poussée d'avenues gigantesques et de centres commerciaux délirants qui apportent l'illusion du confort et de la modernité aux habitants. Le béton, les néons, les palmiers en plastique, les devantures et les affiches flamboyantes remplacent implacablement les portes en bois sculpté, les quartiers d'artisans et les maisons traditionnelles et basses à l'ombre des peupliers. L'âme han, mercantile et vorace, aura raison de la culture ouïgoure.

En arrivant d'Asie centrale et de ses pays de tradition musulmane, nous trouvons la Chine des Han sans manières et sans pudeur. Le contraste est saisissant. Les culottes fendues des gamins leur permet de chier et de pisser n'importe où. Les adultes ne s'encombrent pas de plus de manières, ils ont une application particulière à cracher et à se soulager partout et n'importe quand, bruyamment et en public si possible. Ils ne se soucient pas davantage des détritus. En cas de chaleur, dans la rue, le train, le bus ou ailleurs, torse nu et caleçon font l'affaire, peu importe la promiscuité dans laquelle tout s'accomplit ici. L'espace individuel et l'intimité ne sont pas des notions chinoises, tout le monde supporte le comportement des autres et s'en accommode. Dans une cantine, cracher n'est pas anormal ; ne pas le supporter le serait. Cette promiscuité est naturelle, c'est une des bases de la société, elle offre paradoxalement aux Chinois une plus grande liberté de comportements.

Le Qinghai

De Kachgar, nous partons pour rejoindre Tourfan, au nord du gigantesque et terrible désert du Takla-Makan, où nous avons rendez-vous avec les parents de Célina pour aller jusqu'à Urumchi. Nous devons effectuer une partie du trajet en bus pour arriver dans les temps, c'est une frustration supplémentaire.

Dans le bus, je suis assis à côté d'un vieux paysan ouïgour, aux mains fortes et rêches, aux ongles durs et cassés. La télévision diffuse un mélodrame. Mon voisin a les mains rivées sur l'appui-tête de devant, il est penché en avant, les yeux grands ouverts, captivé et stupéfait par le film. Les images suffisent pour apprécier, entre deux scènes de bagarres épiques, toute la mièvrerie de ce mélodrame chinois. La fin est dramatique, le héros meurt misérablement, son père pleure comme un veau sur la tombe de poussière.

Mon voisin essuie deux grosses larmes de ses lourds poings serrés.

Nous terminons à vélo la route pour Tourfan. Nous sommes écrasés de chaleur, la chape de plomb tombe tôt et ne laisse aucun répit. Boire, boire, boire et continuer à rouler, le seul moyen pour avoir un peu d'air, même s'il est chaud. Le soir, la chaleur relâche un peu la pression, à peine.

Les rares villages installés le long de la route, à l'ombre d'une oasis, guettent le bruissement dans les feuilles pour s'activer. De grands séchoirs à raisin en briques sont exposés en plein soleil. Les jours de marché, nous doublons des dizaines de petites charrettes allant au pas de l'âne. À l'avant, assis en coin, l'homme tient les rênes, sa femme est installée à l'arrière, dos à la route, elle maintient le chargement de melons et de pastèques qu'ils s'en vont vendre.

Tourfan est situé dans une dépression à proximité du désert du Takla-Makan, réputée pour être l'endroit le plus chaud du pays. Pour développer l'agriculture dans cette région extrêmement aride, les habitants ont créé, il y a environ deux mille ans, un système d'irrigation souterrain permettant d'éviter l'évaporation de l'eau. Sur des kilomètres, des canaux (les *karez*) ont été creusés dans le sous-sol pour récolter les eaux des montagnes alentour et les acheminer vers l'oasis de Tourfan. À espaces réguliers, des puits permettent de construire et de maintenir le système.

Nous manquons de temps en Chine, nous devons donc prendre le train pour rallier Dunhuang depuis Tourfan. Nous prenons un train de nuit, les wagons ne sont pas compartimentés, les couchettes ouvrent toutes sur le couloir. Dans chaque wagon, un responsable arpente le couloir et veille au bon ordonnancement des affaires et des gens. Ce soir, nous sommes cinq dans tout le wagon, Célina et moi à une extrémité et trois Chinois à l'autre bout. Je me déchausse pour m'allonger et laisse mes chaussures en vrac par terre. Le chef de wagon passe, s'arrête, tire une canne terminée en U, attrape mes baskets et les glisse impeccablement sous le lit : les extrémités côté couloir ne dépassent pas d'un cheveu du dessous de la banquette. Après chaque déplacement, je laisse mes chaussures n'importe comment, elles sont systématiquement replacées là où j'aurais dû les ranger.

À 22 heures précises, le chef de wagon passe, débarrasse les tablettes et tire les rideaux ; j'obtiens de rester assis sur les strapontins côté couloir, mais je ne peux plus regarder dehors ni utiliser la tablette. Lors de ses allers et retours, le responsable tire les rideaux sous mon nez, ostensiblement agacé. Une demi-heure exactement après la fermeture des rideaux, l'extinction des lumières nous surprend. Dans l'espace couchette, aucune lumière individuelle n'a été prévue.

6 h 30 : réveil en fanfare, pleins feux et musique criarde, alors que le prochain arrêt n'a pas lieu avant deux heures ! Mais règlements et traitements collectifs sont les piliers de la cohésion chinoise, pas d'exception aux règles qui pourraient lézarder l'édifice.

4 juin 2004, 256e jour

La ville de Dunhuang est paisible, elle a taille humaine, nous apprécions sa relative fraîcheur après une longue journée à vélo, vent de face, pour rejoindre la ville depuis la gare de Luyian. Sur la route, nous avons dépassé des restes de la grande muraille.

Dunhuang est la dernière oasis avant les cols et les déserts du Qinghai qui nous séparent de la partie la plus habitée de la Chine, à l'est du grand plateau tibétain. Dès la sortie de la ville, le désert est partout et la chaleur écrasante. Nous contournons les premières dunes à l'est avant de nous enfoncer dans un autre erg en suivant une rivière asséchée. La lumière est forte et blanche, verticale. Elle écrase tout relief. Par-delà la crête des dunes géantes, nous devinons les montagnes qui barrent notre route. Là-haut, les sommets sont dans la neige. Ici, le sable est brûlant et le bitume mou. À l'heure de la pause déjeuner et de la sieste, nous trouvons un abri à l'ombre des panneaux de signalisation. Nous y dormons recroquevillés pour ne pas en dépasser.

Une plaine aride et caillouteuse succède aux ergs. Surgie de nulle part, indiquée sur aucune carte, une ville blanche, neuve, mais pas encore vivante, est plantée là. Ses avenues démesurées ne suffisent pas à combler le vide de la région. Les rares habitants sont dépassés, égarés dans le résultat grandiloquent de quelques cerveaux du parti qui ont décidé de planter là, ici, nulle part, une ville que des « volontaires » viendront bientôt peupler !

Le Qinghai est une succession de hauts plateaux arides et rocailleux séparés par des barres de montagnes. Les passes sont régulièrement au-dessus des 3 500 mètres. Au col, sur plusieurs dizaines de kilomètres, un spectacle de poussière et de feu, contenu par les montagnes noires, nous subjugue. Le soleil brûle, le vent ne laisse aucun répit, rien ne résiste à cette alliance. Malgré la chaleur, nous roulons en manches longues et pantalons, la tête couverte. À la pause de midi, nous cherchons l'ombre, nous tendons nos serviettes, nos habits ou la toile de la tente entre nos vélos, si le vent veut bien ne pas tout emporter.

Sur le plateau, les routes sont tracées droites, toutes droites. Certaines journées, nous ne prenons même pas un virage. Il n'y a rien d'autre à regarder que la chaleur qui se dégage du bitume et transforme le paysage en de vaporeuses illusions. Le bruit de rouleaux à peinture produit par nos pneus sur le bitume trop chaud est obsédant.

Une succession de fourmis noires font des allers-retours depuis un pan de montagne jusqu'à la route. Nous les repérons grâce au nuage de poussière qu'elles soulèvent. Plus de vingt kilomètres sont nécessaires pour arriver à l'intersection repérée. Les fourmis sont de vieux camions épuisés, surchargés du charbon qu'ils brinqueballent vers Golmud, la plus grande ville de la région, à 300 kilomètres d'ici. Ils nous offrent une aide inattendue pour passer les prochains cols : l'accrochage est facile tant ils sont chargés et nous dépassent lentement. La cargaison et la chaleur sont telles qu'ils s'arrêtent régulièrement pour laisser leur moteur refroidir.

Dans ces décors titanesques, la présence de routes est une surprise, mais la façon dont elles sont construites est révélatrice de la puissance de la Chine : ces voies ont été ouvertes dans des conditions misérables, sans l'aide de gros engins, à coups de bêches et d'abnégation.

Une fin d'après-midi, nous repérons deux gaillards à un carrefour en train de remplir une remorque de sable attelée à un petit tracteur. Au croisement, notre carte indique une petite ville, nous leur demandons confirmation. Il y a bien des maisons un peu plus loin, mais ils sont formels, nous ne devons pas aller par là. Nous devons les suivre de l'autre côté en suivant la piste de sable que nous devinons. Nous comprenons qu'ils sont installés plus loin à l'écart de la route. Nous les aidons à remplir une dernière benne, ils donnent le rythme : une cigarette, allongés dans le sable, avant de donner quinze à vingt coups de pelles chacun, puis d'en fumer une autre.

Nous les suivons pour arriver, entre chien et loup, sur un chantier de construction d'un pipeline pour PetroChina. La méthode est simple : tous les 5 à 10 kilomètres, des équipes d'ouvriers se relaient pour creuser un fossé continu. Nos deux copains sont chargés de remplir des sacs de sable pour consolider le chantier. Une cinquantaine d'ouvriers poussiéreux travaillent sans répit pendant un mois sous la surveillance de deux longs manteaux. Toute l'équipe dort sous deux grandes tentes sombres et graisseuses. L'une d'elle abrite le coin cuisine. L'eau, à peine suffisante pour la cuisine et le thé, croupit dans des bacs. Les nattes sont roulées, en ordre de bataille. Les couvertures crasseuses sont pliées et empilées dessus. Les longs manteaux ont droit à une étroite tente individuelle. Nous sommes la distraction de toutes ces gueules perdues, leur éclat de rire de la soirée. Ils essayent les vélos. Dans le sable, tous se plantent. Nous sortons la tente, chacun attrape une sardine et s'y met. Le sol est dur, elles plient. Dans une rigolade générale, les haubans sont tendus, emmêlés. La tente est montée, de travers.

Un midi, une ligne électrique scinde le désert en deux, le mur d'enceinte d'un transformateur nous sert d'abri. Nous ne pouvons nous protéger à la fois du vent et du soleil, nous choisissons de griller plutôt que de subir les rafales de sable. Tout ce que nous pouvons voir du bâtiment est à l'abandon. Des éclats de verre, des vieux détritus et des carcasses de pneus brûlés jonchent le sol, la grille d'entrée est fermée par une grosse chaîne.

À l'heure où nous repartons, une tête surgit, aussi surprise que nous. Je vais dans la maison avec l'homme chercher de l'eau. Sa femme et son fils habitent avec lui dans cette pièce unique de 20 mètres carrés, délabrée, glauque, sombre, insalubre. Ils se partagent à trois l'estrade recouverte d'un matelas pour dormir. Ils vivent là, échoués, abandonnés dans le désert par l'administration pour surveiller un transformateur.

La Chine n'a, pour l'instant, que le souci du développement économique. Elle s'appuie sur un gigantesque réservoir de main-d'œuvre qui subit le passage d'un système communiste en échec à une économie ouverte qui ne profite qu'à une minorité. Rien n'a changé :

après des promesses non tenues, on ne leur promet plus rien, et les Chinois doivent continuer à se débattre.

Le soleil s'essouffle encore vite et n'atteint plus les cols que nous passons le soir. Le noir luisant des roches se teinte alors d'un subtil mauve rosé. C'est l'annonce du froid à venir pour la nuit. Nous cherchons un endroit abrité pour planter la tente.

Interdit aux étrangers

La ville promise par la carte à l'intersection des routes n'est pas là. Nous manquons d'eau depuis la veille. Nous remontons en avant du croisement sur l'autre route. Nous trouvons une grande tente adossée à une maison. Les chiens courent vers nous, ils cherchent nos mollets. Un homme hirsute, dans un grand manteau, sort de la tente et fait taire les molosses. Il nous offre le thé et un yaourt tellement épais que nous sommes rassasiés après deux bols. Sa timidité et sa réserve sont aussi palpables que son sens de l'accueil, le contraste est étonnant. Une image interdite du dalaï-lama trône sur l'autel en bois qui meuble le fond de sa tente, il n'a pas pris soin de la retirer pour notre visite. Première rencontre avec un Tibétain. Nous ne nous attendions pas à en croiser dans cette région. L'homme nous indique une source un peu plus loin, à l'écart de la route, contre la montagne.

À Qaidam, les habitants sont plus tibétains ou mongols que han ; certains sont encore musulmans, mais ils ne sont plus ouïgours. Leur stupéfaction de nous trouver là crée un attroupement. La surprise passée, un vieux Mongol nous emmène faire la tournée du bourg pour trouver un logement. La ville est grise, couverte de détritus. Nous suivons sa moto à bout de souffle. Un routier fait l'affaire, notre ami reste avec nous, il s'installe devant la télé pendant que nous déballons nos affaires. Un petit somme plus tard, il est toujours là, les mégots s'empilent par terre. Nous partons dîner, il acquiesce et nous accompagne dans sa cantine favorite. Nous buvons un thé ensemble, il échange trois mots avec d'autres clients, fume une dernière cigarette avec nous, puis s'en va. Durant tout le temps passé ensemble, il n'a quasiment rien dit, se contentant de nous conduire d'hôtel en pension puis de pension en routier, soucieux que nous attendions confortablement les patrons des rades, toujours difficiles à sortir de leurs parties de cartes disputées dans les arrière-cours. Il a ensuite veillé à ce que nous nous reposions un peu, avant de nous indiquer un endroit recommandable pour dîner.

Hoit Taria est une oasis à une cinquantaine de kilomètres d'une série de cols dont nous sommes venus à bout le matin même, au huitième jour de cette traversée. La ville est en retrait de la route, nous allons nous y ravitailler. Notre arrêt ramène la foule, plus immédiatement et intensément qu'ailleurs. Célina est à peine rentrée dans un magasin que je suis cerné par un mur humain. Beaucoup de visages, mongols ou tibétains, je ne saurais dire. J'essaie d'expliquer d'où nous venons, des mains jaugent les vélos, d'autres me palpent. Je mime la chaleur, le vent et toute la sueur que nous avons perdue pour arriver ici. Ceux qui ne comprennent pas se moquent de mes gesticulations, les autres leur traduisent. Ils rigolent enfin pour les bonnes raisons et reprennent mes mimes.

La ville est petite, mais la foule est dense. Un vieux, plus grand que les autres, m'explique que nous sommes les premiers Blancs à nous arrêter dans le village. Je sors mon appareil photo. Celui d'entre eux que je vise devient la risée de tout le monde, mais rares sont ceux qui se dérobent.

J'ai l'œil dans le viseur quand quelqu'un me tire la manche énergiquement. Je résiste, pensant tenir une bonne photo. L'autre insiste, je me retourne. Un grand gaillard, les bajoues tombantes, les yeux libidineux et les cheveux gras plaqués sur le côté, pointe l'insigne sur sa manche : « Police. » Célina sort à l'instant du magasin. Nous faisons semblant de ne pas comprendre, persuadés que le grand mou à galons veut simplement s'occuper ou faire preuve de son autorité devant la foule. Appelée en renfort, la professeur d'anglais du village nous enlève nos dernières illusions : nous sommes dans une zone interdite aux étrangers et devons les suivre au commissariat. Nous suivons le gaillard en poussant nos vélos. Derrière nous, une foule compacte, comme seule l'Asie en a le secret. Toute la ville est là, sur nos pas. Nous sommes les Dupont et Dupond dans *Le Lotus bleu* :

— Je crois que nous sommes suivis !

— Je dirais même plus…

Au commissariat, nous devons attendre qu'une voiture nous conduise hors de la zone interdite. L'ambiance est bonne, en deux heures nous n'avons pas le temps de boire ni de fumer tout ce que les policiers nous offrent. La négociation est, en revanche, impossible.

Au chef qui vient d'arriver, nous demandons pourquoi la région est interdite aux étrangers. La réponse est simple :

— Parce que vous ne pouvez pas y aller.

— Mais pourquoi ne pouvons nous pas y aller ?

— Parce qu'elle est interdite aux étrangers.

Bien, l'explication se tient.

Sous escorte policière, nous rejoignons Delingha. Nous sommes placés dans le bus pour Xining sans autre choix possible. Quand nous arrivons, le bus est prêt à partir, il déborde de partout, mais nous devons encore charger nos affaires. Le conducteur pue la vinasse, il est prêt à laisser nos bagages en équilibre au-dessus de la pyramide de bric-à-brac déjà sanglée sur son toit.

Ces huit jours de traversée, entre déserts et plateaux montagneux, à plus de 3 000 mètres d'altitude, qui n'ont rien d'autre à offrir qu'une errance entre rocailles et poussière, étaient sur le point de devenir sublimes, avec notre arrivée prévue deux ou trois jours plus tard au bord du légendaire lac Koukou Nor. À la place, nous voilà entassés dans un bus qui s'ébranle péniblement tant il est chargé et bondé ! La cabine du chauffeur permet d'asseoir cinq personnes. Dans le couloir, des sièges ont été rajoutés entre les sacs de récoltes. Les passagers boivent, fument, bouffent et rotent. L'air est chargé, saturé, quand j'ouvre la fenêtre ils râlent. Au premier arrêt, c'est la ruée. Les passagers qui ont déjà fini de pisser et de chier contre les roues du bus remontent déjà, empêchant le fond du bus de descendre.

Au petit matin, nous arrivons à Xining. Le ciel pleure, journée grise, journée sans envie.

Ku-mbum

De Xining, nous partons vers Ku-mbum, l'un des temples les plus importants du bouddhisme tibétain, lieu de naissance de Tsong-kha-pa, celui qui fonda l'École jaune et réforma les pratiques religieuses au XIVe siècle contre les dérives de l'ancienne École rouge.

En chemin, nous traversons une nouvelle ville champignon. Elle est à peine finie, des ouvriers peignent encore les immeubles de logements, tous identiques. Les bâtiments officiels sont clinquants, un parc est aménagé, une petite musique d'ambiance y diffuse même une atmosphère paisible de supermarché. Seuls manquent les habitants !

Le temple de Ku-mbum est vaste, étalé sur les deux collines du vallon. Des dizaines de bâtiments sont entremêlés dans une effervescence de couleurs, de drapeaux et de vieux matériaux, bois centenaires ou tuiles ondulées polies par les orages. Dans la pénombre du premier soir, qu'un ciel chargé sublime, des ombres drapées envoûtent les stupas en tournant autour et en répétant à l'infini des prières murmurées. Dans l'atmosphère ensorcelante, leurs psaumes vibrent, portés par les gongs. « *Om Mani Padme Om. Om Mani Padme Om.* »

Le temple est également sur le programme des touristes chinois. À l'entrée, des Chinoises, grossièrement déguisées en Tibétaines, servent de guide. Les moines n'ont d'autre choix que d'ignorer le sans-gêne avec lequel elles mènent leurs groupes. Le comportement odieux des Han sur ce site est révélateur des cinquante ans de dictature idéologique. En pleine célébration, ils vont, téléphone à l'oreille, se planter devant les moines pour se faire photographier. L'absence de toute considération leur permet de s'affranchir des règles de vie les plus élémentaires. L'esprit de groupe si particulier des Han leur permet d'agir comme au zoo. Ils s'approprient une situation comme si elle n'avait pas de raison d'être en dehors de leur présence. Le groupe en profite, peu importe le contexte.

Beaucoup des touristes chinois visitant le lieu de pèlerinage ont vis-à-vis de nous une attitude similaire.

Depuis le début de notre voyage, nous avons attiré au minimum la curiosité et, en général, un enthousiasme que nous n'aurions jamais soupçonné avant de partir. Jusqu'en Chine, nous avons toujours ressenti la volonté d'échanger chez les personnes rencontrées, ne serait-ce qu'un instant. Nous laissions une trace, ils imprimaient la leur, d'un sourire ou d'un mot le plus souvent. Nous souhaitions réciproquement nous plaire, cette volonté était si forte que tous les obstacles de langue ou de culture étaient balayés. En Chine, la relation est différente ; nous la percevons moins nettement, nous avons plus de mal à la définir.

La curiosité des Han existe, mais elle est égoïste : ils prennent sans se préoccuper de l'autre, sans créer de relation, d'échange. Certaines notions de respect individuel n'existent pas ou sont différentes. Est-ce le résultat d'un demi-siècle de communisme arbitraire, délirant, étriqué et implacable, qui a nié l'individu et voulu tellement régir et formaliser les relations qu'il a épuisé la curiosité et la spontanéité des hommes ? Est-ce une conséquence de cette peur asiatique de perdre la face ?

Certains Chinois se plantent devant nous, nous inspectent et livrent leurs commentaires aux alentours sans se préoccuper de notre présence. D'autres viennent carrément sous notre nez prendre des photos à bout portant. D'un sourire, d'un mot de mandarin, nous essayons d'établir un contact : leurs visages se crispent indiciblement, pris d'un début de panique. Aucun Tibétain, aucun Ouïgour ou Mongol ne s'est jamais comporté de la sorte.

Les vélos sont chargés, prêts à repartir, quand un moine parlant anglais nous aborde. Il est bavard et avide d'expliquer la situation des Tibétains, mais son temps est compté, il doit déjà s'en aller. L'occasion est trop belle, nous décidons de le retrouver et de rester quelques jours de plus ici, s'il a un peu de temps à nous consacrer. Nous l'attendons sur la place principale du temple où il finira bien par repasser. Trois heures plus tard, nous partons déjeuner ensemble.

Jensen vient d'une famille nomade vivant au nord du lac Koukou Nor. Après l'adolescence, il a rejoint clandestinement le dalaï-lama à Dharmsala, en Inde, en traversant tout le Tibet et le Népal. Il y a appris la tradition du bouddhisme lamaïque et l'anglais avant de revenir en Chine par les mêmes chemins interdits.

La queue d'un yak entre les mains en guise de ligne de vie, Jensen a confié sa vie à cet animal, le seul à pouvoir traverser les torrents himalayens dont les ponts sont sous contrôle chinois : pour reprendre sa respiration au milieu de la traversée, le yak se met face au courant – son souffle rauque domine alors les flots – avant de repartir déterminé. Jensen et les Tibétains voient dans les yaks une des formes de vie les plus abouties, ils réunissent comme aucun autre animal ne peut y prétendre force, résistance et agilité.

Grâce à un programme de mécénat américain, il a vécu deux ans aux États-Unis. Là, une rencontre avec le dalaï-lama a produit une influence définitive sur sa vie : Jensen deviendra moine au monastère de Kumbum. Le rouge de la tenue de Jensen symbolise la pauvreté, Bouddha ayant pris la couleur de la caste indienne la plus basse. La couleur de son gilet représente la secte, l'école à laquelle il appartient : la plupart sont jaunes dans ce monastère érigé sur le lieu de naissance de son fondateur. Jensen est un des rares à porter le rouge de la plus ancienne tradition. Au niveau des omoplates, deux coutures représentent des crocs, symboles de la fragilité et de la durée limitée de la vie. Méditation et compassion sont ses axes de développement spirituel. Il nous confie avoir fort à faire avec les Han, qui les méprisent ouvertement et errent sans but après cinquante-cinq ans de lavage de cerveau et une économie nouvelle et sauvage à l'assaut du papier de banque. L'exercice de Jensen consiste à développer plus de sympathie et de compréhension pour les Chinois, ses ennemis héréditaires, que pour les Occidentaux qui soutiennent les Tibétains.

Jensen nous décrit les manœuvres du gouvernement pour éliminer la culture tibétaine, dont le mysticisme fondateur ne s'accorde pas avec la doctrine du parti. D'un côté le gouvernement affirme son soutien à la culture et au peuple tibétains, de l'autre il rend sa survie impossible en contrôlant les écoles, en organisant une discrimination systématique et en favorisant une colonisation de masse des Han dans les territoires du Tibet.

Du monastère, nous retournons à Xining pour rejoindre Pékin en train. Les visas chinois obtenus à Tachkent sont limités à deux mois, une validité ridicule compte tenu de la taille du pays. À Pékin, nous devons également demander des visas pour la Mongolie.

Nous traversons Xining un vendredi à midi, l'heure de la grande prière musulmane ; les trottoirs de la rue principale ressemblent à une mer sujette à un court clapot. Tous les Hui de la ville, la minorité musulmane, se rendent à la mosquée coiffés de leurs calots blancs.

Pékin

Une lente remontée vers Pékin commence. Nous ne ratons rien des paysages que nous aurions dû traverser à vélo. C'est pire que de n'en rien voir. Nous avons l'eau à la bouche, mais pas le droit d'y goûter. Le train avance lentement, comme un convoi funéraire, au milieu de paysages de vieilles tuiles et de champs sculptés à la main dans la montagne. Dans ce train qui nous emmène à Pékin, malgré la promiscuité et la durée du trajet (presque vingt-quatre heures), aucun contact ne se crée, nous passons pour des extra-terrestres quand nous proposons un peu de notre nourriture. Plus nous avançons vers l'est, plus nous nous éloignons de l'Iran et de l'Asie centrale, terres d'accueil et de partage. Tout à l'est, l'Extrême-Orient rejoint l'Occident, replié sur lui-même et persuadé de voir le monde à travers l'écran de son téléphone portable.

Gare de Pékin. Nous récupérons nos vélos à la descente du train. Les bouteilles en plastique et les aimants de nos compteurs ont disparu, peu importe. Nos deux protections contre le mauvais œil ont également été volées. Elles n'avaient aucune valeur, mais la grand-mère ouzbek qui nous les avait offerts s'était appliquée à les accrocher sur chacun de nos vélos de ses mains noueuses et tremblantes. Rarement attention n'avait été si délicate, jamais vol n'a été plus crapuleux.

En ville, le temps est plus moite qu'un mauvais souvenir qui étouffe et ne desserre pas son étreinte. Les égouts crachent une brume visqueuse et puante qui colle aux immeubles. Quand le soleil chauffe, elle dégouline le long des murs. Le ciel gronde, roule, menace, mais jamais ne craque. La grosse pluie et le grand coup de vent qui feraient place nette ne viennent jamais. Les Pékinois connaissent ce temps, ils semblent ne souffrir de rien et s'accommoder de tout sans gêne. Dans ce pays, c'est indispensable.

Pékin est un mélange de modernisme, de grandiloquence sordide et de misère. Certaines des constructions les plus récentes sont réussies, mais elles sont rares. La ville est surtout identifiable par les grandes constructions presque insalubres ou en voie de le devenir, alors qu'elles ne sont pas achevées depuis quinze ans. Les avenues gigantesques ne sont pas avares de ces immeubles prétentieux et mal construits, empilement monumental et inhumain de cages à lapins : des vingtaines d'étages construits d'un bloc, une dizaine d'escaliers par bloc, des centaines d'interphones déglingués.

Les rares vieux quartiers épargnés par le développement de la ville grouillent. Au moins, ils vivent. Ils débordent ! Mais la misère sort de partout. Tout colle, tout est gras. Les parties de cartes torses nus et accroupis sur le bitume puent la pisse, les boutiques minuscules derrière les rideaux au plastique jauni de nicotine abritent aussi la couche où dorment les propriétaires.

Dans les salons de massage et de coiffure s'improvisent des passes sur des draps déjà souillés, entre deux bandes de papiers tue-mouche rivés au plafond depuis deux décennies. De grosses femmes aux cuisses moites, vulgaires et blanches, font cuire des marmites de cambouis sur le pas de leur porte.

D'on ne sait où sortent, le pas traînant, le cheveu hirsute et le clope coincé au bec, des ventres avachis débordant de la ceinture et du maillot de corps au blanc plus que douteux. Dans la foule, les vélos grincent en trimbalant des piles de cartons récupérés. Dans les arrière-cours, les télés gueulent. Elles vomissent le pire de notre culture occidentale et le meilleur des informations du gouvernement. Une engueulade éclate dans la rue, elle enfle et attire tout ce qu'il y a de vivant aux alentours. Plus ça gueule, plus la foule est contente et approuve bruyamment. Le plus vindicatif des belligérants est éloigné par sa femme, il a les yeux injectés de sang et se retourne en beuglant. Une bonne partie de la foule a pris sa cause, elle le suit en rigolant.

Nous laissons nos passeports en attente de visas à Pékin et quittons la ville pour un détour culturel forcé : l'armée de terre cuite de Xi'an.

Face aux milliers de soldats que deux mille ans d'une station debout en rangs serrés ont rendus immobiles, nous avons envie de nous émouvoir. Nous avons du mal, poussés par le million de Chinois en visite ce jour-là. C'est une autre armée qui défile aux couleurs des tour-opérateurs et dans un crépitement continu de flashs. Les voix hachées et stridentes des guides dans les haut-parleurs doivent même perturber les statues dans leur éternité. Nous vivons une expérience douloureuse : la découverte de l'industrie touristique chinoise. Notre passeport revêt systématiquement la couleur verte des dollars, pas tant ceux que nous avons que tous ceux qu'on veut nous prendre sous n'importe quel prétexte. L'avidité des Chinois pour l'argent est malsaine et usante ; à certains endroits, elle est quasi frénétique.

Dans les terres musulmanes que nous avons traversées, la négociation est essentielle et plaisante parce qu'elle permet de lier connaissance et de juger du besoin réel de l'autre. Bien négocier, c'est être respecté. Une fois le prix entendu, les simagrées tombent, les engueulades feintes sont balayées d'une poignée de main. En Chine, la négociation est uniquement pécuniaire, elle est âpre, la parole est rarement respectée, ou pas entièrement donnée et remise en cause à la première occasion. Une semaine dans les pattes des Chinois travaillant dans le tourisme nous a laissé le souvenir de petites mains crochues et visqueuses qui ne nous ont jamais lâchés. Elles s'agrippaient et cherchaient à nous étrangler dès que nous relâchions l'attention.

Nous ne désespérons pas de la Chine, mais simplement de son industrie touristique. Nous savons que ce pays conserve des trésors de spontanéité et de rencontres toutes simples. Pour cela, nous devrons revenir, à vélo, à l'écart des sentiers battus.

Et en effet, quinze mois plus tard, nous vivrons le temps d'un semestre une passionnante traversée nord-sud d'un pays à un tournant de son histoire.

Nous retournons à Pékin pour récupérer nos passeports. En quête de grands espaces, nous sommes maintenant pressés de quitter la ville et d'accomplir un rêve d'enfant : atteindre la Mongolie.

Mongolie

Dzamïn Uüd, ville fantôme

Elian Hot est en Mongolie intérieure, cette bande de terre au sud du désert de Gobi appartenant à la Chine et peuplée de deux fois plus de Mongols que la Mongolie elle-même. C'est une petite ville frontière en chantier, tout est neuf ; pas moderne, mais neuf. Idéogrammes chinois et écriture ouïgoure[1] se côtoient sur la multitude d'enseignes.

De toute la Mongolie, les commerçants viennent s'approvisionner à Elian Hot par l'unique ligne de train. La plupart d'entre eux ne s'aventurent pas plus loin, ils restent deux jours, puis repartent chargés des marchandises qu'ils vendront les mois suivants, essentiellement des vêtements et de la nourriture. Nous trouverons dans le centre de la Mongolie, dans des magasins dénués de l'essentiel, des pâtes chinoises en quantité, des copies de bonbons Haribo et des petites bananes caramélisées qui auront fait tout le trajet

1. Écriture traditionnelle mongole ; les mots sont formés verticalement.

depuis le Vietnam pour nous donner le coup de pouce nécessaire en fin de journée.

Au crépuscule, un bal de néons de couleur et d'enseignes clignotantes illumine la ville. Des palmiers en plastique rouge, vert et jaune éclairent déjà la place principale encore en construction. Du Gobi, la ville est visible à des distances considérables. À toutes ses frontières, la Chine construit des villes modèles, voyantes et opulentes. Elle est la voisine parvenue qui étale ses belles étoffes. Le gouvernement veut créer un rêve chinois, un fantasme pour sa quinzaine de voisins.

La boîte de nuit, gigantesque mais vide, de l'hôtel où nous avons négocié une chambre résonne dans tout le voisinage. La curiosité nous y pousse. Des jumelles de 6 ou 8 ans se contorsionnent sous le regard exigeant d'une matrone que nous imaginons être leur mère. Elle se pousse sur le devant de la scène avec les petites suppliciées, s'appropriant une partie des applaudissements mérités qu'elles reçoivent de l'assistance. Débarrassée des instruments de torture des petites gymnastes, la salle est plongée dans la lumière noire et la musique techno. Vêtue de longs drapés blancs, une beauté sauvage prend alors possession de la piste pour le plus splendide et inattendu numéro de strip-tease de notre vie. Elian Hot n'est ni Las Vegas, ni Moscou, ni Hong Kong, mais une ville insignifiante perdue aux confins de la Chine. Durant dix minutes époustouflantes, sur un rythme infernal, la cambrure farouche et la chevelure indomptable de l'artiste balancent le feu et l'eau sur une assistance médusée. Dans une succession de mouvements mêlant la violence et la grâce, comme nous ne soupçonnions pas qu'elles puissent être alliées, ses drapés s'envolent un par un pour dévoiler ce que nous avions déjà deviné : la beauté pure.

4 juillet 2004

La veille de notre entrée en Mongolie, le hasard veut que je commence un nouveau cahier de notes. Je l'ouvre avec l'excitation qui convient : je m'apprête à écrire les trois mois de la traversée d'un pays dont je rêve depuis l'enfance. J'ignore alors que notre séjour va durer quinze mois ! Je rêvais de la Mongolie sans raison : je n'en savais rien ou presque. Ce pays avait commencé à me fasciner quand, petit, je l'avais découvert dans un manuel de géographie, coincé entre deux États que l'école m'avait rendus effrayants : la Chine et l'URSS. Ce pays était donc inaccessible et, pour exister entre ces deux monstres, il devait vivre en marge de tout, isolé du reste du monde. L'idée était idiote, je le reconnais, mais la fascination qu'elle avait pu exercer sur moi était intacte.

Dzamïn Uüd fait face à Elian Hot, une dizaine de kilomètres et la frontière les séparent. Le train de 16 heures parti, Dzamïn Uüd redevient une ville fantôme du *Far East* : une gare abandonnée, quelques maisons mal achevées, des yourtes barricadées de bois puis le sable du désert. À l'ouverture de la frontière par où la Chine inonde la Mongolie de ses produits, les alentours de la gare sont en ébullition. Fourgons et Jeep arrivent par grappes, ils ont réussi à s'extirper du chaos de la frontière mongole et cahotent dans la poussière et le sable jusqu'à la gare. Les véhicules traînent par terre, ils sont chargés d'une foule de personnes, de dizaines de caisses et de sacs. À mesure qu'on débarrasse la camionnette, elle reprend de l'allure, comme un âne qu'on soulage d'une charge monumentale.

Sur le quai, seule digue au sable du Gobi, des pyramides improbables de marchandises sont montées dans d'incessantes allées et venues. D'énormes rubans de Scotch pansent les caisses qui ont souffert dans le transport et emballent les achats de dernière minute.

Les porteurs, qui ont assailli les véhicules bondés, transpirent sous les charges. À deux ou trois, ils s'arc-boutent contre des carrioles surchargées pour les extraire du sable.

16 heures : toutes les marchandises sont sur le quai, le train ne va plus tarder.

Les wagons s'immobilisent enfin dans une longue plainte stridente. Les empilements de paquets surpassent le convoi en volume. Le train est pris d'assaut. Ceux qui se sont trompés de place traînent leurs affaires sur des dizaines de mètres, les autres chargent par les fenêtres, se bousculent dans les portes, se disputent les marchepieds et s'accrochent dans les couloirs étroits des wagons. Un quart d'heure avant le départ, la même cohue règne sur le quai, le tas de marchandises n'a pas diminué, les gens courent toujours et gueulent plus fort. Dix personnes hurlent en même temps des ordres contradictoires. Les porteurs suent, ils ne prennent même plus le temps de s'éponger. Soudain, le quai est vide. Le train s'ébranle déjà.

Les dernières transactions sont réglées à l'arraché : les porteurs demandent un supplément, le commerçant baisse les salaires, des caisses ont été abîmées. L'argent distribué, quelques insultes fusent. Le panache de fumée n'est déjà plus visible. Les portes d'un hangar grincent dans le vent, la ville sombre dans un silence lourd, à peine perturbé par le vacarme des porteurs qui ont déjà bu leur paye.

Jour de course

Les sables, mouvants sous le poids de nos vélos surchargés à l'avant, l'absence d'une piste claire et de carte, en plus de l'obligation administrative de nous faire enregistrer dans la semaine à Oulan-Bator, nous forcent à prendre le train pour rejoindre la capitale.

Une nuit plus tard, tandis que nous sommes confortablement ballottés par le rythme paresseux du train à bout de souffle, le jour se lève sur d'agréables collines vertes et boisées. L'aridité du Gobi est oubliée. Le train serpente mollement dans une vallée, les yourtes blanches sont de plus en plus nombreuses et rapprochées, séparées de palissades de bois, de bric et de broc.

Déhanché sur sa selle en bois, un cavalier ne se retourne pas pour saluer le train, il continue à gravir la colline. Oulan-Bator commence ainsi, presque poétiquement, si la réalité n'était chargée de misère. Ces yourtes sont celles d'éleveurs qu'une succession d'hivers terribles a laissés sans bétail, sans ressources et sans autre solution que de venir s'échouer dans la grande ville pour y trouver un revenu. Beaucoup s'y sont noyés dans les désillusions et la vodka.

Dans le centre-ville, entre les constructions de l'ère soviétique en déliquescence, les gros 4 x 4 des apparatchiks qui ont su profiter des privatisations paradent aux alentours du State Department Store.

Notre arrêt à Oulan-Bator est bref. Il dure le temps de satisfaire aux exigences d'une administration multipliant guichets, taxes à payer, formulaires à remplir et justificatifs à produire. Nous trouvons des cartes topographiques destinées à nous mener dans l'ouest du pays et allégeons nos vélos pour affronter le sable et la poussière que nous redoutons désormais.

Par le plus beau des hasards, notre première journée de vélo en Mongolie nous conduit à l'arrivée des courses du Naïdam[1] qui débute le lendemain.

---

1. Le festival du Naïdam dure trois jours aux environs du 12 juillet. Courses de chevaux, tir à l'arc et lutte mongole sont au programme.

Un rassemblement dans les collines nous a attirés à l'écart de la route. Une course de préparation au festival se termine dans une mêlée d'hommes et de chevaux. Dans l'aire d'arrivée, des cavaliers saisissent en plein galop les chevaux couverts d'écume qui ont concouru. Montés par des gamins, pour la plupart à cru, ils viennent de parcourir une trentaine de kilomètres. Les derniers arrivés, la poussière retombe, chacun retourne dans son campement au pas, ménageant l'animal épuisé à bout de longe. Plus tard, dans leurs *del*[1] colorés et si particuliers, des troupes de cavaliers passent de campement en campement. Certains portent leur manteau à la mode tibétaine, une manche flottant dans le vide. Entre deux visites, ils se déplacent à fond de train, droits sur leurs étriers.

Début de soirée, le soleil perce, il sème des éclats d'or sur tout ce qu'il effleure. Nous nous installons près d'une immense yourte sur une colline dominant les autres. Dans ce campement, les hommes préparent les chevaux pour les courses à venir. Deux poteaux en bois sont plantés dans le vert gris des collines, une ligne est tendue à deux mètres du sol. Les chevaux inscrits aux courses y sont attachés. Ils restent ainsi des heures, des jours au soleil à griller afin d'éliminer toute la graisse superflue pour la course. Le propriétaire des chevaux, un homme court et corpulent, campé sur ses jambes arquées, vérifie la consistance du crottin frais : s'il est aussi sec que du foin, l'animal courra à sa pleine mesure.

Les hommes doivent attraper un cheval pour la course du surlendemain. De l'entrée de sa yourte, le propriétaire nous invite à ses côtés pour suivre les manœuvres.

1. Manteau traditionnel mongol boutonné au cou et à l'aisselle, tenu aux hanches par une large ceinture en tissu.

Deux cavaliers ont ramené son troupeau de chevaux en contrebas du campement. Lancé au grand galop, l'*ourga*[1] à bout de bras, un troisième homme fend la horde et isole un cheval clair. Il lui passe le lasso. Une maladresse du cavalier et l'animal s'échappe. Il traverse le camp à pleine vitesse. Dans un réflexe de virtuose, un homme à pied ajuste un lasso, l'animal est pris. Le lanceur, calé sur son cul, les pieds tendus en avant, se laisse traîner dans l'herbe grasse sans ralentir le cheval. Toujours au galop, le cavalier fautif revient et coupe la trajectoire de l'homme tracté. Il plonge, enlève la longe au sol et se redresse sur ses étriers avec une légèreté déconcertante. Arc-bouté, il travaille l'animal, le fatigue, le ralentit avant de bondir au sol, licol et mors en main. Tremblant, les naseaux dilatés par la course, le cheval est enfin amené à la ligne suspendue.

Le propriétaire se détend et d'un signe nous invite dans sa yourte richement décorée. Tous les *hun* et le *tom*[2] sont sculptés et superbement peints, de magnifiques coffres ornent le mur du fond. L'homme nous offre notre premier bol de *khoumis*, le précieux lait de jument fermenté dont se régalent les Mongols les trop courts mois d'été. Dehors, deux gamins de 7 et 8 ans, ses jockeys, à peine fatigués par la course du jour, continuent de jouer et courir dans tout le campement avec l'énergie propre à leur âge.

Le lendemain est jour de course. Le soleil se lève à contre-jour de la brume épaisse qui a enseveli les collines. Dans tous les campements, le calme règne encore. Les silhouettes effilées des chevaux mis à la ligne

---

1. Longue perche en bois terminée par un lasso dont les Mongols se servent pour attraper le bétail.

2. *Tom* : partie centrale et supérieure de la structure de la yourte ; *hun* : perche en bois reliant les murs de la yourte au *tom*.

tranchent l'atmosphère rose de l'aube. Des hommes tressent les queues et arrangent les toupets de ceux qui courent aujourd'hui.

À 8 heures, les deux enfants ont revêtu les couleurs du propriétaire, une tenue jaune brillante, barrée d'une ceinture orange vif. La brume n'est pas encore dissipée qu'ils enfourchent leurs chevaux de course. Ils tournent autour du camp au pas, leurs petites voix aiguës entament une série de chants. Qu'invoquent-ils ? Chance, force, courage, protection ? L'instant est solennel, le propriétaire est aux aguets, les autres hommes recueillis. Une vieille femme bénit les chevaux. Elle termine ses offrandes en donnant du *khoumis* aux enfants jockeys et en versant le fond du bol sur la croupe des coursiers. Accompagnés de deux autres cavaliers, ils s'éloignent enfin du campement pour rejoindre l'aire de rassemblement.

La centaine de concurrents se masse derrière une escouade de 4 x 4. Pour atteindre le départ, à 25 kilomètres de là, les véhicules règlent l'allure. La chaleur est déjà terrible quand la troupe s'ébranle au petit galop, plus encore quand le nuage de poussière qu'elle soulève disparaît entre les lointaines collines. Sur la ligne d'arrivée, la foule se presse, elle arrive de partout, à cheval ou en tout-terrain, en tenue traditionnelle ou en spectateur du dimanche. Assis à l'écart, un groupe de cinq cavaliers dans des tenues d'apparat flamboyantes attire les regards et les commentaires des autres spectateurs. Ils sont d'anciens vainqueurs de cette course. Quand les cinq premiers concurrents apparaîtront à l'horizon, ils enfourcheront leurs chevaux pour leur remettre en plein galop les flammes des vainqueurs.

Pour l'heure, la foule continue de s'agglutiner dans l'aire d'arrivée. Derrière les 4 x 4, la meute de concurrents trépigne à l'approche du départ. Les véhicules accompagnateurs entament un large demi-tour avant d'accélérer et de libérer la fougue jusque-là contenue. En un instant, le nuage de poussière s'allonge et s'épaissit, la rumeur enfle sous le martèlement des sabots, la steppe rugit. Une horde hurlante, à fond de train, se répand dans la plaine soyeuse. Vingt-cinq kilomètres plus loin ne reste qu'une file éparse de chevaux épuisés et ruisselants, galopant seulement sous la contrainte des fouets des gamins.

Rarement premières impressions, premières rencontres n'auront été aussi fortes et décisives. Nous y puiserons l'énergie de continuer dans toutes les conditions, l'envie de pousser plus loin, de découvrir les réalités, les traditions de ce peuple d'éleveurs confronté à une nature immense et sans pitié.

Plus avant dans la steppe

Deuxième quinzaine de juillet

La chaleur en pleine journée est terrible. Les paysages somptueux de collines et d'herbes rases n'offrent ni ombre ni rivière. La steppe subit la torpeur comme une mer lourde un jour de calme plat. Allongés, les hommes passent des heures sur le sol de leur yourte à chercher la fraîcheur des courants d'air qu'ils créent en relevant les pans de feutre de la structure. Les animaux sont accablés par les températures, léthargiques. Le moindre point d'eau est squatté par des chevaux. L'encolure affaissée, la queue abandonnée, ils se contentent d'un peu de fraîcheur sur leurs sabots.

Dans la première rivière que nous croisons, nous laissons passer plusieurs heures, tant pis si l'eau courante est suspecte, si elle charrie tout le crottin de la plaine où paissent d'immenses troupeaux.

Les températures nous forcent à partir le plus tôt possible pour affronter les pistes difficiles jusqu'en fin de matinée. Ensuite la chape de plomb tombe, nous nous arrêtons alors n'importe où et confectionnons un abri. Même dans ces conditions, les après-midi sont étouffants.

La poussière et l'état de la piste font plier un de mes plateaux. Nous devons nous arrêter pour réparer et laisser filer les heures les plus fraîches. Nous poussons nos vélos vers un groupe de petites maisons en bois visibles de la piste. Une seule famille y est restée, elle nous récupère transpirants dans la pente sableuse qui mène chez eux. Immédiatement le thé, un fromage sec et dur, l'*arol*, et des beignets frits nous sont offerts. Le père me prête un marteau et une belle pierre pour redresser la pièce. Je n'ai pas le droit à l'erreur, toute la famille observe et juge mes gestes. Même le plus petit, cul nul, pendu au sein de sa mère, garde les yeux rivés sur mes mains. La réparation effectuée, la chaleur est installée, nous participons à la sieste générale dans l'unique pièce de leur maison.

Après avoir serpenté de collines en collines dans des ornières de sable, nous nous échouons sur les bords du lac Ogii Nuur à l'heure où la torpeur règne. L'eau est claire, de loin en loin quelques canards s'ébrouent. Ils perturbent mollement le silence. Nous installons la tente pour une longue sieste, disposons sur la toile sacs de couchages et vêtements pour intensifier l'ombre et rajoutons des serviettes trempées pour éviter l'étuve. Célina s'acharne à aménager de savants courants d'air. Tout y passe et quand, après une baignade dans l'eau vasouilleuse, nous nous assoupissons enfin, six têtes se présentent sous la tente à la recherche d'ombre. Nos visiteurs, un couple avec ses quatre filles, habitent deux kilomètres au-dessus, ils sont venus chercher un peu de fraîcheur au lac. Notre abri réaménagé permet à tout le monde de s'abriter entre deux allers et retours dans l'eau.

Ce soir, nous retrouvons nos visiteurs, les rôles sont inversés. Les quatre filles s'affairent pour la traite des juments puis celle des vaches, la mère supervise les opérations et prépare à l'intérieur thé, *khoumis* et repas. Son garçon de 2 ans reste tout ce temps dans ses jambes, jamais éloigné de sa mère afin de pouvoir se jeter goulûment sur ses seins quand la faim le tient. Il les prend à pleines mains, soiffard insatiable attrapant une outre remplie de vin. Puis la nuit arrive dans un crépuscule de feu. À l'heure du sommeil, l'orage éclate.

Quand le soleil faiblit, la steppe reprend vie, les troupeaux sont enfin actifs. Debout sur leurs étriers, les hommes rassemblent les animaux pour la traite ou les éloignent des autres troupeaux. À notre vue, ils approchent au galop, plus droits encore sur leurs étriers.

Nous profitons de la présence de yourtes pour trouver de l'eau. À peine sommes-nous descendus de vélo, et bien avant d'avoir pu formuler notre demande, que le thé et le fromage nous sont offerts. Nous apprenons rapidement les règles à respecter : entrer par la gauche dans la yourte, faire le tour du poêle et aller occuper la place du fond face à la porte. Avant que le thé ne soit servi, ou au moins les *borsak*[1] et le beurre, parler est inutile. Un quart d'heure peut ainsi se passer sans qu'un mot ne soit échangé, comme si nous devions nous sentir parfaitement reçus avant d'entamer la conversation. Le thé terminé, un enfant ou un cavalier

1. Petits pains frits dans la graisse de mouton.

nous accompagne à une rivière ou à une source peu éloignée. De trop rares yourtes bénéficient de puits, ce sont nos préférées, nous pouvons y épancher notre soif immédiatement, sans besoin de purifier l'eau. Pour autant, il n'est pas question de la gâcher, de s'en asperger copieusement ou de ne pas prendre toutes les précautions en remplissant nos bouteilles. Les Mongols sont extrêmement attentifs à ne pas souiller l'eau de leurs puits, à ne pas y reverser de l'eau qu'ils en ont sortie. À l'époque des conquêtes de Genghis Khan, ceux qui souillaient une rivière en s'y lavant étaient punis de mort.

Sur une butte, après un passage de rivière, trois yourtes et une roulotte en tôle attendent d'hypothétiques voyageurs. De l'autre côté de la piste, une partie de dominos est en cours sur une table bancale. Les chevaux des joueurs sont attachés au fourgon. Les hommes jouent sans remarquer notre présence, l'ambiance est tendue, il est question d'argent. Un quatrième homme grille une marmotte sur un feu d'argol. La bête a été remplie de pierre, à la place de la tête un bâton lui sort du cou. Il sert à tourner et retourner la marmotte carbonisée au-dessus des flammes. Elle est déformée comme un ballon de rugby. Les pierres prennent la chaleur du feu pour mieux cuire la viande à l'intérieur.

Ce soir, le spectacle est semblable à ceux des jours précédents : les collines sont couvertes d'ondoyants pâturages à perte de vue, le vert de l'herbe alterne avec le gris-bleu d'une plante aux senteurs de romarin. L'effet est splendide. À chacun de nos pas, des feux d'artifice de criquets jaillissent de l'herbe. Dans ces climats extrêmes, la vie a peu de temps pour éclore et durer, elle jaillit alors avec une intensité et une frénésie insoupçonnables.

Toute la nuit, un troupeau de chevaux piaffe et hennit dans un marécage en contrebas de notre tente.

Un début d'après-midi, le vent se lève. Le souffle, la puissance, la direction, le ciel, tout nous indique qu'il ne s'agit pas d'un coup de vent passager. Nous bataillons quelques kilomètres dans un sable mou rendant la lutte sans issue. Nous ne résistons pas à l'appel d'un joli vallon dominé par deux petites maisons de guingois. Pour nous installer dans les parages, nous allons demander l'autorisation.

Dans la maison tout en bois, une femme sert le thé à sa mère âgée et à un homme à peine descendu de cheval. Trois enfants entrent et sortent, nous observent de l'extérieur, s'approchent pour prendre un *borsak* et ressortent lancer des pierres aux chiens qui s'approchent de nos vélos. Assis sur son pied gauche, l'autre jambe repliée contre sa poitrine, l'homme ne dit rien, il boit bruyamment le thé fumant que lui tend la femme. Il accepte une de nos cigarettes. Son cheval est attaché devant la maison, encore chaud et fourbu du chemin parcouru depuis le matin. Ce soir, l'homme fait étape dans cette maison, il reprendra sa route le lendemain.

Nous demandons à la femme si nous pouvons planter notre tente un peu plus loin, la question la surprend : oui, bien sûr, mais sa maison nous est ouverte aussi, elle nous offre un lit. Une heure plus tard les enfants courent avec nous pour trouver la meilleure place : à l'abri du vent, loin des chiens et sur un terrain plat. Ils manipulent notre matériel avec la délicatesse des gens tenant un trésor. Ils jouent dans la pente avec nos vélos : un en selle, les deux autres courant à ses côtés pour le stabiliser. Ils rient et crient, tiraillés entre la peur et la joie : si la vitesse est excitante, la chute est redoutable. À la tombée de la nuit, ils partent à cheval ramener le bétail et enfermer les animaux. Nous emmenons les chevaux boire à un vieux puits à l'écart. Des moitiés de pneus servent d'abreuvoirs.

Les cartes récupérées à Oulan-Bator sont précises, mais anciennes, elles indiquent des pistes abandonnées et ignorent les nouveaux tracés. Nous sommes souvent empêtrés sur des pistes sablonneuses, à l'écart de tout passage.

Notre seul souci reste l'eau, nous veillons à maintenir nos réserves hautes. Pour la nourriture, et malgré le poids supplémentaire, Célina veille à avoir toujours plusieurs jours d'avance en stock. Elle accepterait de mourir de soif, mais certainement pas de faim. Chacun ses angoisses !

Alors que nous sommes isolés dans des bancs de sable et perplexes sur la direction suivie, la présence inattendue d'un éleveur de chameaux nous tire de l'embarras. Nos vélos arrêtés, il nous pousse dans son réduit pour nous offrir bols de *khoumis* et fromage. Nos yeux mettent du temps à s'habituer à la pénombre. Sa timidité et sa réserve nous impressionnent, le dialogue ne prend pas. Par politesse, il accepte la cigarette que nous lui offrons : il la laisse se consumer entièrement au bout de ses doigts noueux sans même tirer une fois dessus. Nos bols terminés, il sort actionner la vieille et lourde pompe mécanique de son puits pour que nous remplissions nos bouteilles. Le chant usé et familier de la pompe attire le regard envieux et hautain de ses cinquante chameaux.

Au passage d'un col, un chasseur de marmottes nous rejoint au galop. Trois de ses bambins suivent, montés sur le même cheval. Ils nous ont repérés depuis leur yourte abritée dans un renfoncement de la montagne. À son poignet, tenues par un bracelet de cuir, les balles destinées aux rongeurs. Nous échangeons vélos contre chevaux. La piste sableuse et la longueur de son *del* rendent le vélo périlleux, nous courons derrière tandis qu'il joue l'équilibriste.

Le col descendu, nous nous abritons du vent pour la pause de midi devenue traditionnelle : pâtes chinoises et sieste profonde. Au réveil, le voyageur à cheval de la veille nous a rejoints. Il est agenouillé à nos côtés. Nous partageons biscuits et cigarettes. Où se rend-il ? Sa réponse est évasive : il pointe une direction à travers des paysages tellement vastes que notre vertige n'a pas cessé depuis notre départ d'Oulan-Bator. Nos chemins se séparent aussi naturellement que nous éteignons nos cigarettes. Sur son cheval, au trot, il coupe tout droit dans les montagnes. Nos vélos nous limitent encore à la piste tortueuse.

En fin de journée, nous rejoignons la piste principale dans une vallée plus habitée. Sous la menace de l'orage, nous nous abritons derrière une yourte. Le temps de monter la tente et un ciel d'eau s'effondre sur nous. Des trombes rugissent jusqu'à la nuit. La plaine résonne alors des hennissements de chevaux au galop et d'étalons séparant leurs troupeaux. L'odeur forte et acide de la terre humide sature l'atmosphère. Nous nous endormons une fois de plus épuisés, mais certains d'avoir touché nos rêves.

L'Arkhangaï

À l'aube, la terre a rendu toute la pluie, une brume épaisse nous isole sur un îlot trouble de dix mètres de diamètre. Pour rejoindre Tsetserleg, nous empruntons la nouvelle piste, une route sans asphalte construite sur un talus surélevé. La piste est bonne et roulante, pour la première fois depuis le bitume d'Oulan-Bator, nous avançons facilement et efficacement. Les kilomètres s'enchaînent sans effort, mais nous ne sommes plus partie prenante du paysage. Cette route nous empêche de nous fondre dans la démesure mongole, elle nous sépare de l'espace, comme une digue nous interdisant l'accès à la haute mer. Quand nous nous débattions sur les sentiers cabossés, nous étions corps et âme à la steppe.

Au pied d'une méchante côte, un enfant d'une douzaine d'année nous rejoint au trot. Il traîne deux canassons réticents qui tirent sur leur longe. Le gamin lutte pour ne pas basculer en arrière, il bloque son corps en avant pour forcer l'allure des chevaux. Il ne nous quitte pas des yeux. Avec une attention totale, il suit chacun de nos coups de pédales, de plus en plus incertains à mesure que la pente s'accentue et que le sable s'en mêle. À chacun de nos arrêts, il cesse de tirer sur les longes et nous attend, sa tête est légèrement de côté, son air franchement éberlué du départ est devenu plus grave. Quand nous arrivons au sommet, sa yourte est en vue. Il lance un « *Bayartag*[1] » plein de timidité et de tendresse, puis bifurque en traînant ses deux rosses. Nous voir nous démener sur nos vélos l'avait interloqué. Sa surprise s'est transformée en une curiosité sans réponse et sans peur. Dans la simplicité, l'intensité et l'absence de retenue de son regard, j'ai mesuré le vide abyssal qui sépare nos cultures et compris toute la futilité de notre entreprise pour ce monde rude où la vie se résume à la survie.

Quelques heures plus tard, après une pause magistrale sous de précieux arbres au bord d'une rivière

1. « Au revoir. »

puissante et glaciale, ce sentiment est décuplé. Nous rattrapons deux Autrichiens à vélo : tenues de cyclistes oranges fluorescentes, casques et lunettes de soleil opaques et profilées, n'offrant ni résistance au vent ni regard. Pour nous, ce n'est pas une affaire banale de rencontrer des cyclistes. Pour eux ça l'est, ils ne sont qu'à une semaine de l'Europe. Nous pédalons côte à côte et parlons pour essayer de profiter de la rencontre, mais mon voisin appuie toujours plus fort sur les pédales pour rester légèrement en tête, pour me prouver qu'il peut suivre notre rythme. Ils sont là pour quatre semaines, « pour aller le plus loin possible, pour en profiter le plus possible et pour faire le plus de kilomètres possible ». Ce sont ses mots. Nous les laissons prendre de l'avance. Nous avançons au rythme des rencontres et de la splendeur des paysages. Peu importe où nous avons prévu d'aller, la magie de l'instant dicte nos étapes. C'est notre luxe. Allongés, le nez en l'air, les bras repliés sous la tête, à regarder un ciel noir envahir les sommets. Même bordée de montagnes, la vallée est sans limite. Ce soir, le spectacle est une armée en campagne de la glorieuse époque gengiskhanide. Des troupeaux paissent entre des groupes de yourtes implantés à égales distances, autant de QG de régiments. Derrière les collines, des troupes et des chevaux sont encore cachés. L'accès à la vallée est bien gardé par l'herbe grasse cachant des poches marécageuses, toute approche au galop est impossible. La nuit résonne du beuglement rauque des yaks, ils broutent non loin de la tente, nous percevons le bruit de l'herbe arrachée, puis celui de leurs puissantes mâchoires qui ruminent.

Le lendemain, quand l'orage explose après avoir tonné et roulé toute la matinée, nous nous réfugions sous une yourte en bord de piste. Une grande femme nous invite autour du poêle. Elle nous offre thé et yaourt avant de préparer un vrai repas. Le yaourt a l'épaisseur et l'onctuosité de la laine de yak, il est puissamment parfumé aux herbes de la montagne. Ses cinq enfants trempés sont aussi blottis autour du poêle, transis. Ils grelottent, mais leur curiosité est plus forte. À chacune de nos allées et venues dehors pour surveiller la progression de l'orage, ils nous accompagnent, avides de comprendre ce que nous faisons. Un bouillon de nouilles et de mouton chauffe sur le poêle. La mère nous présente ses cinq fils, le dernier a 3 ans, elle l'habille et le coiffe comme la fille qu'elle n'a pas eue. Pour être certaine que nous avons compris, elle empoigne le bambin, le soulève à notre hauteur et lui écarte les cuisses, un sourire de dépit en coin. Sous les derniers soubresauts de l'orage, son mari arrive. Il conduit un puissant yak noir tractant une charrette remplie de troncs, ses hautes et larges roues en bois entaillent la terre trempée.

Plus nous progressons dans l'Arkhangaï, plus les paysages sont somptueux et les distances que nous parcourons réduites. Au passage d'un col, un champ boutonné d'or ondule dans le vent, le contraste avec le ciel noir est saisissant. Une sieste, engloutis dans ce matelas sublime, et rien d'autre ! À peine sommes-nous repartis que la piste descend jusqu'à l'embranchement de trois rivières, emmêlées dans d'immenses pâturages crevés de pozzines[1]. L'immensité et la luxuriance de la nature de l'Arkhangaï réduisent les nombreux campements de yourtes à de simples bourgeons blancs dans un pré.

Il y a en Mongolie quelque mystère concernant l'immensité et la variété des paysages. Ils sont toujours

1. Pelouses herbeuses denses et rases qui recèlent une multitude de trous d'eau.

démesurés, plus vastes que notre imagination, mais jamais ennuyeux. Nous n'avons pas fini de savourer ces splendeurs qu'une nouvelle tendance se dessine, de nouveaux horizons s'ouvrent, plus stupéfiants encore. Jusqu'ici, à pédaler dans des espaces immenses et splendides, à pédaler sans en sortir, l'immensité et la beauté devenaient monotones, nous nous y habituions. Ici, pas de lassitude, malgré le gigantisme des étendues traversées.

Ce soir, comme tant d'autres soirs, tous les enfants du campement observent notre installation. Dès que les vélos sont débarrassés, nous les mettons dessus, leur retenue disparaît instantanément. Pendant deux heures, ils se relayent sur les selles, obligés de se mettre à trois ou quatre pour pousser les vélos. Ils tombent en mêlée dans des éclats de rire généraux. Ils essayent nos affaires sans en comprendre l'utilité, ils transforment tout en déguisement et en rigolade. Ces gamins sont sains, spontanés, à l'abri du « combien ça coûte ? » et de la convoitise.

Le matin, nous saluons une dernière fois ceux qui nous ont accueillis dans leur campement, nous repartons les sacs alourdis de beurre et de ce fromage sec et dur à ramollir dans le thé. Ce cadeau est traditionnellement offert aux voyageurs.

Une des familles s'active, la yourte est démontée et chargée sur trois magnifiques charrettes aux roues en bois plein. Des yaks attendent au piquet d'être attelés.

La piste menant à Tsagan Nuur, le « Lac blanc », un nom hérité des glaces et des neiges de l'hiver sans doute, suit une traînée de lave dont les méandres se fondent dans le plateau. La région est splendide, cernée de montagnes herbeuses couronnées de roches vertes et rouges, des arbres habillent leurs flancs.

Dans une yourte misérable, un enfant vêtu de loques, les cheveux hirsutes de saleté, vend les marmottes que son vieux père usé et fatigué a tuées. Nous nous décidons pour des myrtilles sauvages, nous remplissons toutes nos bouteilles disponibles. Après les avoir mélangées au riche yaourt que nous achetons dans les yourtes en bord de route, nous bâfrons de phénoménale façon, avec l'engouement de ceux qui savent cette période comptée.

Au bord du lac, nous nous reposons toute une semaine et soignons une bonne fois pour toutes l'angine traînante et cyclique de Célina. Sous les rayons du soleil, les abords du lac contrastent avec ses eaux ténébreuses dans des éclats d'or et de charbon dont nul œil ne peut se lasser. En dix mois de voyage, nos besoins se sont réduits à l'essentiel, la plénitude est à portée de main. Une fois allégés de toutes ces couches de nécessités sophistiquées dont la vie citadine et moderne nous afflige, nous atteignons une sérénité s'épanouissant dans la simplicité. Célina se repose et cuit son pain, je m'occupe du feu et des chevaux que nous avons pour la semaine. Au galop, dans ces espaces limités seulement par l'endurance des chevaux, la vie prend une intensité folle. Le bonheur a le bruit du vent dans nos oreilles.

Désormais, les journées sont rythmées par les orages venant balayer la chaleur intense et lourde. Le temps mongol est brutal, mais franc : il tourne rapidement, mais prévient. Dès la mi-journée, nous voyons les cheminées se former, pousser et se gonfler avec l'inimaginable prétention de boucher l'immensité bleue mongole. Bientôt, dans quelques coins du paysage, ils se répandent en pluies torrentielles. Nous cherchons les pistes qui serpentent entre les masses noires crevées, mais elles dérivent rapidement sur nous. Si une yourte est en vue, nous nous y précipitons, si des abris d'hiver sont à portée de roues, nous allons nous réfugier sous les auvents à animaux. Le jour entre les rondins de bois est bouché par du crottin aggloméré et séché. Une demi-heure de grosse averse suffit à le transformer en un jus pisseux et saumâtre qui se répand sur tout ce que nous avons mis à l'abri. Les orages de fin de journée laissent flotter sur les montagnes de gros nuages laiteux. Ils transforment les couchers de soleil en un festival de lumière pourpre et diffuse, un voile mystérieux enveloppe la steppe. Des loups bleus courent alors sur les crêtes, soulevant dans leur sillage des poussières étincelantes.

Certains soirs, nous nous isolons dans une nature intacte et enthousiasmante. Dans les hautes herbes des rivières, nous surprenons des couples d'oiseaux. Si notre tente est trop proche de leur territoire, ils ne nous laissent aucun répit, piquant sur nos têtes en lançant des cris d'avertissement suraigus. Des oies rousses et noires, tapageuses, règnent en bandes sur les flots. La nuit, des yaks s'ébrouent dans la rivière, les galets roulent bruyamment, dans notre sommeil nous croyons à un orage.

Plus haut dans la montagne, nous éveillons la curiosité des marmottes et de petits chiens de prairie, ils se signalent notre présence en sifflant à l'entrée de leurs abris. En solitaire, des aigles royaux croisent dans les airs, les rongeurs plongent dans leurs terriers. Des vautours tournoient, transformant le ciel en sombre présage. Au sol, la bande de croque-morts se disputent un cheval en décomposition. Les plus affamés et les plus agressifs sont plongés dans les entrailles, les autres attendent leur tour en se poussant des ailes et en déployant leur long cou lugubre. Dans la steppe, d'élégantes grues paradent par paires. Leur migration les a menées à travers une autre époque, elles sont deux grandes coquettes habillées pour aller danser le charleston.

Qu'un cavalier ou des chasseurs de marmottes passent à proximité et nous partageons un thé, des cigarettes et du fromage. En deux occasions, quelques heures plus tard, nous recevons la visite d'enfants chargés de beurre et de yaourt. Les cavaliers les ont envoyés malgré la nuit et l'éloignement de leur campement.

En hiver, quand la pluie souillait notre moral, que les journées grises s'enchaînaient et étiraient les peines ou que le froid engourdissait notre volonté, nous nous projetions au printemps et rêvions des chaleurs à venir de l'été. Nous sommes déjà dans la dernière semaine de juillet et tout va trop vite, les journées radieuses filent entre nos doigts plus certainement qu'un beau sable fin.

Nomades parmi les nomades

4 août 2004

En dépassant Tosontsengel, nous laissons les splendeurs de l'Arkhangaï : les larges vallées irriguées par de puissantes rivières, les pentes boisées et vertes, riches en baies. Les territoires à l'ouest sont avares en eau et en pâturages de bonne qualité, les distances entre les zones habitées s'allongent et les pistes sont pires encore. Désormais, sur des kilomètres, avant que nous tombions sur une plaine généreuse où de nombreux campements sont regroupés, les paysages n'appartiennent qu'à nous.

À cette époque de l'année, certaines familles changent de camp. L'essentiel du matériel, femmes et enfants voyagent en camion, les hommes guident les troupeaux sur des distances très variables. Une demi-journée de pluie passée à batailler dans le sable collant nous a trempés et transpercés de froid. Sur la piste de montagne, un camion surchargé est arrêté, une yourte minuscule est montée à côté. Nous stoppons à sa hauteur, quelqu'un soulève le pan de feutre servant de porte, un tableau familial apparaît. Dix personnes et quatre générations attendent une hypothétique réparation pour continuer leur migration. Le chauffeur est parti en ville quelques heures plus tôt chercher un joint de culasse. Ils devront ensuite l'installer.

Entre Tosontsengel et l'ouest, les yourtes isolées servent de relais aux véhicules engagés vers les provinces d'Uvs, Khovd et Olgii. Elles offrent toutes à manger et un plancher pour s'allonger. Les Jeep surchargées s'y arrêtent quelques heures, le temps de rassasier les passagers et de reposer un minimum le chauffeur. Quelle que soit l'heure de la nuit, les voyageurs ouvrent la porte, réveillent la patronne et s'installent autour du foyer. La femme lance un feu, prépare le thé et un bouillon de nouilles au mouton. Si des lits sont libres, ils s'y allongent à deux ou trois, sinon ils s'enroulent dans leur grand manteau sur le sol. Les voitures s'arrêtent une fois par jour, la pause dure rarement plus de deux ou trois heures, malgré la soixantaine d'heures de conduite nécessaire pour rallier la capitale à l'ouest. Par une de ces contradictions typiquement mongoles, alors que le temps s'écoule au rythme de la vie pastorale, des contretemps, des tracas et des retards administratifs, des réparations de dernière minute et des pistes défoncées qui limitent la vitesse à 30 kilomètres-heure, les trajets en voiture doivent être effectués d'une traite, le plus rapidement possible et avec aussi peu de repos que peut supporter le chauffeur.

Nous-mêmes suivons ces pistes peu passantes, les *guanz* nous servent régulièrement de relais. En plus de leur fonction d'abri les jours de pluie et de la chaleur bienfaitrice du poêle les matins glacials, ces cantines solutionnent notre problème de ravitaillement en eau. Nous y trouvons bien plus qu'une soupe ou un sommier pour dormir. Les longs après-midi de pluie se transforment en démonstration de rodéo sur les petits yaks que les enfants sont allés chercher ou en parties de volley dont le seul but est de rire des maladresses des autres. Dans un de ces *guanz*, un vieux Mongol intrigué vient en visite. Un véhicule lui a signalé notre présence. Il a 73 ans et habite à portée de cheval. Les ornements du col et les fermoirs argentés rehaussent son vieux *del* mordoré, tout usé. Il porte des bottes bouddhistes en vieux cuir épais, doublées d'un chausson en feutre. Elles ont la même forme pour les deux pieds, les pointes relevées vers le ciel pour épargner les vies rampantes (la réincarnation pouvant se faire sous n'importe quelle forme, les bouddhistes épargnent toutes vies). Aujourd'hui, les Mongols leur préfèrent les bottes inusables et bon marché de l'armée russe. En feutre, ses sous-bottes évasées sont brodées de motifs colorés qui lui remontent jusqu'au-dessus du genou. Il y range sa pipe, son couteau au manche taillé dans la corne et son « porte-tout » cousu dans un tissu brodé à la main. Il en sort son étui de tabac à priser.

En se tenant autant incliné que ses vieux os le lui permettent, il l'offre à la ronde, sa main droite tient l'objet, sa main gauche soutient le bras droit. Plus tard, de la poche ventrale de son *del*, il sort sa monoculaire protégée par un long tissu, plus crasseux que jaune. Il manipule sa longue-vue avec précautions, elle n'a ni prix ni son égale pour retrouver les animaux éparpillés dans ces espaces.

À la sortie de Songino, après nous avoir servi repas et thé, une femme de caractère à la générosité évidente nous ordonne plus qu'elle nous propose de rester sous sa yourte pour la nuit. Dehors, le vent forcit et le froid mord. Ses arguments sont difficilement discutables : devant nous, une longue traversée sans eau.

Plus tard, son mari arrive en side-car, assis côté passager, il est transi par le voyage. L'enthousiasme et la gentillesse ébouriffante avec lesquels il nous accueille témoignent de la profonde culture d'hospitalité de ce pays. Mari et femme nous habillent de leurs plus belles tenues, nous apprennent à nouer correctement l'immense ceinture de tissu sur les hanches. Avec famille et amis, nous paradons à l'entrée de la yourte. L'homme se perd ensuite dans plusieurs bouteilles de vodka partagées avec de fameux pochtrons, sous l'œil amusé mais vigilant de sa femme. Dès qu'il montre les premiers signes de faiblesse, elle affiche ouvertement sa désapprobation et se moque de la troupe. Quand il menace de passer la limite qu'elle considère acceptable, elle s'oppose carrément à cette bande de gaillards rugueux et bruyants. Avec le sourire, mais sans plier d'un pouce, elle vire tout ce beau monde de chez elle. Sa détermination plus que ses mots les a convaincus. Les motos reparties, elle rentre dans sa yourte un sourire au coin des yeux, maîtresse de sa maison. Son mari n'a pas bougé, il est toujours attablé, la tête lourde. Par des signes patauds il nous exprime l'admiration qu'il a pour sa femme, elle tient la baraque et l'arrête toujours à temps. Deux heures plus tard, débarrassé de son ivresse, il fera même la vaisselle de belle humeur.

Dans un autre *guanz*, un couple nous accueille à l'heure de tuer le mouton. L'homme a déjà incisé la peau au niveau du sternum, il enfouit sa main dans les entrailles pour arracher la vie de l'animal. L'opération est impressionnante : absolument indolore pour la bête. À l'exception d'un petit raidissement quand la pointe du couteau entaille sa chair, il ne manifeste aucun signe de souffrance. Quand la main fouille les viscères tièdes, l'animal ne ressent rien, il ne bouge pas, ne proteste pas. Seul l'œil devient vitreux quand la vie s'en est allée. Le couple nous assure que nous ne trouverons pas d'eau avant une centaine de kilomètres, nous restons donc avec eux pour la fin de la journée. Dans la marmite, les abats mijotent déjà. Deux heures plus tard, nous partageons un repas d'intestin, de poumon, de foie et de cœur. Le repas habituel après avoir tué l'animal.

Au moment de la traite des juments, les Mongols improvisent pour nous des rodéos avec les poulains. Malgré le poids des cavaliers, ils se cabrent et ruent farouchement, pas encore habitués à la main de l'homme.

Depuis la frontière chinoise, la gaieté des Mongols n'a cessé de nous enthousiasmer, leur propension à rire et à se moquer d'eux-mêmes est unique. Un simple gadin à vélo et toute l'assistance s'esclaffe. Coincée sous la machine, la personne est incapable de se relever tant elle se bidonne. Les parties de volley ne sont qu'un prétexte à se marrer, à balancer de grands coups maladroits dans le ballon, à l'envoyer le plus loin possible et à faire trébucher les autres. Quand Célina montre ce qu'elle a filmé, tous se massent derrière le petit écran de la caméra : des coups de poings vengeurs répondent aux commentaires moqueurs. La spontanéité et la communicabilité de leurs rires sont telles que nous avons passé des soirées entières hilares sans savoir de quoi il retournait.

Les Mongols sont souriants et timides, mais d'une authentique simplicité. Leur accueil est toujours délicat, poli, emprunt de manières douces. L'hospitalité que nous recevons est celle de nomades recevant d'autres nomades : puisque nous voyageons dans la steppe, nous avons droit au gîte et au couvert. Les bols de thé sont toujours offerts avec une attention particulière, la main gauche supportant le bras droit, transformant ainsi le geste en une offrande.

Les pays précédents nous ont habitués à répondre aux mille questions de nos hôtes, à combler leur curiosité avec empressement. Les Mongols sont à l'opposé, calmes et peu curieux. Si quelques-uns cèdent à la tentation des vélos, nous sommes la plupart du temps accueillis sans qu'aucune question ne nous soit posée. Nous passons des soirées entières sans que personne ne songe même à demander d'où nous venons et vers où nous allons.

Au bout du chemin : Olgii

Nous atteignons le lac Khiargas Nuur après de longues heures sur la tôle ondulée. En ligne de mire, nous avons le bleu du lac tranchant sur l'atmosphère étouffante et désertique de la région. Dans ce décor aride, seules les rives du lac sont fertiles. Çà et là, de petites tentes individuelles abritent les hommes venus faucher une herbe si pauvre qu'on ne songerait même pas à la donner en fourrage en Europe. Les jours suivants, grâce à la lave bleue étincelante qui occupe nos regards et nos esprits, nous supportons la fournaise et l'alternance de tôle ou de caillasse molle dans laquelle nous nous engluons.

Au coucher, le paysage se transforme en tableau surréaliste : le lac est un miroir mauve grisé plongé dans une herbe au vert dense et puissant, le ciel gris-bleu est blafard. À contre-jour du soleil déclinant, dans un tohu-bohu de battements d'ailes et de cris, des colonies d'oiseaux aquatiques se chamaillent les meilleures places d'un banc de sable.

Le sol salin pollue toutes les eaux, nous devons continuer à préparer nos ravitaillements, à progresser de puits en puits. Dépassé le lac, le parcours ressemble sur une centaine de kilomètres à un lendemain de gueule de bois : nous avançons dans des collines de graviers mous à la végétation minable sous un plafond bas et un vent de travers violent. Le clin d'œil vient d'une délégation de militaires russo-mongole en route pour une partie de pêche au lac. De cinq véhicules descend la plus magnifique des compagnies : une bande de soldats ivres morts ! Ils sont une dizaine à nous entourer, à tanguer en nous congratulant et en déclamant de longs discours d'encouragements faisant la part belle à l'amitié russo-franco-mongole. Ceux qui se croient encore assez lucides pour pouvoir se donner de la contenance sont loin d'y parvenir. Ils balbutient et se répètent, oublient et recommencent jusqu'à ce qu'un autre prenne la place.

Pendant tout ce temps, le plus gradé de tous essaye de descendre de son véhicule. Dès qu'il regarde le sol pour y poser ses pieds, sa tête part en avant. Il se rattrape, rétablit un équilibre précaire, se reprend et tourne alors son visage hagard vers notre groupe. Le regard abruti, il recommence son manège. Cinq longues minutes sont nécessaires pour qu'il arrive à s'extraire de la Jeep. La troupe s'écarte alors pour le laisser nous souffler ses encouragements embués. Il s'effondre sur moi plus qu'il ne m'étreint. Ils nous offrent des bouteilles de vodka. Nous ne pouvons les accepter, nous avons l'intuition qu'elles leur seront utiles pour leur partie de pêche et pour discuter stratégie militaire. Cette pause burlesque nous a remis de belle humeur pour la fin de la journée.

Ne jamais désespérer, il reste toujours de belles rencontres à faire !

Naranbulag est une autre de ces petites villes glauques oubliées dans la steppe. Même le ciel s'y met, une bande de nuages démoralisante reste suspendue au-dessus de la cuvette où la ville a été bricolée. Menant dans le vide sinistre de la ville abandonnée à une centaine d'âmes esseulées, la piste traverse une décharge publique (étrangement grande comparée au bled) avant de godiller dans le sable entre les constructions bancales. En recherchant un toit pour passer la nuit, nous nous heurtons à l'alcoolisme ambiant. Dans la rue et dans les deux boutiques de la ville, nous ne trouvons qu'ennui dissous dans l'ébriété. Hommes et femmes sont tous entamés, et sérieusement encore ! Il ne s'agit pas de cette ivresse joyeuse et festive qui emporte tout sur son passage, mais d'un alcoolisme sordide et solitaire...

Durant la remontée vers Ulaangoom, les hauts sommets de l'Altaï dominent le paysage. Les tours de pierres culminent à 4 000 mètres, elles sont visibles à plus de 100 kilomètres. Quand le soleil faiblit, elles deviennent ocres sous leurs coiffes de neiges éternelles. Nous retrouvons d'immenses plateaux, les ondulations verdoyantes et riches dont les troupeaux raffolent. Chaque butte accueille un *ovo*[1] à son sommet. Plus qu'ailleurs,

1. Empilement de pierres et d'offrandes – bouteilles vides, bonbons, os, crânes de mouton, têtes de yaks ou même béquilles – orné de tissus sacrés bleus qui flottent dans le vent. Pour implorer la chance ou la protection divine, les gens tournent autour dès qu'ils en croisent un.

les yourtes sont regroupées autour des rares points d'eau. Les troupeaux se mélangent parfois la nuit, les animaux doivent alors être séparés. Au matin, les hommes fendent la mêlée de mille têtes en deux et éloignent les deux parties bêlantes et inquiètes. Une heure est encore nécessaire pour reconstituer les troupeaux. Les femmes surveillent la périphérie des groupes pour filtrer les animaux passant d'un troupeau à l'autre. Au centre des manèges, les hommes repèrent les moutons à éjecter.

Voilà un mois que nous avons quitté Oulan-Bator. Nous quittons la nature mongole, splendide et envoûtante, pour nous ravitailler et nous reposer une journée à Ulaangoom. Située dans la dépression du lac d'Uvs, la ville est réputée la plus froide de Mongolie en hiver. Trente mille personnes y habitent dans de vieilles constructions soviétiques aussi délabrées qu'inadaptées. Le lac tout proche, le plus vaste du pays, maintient une brume étouffante sur la ville déjà écrasée par la chaleur.

Six mois plus tard, au plus froid de l'hiver, je repasserai à Ulaangoom. Par – 45 degrés, j'y retrouverai, surpris, ce brouillard persistant, qui me laissera la même impression de ne pouvoir respirer.

En quittant la dépression d'Uvs par une route de montagne difficile, nous rejoignons la province de Bayan-Olgii. Dans les lacets du col, nous croisons une horde de chevaux, puis un gigantesque troupeau de chèvres, de moutons et de vaches inhabituellement conduit par des femmes à cheval. Plus haut, des chameaux, chargés de yourtes et de tout le mobilier intérieur, sont gardés par une femme corpulente. Ils supervisent le remplissage des réserves d'eau à une petite source par les hommes. Jusqu'ici, nous n'avions pas croisé de transhumance à dos de chameau, mais uniquement des camions bondés d'un barda formidable au sommet duquel un mouton ou une chèvre trônait, réserve de viande bientôt sacrifiée. Les bidons remplis, la troupe s'ébranle dans la poussière rouge de la piste, ils doivent rejoindre la plaine avant la nuit pour bivouaquer.

Nous n'atteignons le col que le lendemain, après un réveil au son d'autres caravanes progressant en contrebas de notre campement.

Un imposant *ovo* couronne le col, un chamane y officie pour deux autres hommes. D'un vieux tissu laminé, mais précieux, plié comme une enveloppe, il sort des textes sacrés écrits à la main. Les longues feuilles jaunies portent l'empreinte du temps. Il distribue les textes aux hommes, puis dirige une séance de prière tournante autour de l'*ovo*. À chaque passage, les deux hommes y lancent quelques pierres supplémentaires. Viennent ensuite les offrandes : du thé, du lait de jument, des bonbons et de la vodka. Les hommes nous prient de participer à la séance. Nous tournons autour de l'*ovo* sans savoir ce que nous devons implorer.

En Mongolie, croyances chamaniste et bouddhiste sont intimement liées. Tous les points remarquables du terrain sont le siège d'*ovo* : sommets de collines, passages de cols, sources. À chaque fois, nous prenons la peine d'en faire le tour.

De l'autre côté du col, une steppe brûlée nous attend. Elle est à bout de force, épuisée par l'été. Tous les éleveurs se sont déplacés les jours précédents, les yourtes ont laissé au sol des marques rondes distinctes. Nous avons l'étrange impression que le paysage n'est pas complet, qu'il ne le sera que l'été prochain au retour des campements. Plus bas, les abords du lac sont abandonnés à de pauvres yourtes. Le lac Uureeg Nuur est un joyau, nous le débusquons au pied de montagnes mauves, enfermé dans un cirque fantastique. Du ciel, chargé de la fureur des orages à venir, le soleil transforme par intermittence l'eau en une turquoise sublime.

Selon nos vieilles cartes, la piste à suivre longe le lac avant de piquer dans la montagne pour une série de cols. Elle débouche au nord du lac Achyt Nuur, suit la côte ouest avant de rejoindre la rivière Khovd menant à Olgii, la prochaine étape que nous nous sommes fixée. Le long du lac, la piste devient très difficile à lire. Après avoir bifurqué vers les montagnes pour une montée douloureuse dans le sable et face au vent, un nouvel orage nous force à poser la tente. Celui-là est le bienvenu : grâce à la toile de la tente, nous récoltons l'eau qu'il nous manquait.

Les hauts plateaux entre les lacs nous offrent un dernier répit avant que nous affrontions les aléas de la route pour Olgii. Nous y retrouvons des campements, de l'eau, des indications fiables et cet accueil nous interdisant tout doute sur notre entreprise.

De grands signes lancés depuis une yourte infléchissent notre trajectoire. Nous entrons chez un chasseur de marmottes. Au sol, douze animaux attendent d'être dépecés, ils rejoindront les onze peaux déjà suspendues aux huns de la yourte. Nous piochons dans un large pot en terre cuite pour goûter la viande préparée aux pierres brûlantes. Un bruit de moto signale le retour du chasseur, six nouvelles victimes sont suspendues de part et d'autre de sa selle. Sa tenue est loufoque : entièrement vêtu de blanc, il a deux grandes oreilles de fourrure greffés sur son bonnet immaculé. Des bandoulières en cuir maintiennent son fusil caché dans le dos. À son index, un leurre de crins blancs, pris sur la queue d'un yak, tournoie en permanence. Le chasseur se déplace plié en deux, mi-dansant, mi-bondissant. Il utilise mille détours et précautions pour exciter la curiosité des marmottes, maintenir leur attention sans éveiller leur méfiance et se rapprocher d'elles à distance de fusil.

La descente vers le lac Achyt Nuur se transforme en épreuve de résistance à la chaleur. Nous devons affronter un paysage lunaire de rocailles brunes et mauve foncé. Sur plusieurs centaines de kilomètres carrés, le nord-ouest du bassin est intégralement recouvert de ces pierres plus grosses qu'un poing serré. Nous n'avons aucun repère pour nous orienter efficacement. La carte indique des pistes disparues depuis longtemps, depuis qu'une route au sud du lac rassemble le rare trafic de la région. Dès les premiers rayons, la chaleur s'installe, brutale. Les roches luisantes la réfractent encore. Progresser là-dedans est un cauchemar, chaque tour de roue nous brinqueballe d'une pierre à l'autre. Aux pauses, les moustiques nous prennent d'assaut. Nous ne pouvons fuir à vélo, ils se posent sur nos bras et nous sucent le sang impunément : lâcher le guidon, ne serait-ce qu'un instant, c'est tomber à coup sûr. Finalement, quand un énième rayon casse, nous sommes soulagés de devoir nous arrêter.

Nous venons de mesurer les limites du vélo, instrument de liberté, obligés de rester concentrés sur notre seule roue avant pour éviter la chute, réduits à cette tâche unique, ardue et idiote.

Après une journée de ce traitement, nous repérons un îlot de roches rouge au pied duquel une verdure inattendue nous donne tous les espoirs : un peu plus tôt, en plein océan de pierres, un berger, apparu dans la chaleur réfractée, avait vidé les trois quarts de notre ultime litre d'eau avant de repartir à la poursuite de ses moutons.

Aux rochers, en fait d'eau, nous trouvons des marécages à traverser. Pousser, pousser encore, pousser sans penser à rien, pousser la boue à hauteur des genoux, cernés par des moustiques dont la voracité me surprend encore. En une demi-journée, nous progressons de 10 kilomètres. Dix fois détacher les sacs, porter les vélos au-dessus des flots, puis les affaires, tout rattacher, repartir et recommencer 500 mètres plus loin. Nous sortons des marais puis d'une succession de rivières puissantes pour atteindre une ville fantôme.

Nous y trouvons une dizaine d'hommes qui remplissent la coopérative avec le foin fauché au bord du lac. Ils nous aident à récupérer un litre d'essence pour notre réchaud. Quand ils se parlent entre eux, nous reconnaissons des mots, des chiffres surtout. Ce sont des chiffres turcs. Nous sommes en terre kazakhe[1]. Nous venons de franchir la limite entre la province d'Uvs et celle de Bayan-Olgii, peuplée essentiellement de Kazakhs.

La route jusqu'à Olgii est encore longue : trois journées de sable, de marécages et de pierres, à lutter contre des vents plus éprouvants nerveusement que physiquement. Nous nous acharnons à trouver une piste longeant le lac, comme l'indiquent nos cartes, avant d'en repérer une à travers la montagne. Seules les inimaginables beauté et variété de paysages que nous traversons dans nos errances nous réconfortent et nous permettent de garder la tête haute.

Sur un promontoire, dans une anse du lac Achyt Nuur, nous sommes protégés du vent par des empilements invraisemblables d'une roche granitique et aplatie. Par l'ouverture de notre tente, nous voyons à des dizaines de kilomètres. La terre couleur sable plonge dans l'émeraude tranchante et vive des marécages bordant le lac. L'eau est turquoise ou noire selon l'humeur

1. Le kazakh est une langue turque qui a de nombreuses similitudes avec le turc actuel.

du ciel. Au loin, une succession de montagnes nous portent jusqu'aux neiges éternelles.

La rivière Khovd enfin atteinte, nous nous baignons dans son eau vive, glaciale et diaphane pour oublier toute la poussière des jours passés. La rive est boisée, une exception dans ce pays de steppe.

Fin août 2004

L'air est froid et vif quand nous franchissons le dernier col surplombant Olgii. La ville est lovée dans les méandres de la rivière, cernée par des montagnes et coincée à la pointe ouest du pays, gardant les frontières chinoises et russes. D'ici, nulle part où aller, impossible d'avancer plus, nous sommes condamnés à faire demi-tour pour nous échapper. Olgii est un bout du monde, du col d'où nous l'observons nous ne pouvons en douter. Déjà, l'endroit nous plaît.

Et maintenant ?

À mesure que nous progressions vers Olgii, nous acquérions la certitude que ce voyage depuis Istanbul était d'une unité, d'une continuité et d'une logique parfaite (à l'exception toutefois de la partie han de la Chine). En arrivant à Olgii, pour une raison difficile à expliquer, nous avons le sentiment de toucher au but. Tous ces pays ont une culture de l'accueil commune, une histoire où l'influence des uns et des autres a tour à tour dominé, en laissant des marques indélébiles comme autant de traits d'union.

La traversée d'Oulan-Bator à Olgii (2 000 kilomètres) a duré un mois et demi. Durant cette période, tous les jours ont été identiques ou presque. Se réveiller et déjeuner face à la nature, les doigts parfois engourdis de froid, puis replier le campement, saluer nos hôtes et partir. Nous délecter des paysages et affronter la piste tout en subissant les assauts du temps : soleil de plomb, orages brutaux, vents violents et usants. Le soir : trouver un endroit pour camper, de préférence près d'éleveurs, partager le thé, un repas, le leur ou le nôtre, et dormir dans la steppe apaisée. Depuis notre départ d'Istanbul, nous n'avions jamais vécu de période aussi longue et si peu variée. Certes le paysage changeait, et magnifiquement, mais nous restions au milieu d'une nature immense, nous surpassant et rendant vains nos coups de pédales. La piste était difficile et nous devions nous contenter du peu de kilomètres parcourus avant épuisement. Nous aurions pu nous ennuyer de la routine, nous lasser de la fatigue, mais le miracle répété de paysage somptueux, stupéfiants, bibliques et pour la plupart inimaginables, la multiplication de rencontres aussi simples que saines, dénuées de méfiance et de convoitise, parce que nous faisions partie de cette steppe, nous ont, à chaque instant, donné l'envie d'en voir davantage.

À l'arrivée à Olgii, notre envie de voyager, notre besoin de rencontre nous tiennent au ventre plus intensément qu'aux premiers jours. Nous avons tellement appris durant ces onze premiers mois ! Nous sommes disponibles, débarrassés de craintes, de préjugés, d'habitudes.

Se pose maintenant la question de la suite, de la prochaine destination ou de la nouvelle direction à donner à ce voyage. Le Tibet, le nord de l'Inde, le Pakistan, l'Afghanistan et le Tadjikistan : nous en rêvons, mais les saisons favorables sont courtes et il nous faudrait attendre la fin de l'hiver à venir. Alors, où aller entretemps ? Redescendre en Chine et flâner dans les pays d'Asie du Sud-Est ? Ne serait-ce pas commencer une autre aventure, alors que nous ne sommes pas encore prêts à tourner cette page ?

L'appel de la steppe

La question nous préoccupe depuis un long moment déjà, l'idée de passer un hiver dans ces contrées également. En Mongolie, à Bayan-Olgii, durant sept mois de l'année, les températures restent négatives, inférieures à – 45° au pire de janvier, poussant animaux et hommes dans leurs retranchements, à la limite de leur résistance. Pour avoir une idée de ces modes de vie isolés, ne devons-nous pas épouser cette réalité ? N'est-ce pas l'unique manière de nous investir correctement et complètement dans cette région, dont les valeurs et les réalités nous apparaissent déjà autrement plus importantes et tangibles que celles de nos contrées gâtées où le superflu et l'éphémère sont devenus indispensables ?

De vivre dans une nature aussi puissante et pure, parmi une population encore vierge des assauts mercantiles de nos cultures, luttant toute l'année dans des conditions où la moindre erreur d'appréciation a un prix inestimable, nous nous sentions tous les jours un peu plus emportés par un souffle de liberté enivrant et bouleversant.

Nous n'en avons pas terminé avec ces terres.

Le long séjour

Une porte ouverte

28 août 2004

Les territoires à l'ouest d'Olgii sont limités par les frontières russes et chinoises, qui se rejoignent symboliquement au sommet de la Mongolie, dans le massif de Tavanbogd, à plus de 4 000 mètres d'altitude. Ici, les montagnes sont hautes et spectaculaires, les terres plus vastes encore que celles de l'Arkhangaï, mais, malgré la multitude de lacs qui les crèvent, elles restent avares. Les sommets enneigés veillent sur les plaines gigantesques où des dizaines de campements sont installés. Des troupeaux de centaines de têtes sillonnent les herbes fauves. Le soir venu, ils arrivent de tous côtés. Ils retournent près des yourtes. Des coursiers passent au galop, à la recherche d'animaux dispersés ou portant des messages aux *aoul*[1] voisins.

Ces terres sont essentiellement peuplées de Kazakhs. Leurs installations sont plus imposantes que celles des Mongols, leurs yourtes sont larges et hautes, décorées

1. Campements.

d'un artisanat ancestral, de tissus et de *sirmak*[1] dont les dessins s'inspirent de l'enroulé des cornes de boucs. La nuit, dans l'éclat des flammes, les décorations prennent vie, elles s'animent et dansent sur la toile blanche de la yourte.

Non loin du lac Dayan, dans le plus majestueux et grandiose paysage qu'il nous sera donné de voir, notre voyage prend une orientation définitive par le biais d'une invitation dont la simplicité a l'évidence et la saveur du destin révélé. Nous avons installé notre tente près d'un campement d'éleveurs, un peu à l'écart, juste de l'autre côté du ruisseau lui servant de barrière naturelle. Nous restons avec eux deux jours, empruntant leurs chevaux pour aller vers les lacs et partageant un peu de leur quotidien.

À Arkhat, avec qui nous partageons le thé dans son immense yourte, je pose des questions sur les conditions hivernales. Son cousin Erkin parle anglais, il nous aide pour la traduction. Sa réponse est une porte ouverte : « Venez passer l'hiver chez moi si vous voulez. » Elle donne sur une perspective, sur un vertige dont nous ne pouvons soudain plus détacher le regard.

Pour en franchir le seuil, nous devons retourner à Oulan-Bator et obtenir un visa longue durée. Une rencontre avec un archéologue français en repérage dans la région sera décisive. Il comprend le langage de la passion (elle l'a lui-même conduit aux confins de l'Altaï) et nous apportera le soutien indispensable sans lequel rien de ce qui va suivre n'aurait été possible.

Un mois de démarches et de détours administratifs avec l'aide précieuse d'une ancienne diplomate parlant

1. Épais tapis de feutre.

parfaitement le français, rompue au système et dont la gentillesse n'a jamais été prise en défaut, nous permettent d'arracher nos autorisations une dizaine d'heures avant l'expiration de notre premier visa. Nous visitons une dizaine de bâtiments officiels et de ministères, passant d'un bureau à l'autre, zigzaguant entre des fonctionnaires réticents ou peureux, sollicitant ceux que nous croyons prêts à nous aider, cherchant de nouvelles autorisations et de nouveaux papiers toujours plus indispensables et plus nombreux, nous cassant le nez sur des portes de bureau éternellement fermées. Dans les méandres de cette administration postcommuniste, nous nous perdons dix fois avec le sentiment accablant de découvrir Oulan-Bator par son système de canalisations et de tuyauteries, sombre et complexe.

Nos derniers jours dans la capitale sont marqués par l'arrivée fracassante de l'hiver : en deux jours, les températures chutent de 25 degrés ! Nous troquons tee-shirts contre bonnets et moufles, baskets contre bottes doublées de feutre.

Nous retournons à Olgii en Ouaz, le 4 x 4 russe prisé dans tout le pays tant la mécanique est réduite à l'essentiel. Une soixantaine d'heures non-stop sont normalement nécessaires, nous mettrons cinq jours après avoir cassé un segment et remplacé le vilebrequin, changé deux fois le joint de culasse, arrangé des soucis d'embrayage et d'éclairage et nous sortir d'une rivière dont la glace avait cédé sous le poids de la voiture. Rien que de très courant par ici…

Dans les longues et monotones plaines au nord du Gobi, nous doublons des hordes de chameaux poursuivies par un éleveur à cru entre les deux bosses d'un animal. Leur laine, épaisse et longue à l'encolure, ondule aux mouvements souples de l'amble.

De retour à Olgii, nous préparons notre installation dans l'*aoul* de Khomut et de ses trois fils dont Arkhat fait partie. En une semaine, avec l'aide d'Amaka, une professeur d'anglais, nous essayons d'apprendre l'essentiel du kazakh : les quarante-deux lettres de cet alphabet cyrillique, du vocabulaire et le fonctionnement de la grammaire agglutinante des langues turques. Les règles de consonance ajoutent du piment aux exercices de prononciation aussi laborieux que la langue est gutturale. Nous ne trouvons ni livre ni méthode pour apprendre le kazakh : une fois installés, nous devrons élaborer à partir de ces bases.

D'Olgii, l'*aoul* est accessible en une longue heure de voiture. Ce campement d'hiver est installé à 2 200 mètres d'altitude sur un versant de Kara Tao[1], abrité des vents du nord et d'ouest. Il est constitué de trois cabanes en bois et d'un corral servant d'abri au petit bétail. Les constructions sont toutes semblables, empilements de rondins autour d'une pièce unique et basse de plafond. Le jour entre les bois est bouché avec de la boue. Une lucarne unique laisse passer un jet de lumière. Le sol est en terre battue, partiellement recouvert d'un lino usé. Pour les invités de marque, les *sirmak* sont déroulés. Attenants aux maisons, des empilements de pierres accumulées lors d'inlassables allers et retours dans la montagne servent d'abri pour les veaux, les animaux les plus faibles, la viande, le peu de foin disponible, l'aigle et divers matériels. Le corral est grand. Adossé à une barre de rochers, il retient les plus mauvais vents. Sur 2 mètres de largeur, un auvent en bois couvre les animaux.

L'après-midi de notre installation, Erkin nous escorte encore. La semaine précédente, nous étions allés ensemble à l'*aoul* prévenir de notre arrivée prochaine. De cette première visite, nous avions ramené un petit cheval de chez un voisin. Un de ces poneys bâti pour

1. « La Montagne noire. »

résister à l'hiver. Son poil est déjà long, il épaissit sa belle tête, cache paturons et boulets. Malgré leur nombre dans la région, rares sont les chevaux à vendre, celui-ci est sain et vaillant, c'est un travailleur et il est suffisamment gras pour passer l'hiver. Arkhat ne voulait pas le laisser une minute de plus chez le voisin, il l'avait ramené à travers la montagne au galop. À l'arrivée, il n'était que sueur et glace, deux défenses de morses encombraient ses naseaux : la buée de sa respiration prise par le froid. Arkhat ne l'avait ni séché, ni frotté, ni couvert. Il l'avait simplement laissé se rouler dans la terre battue du corral et mis à l'abri du vent, parce que ces poneys résistent à ces conditions.

Avec Erkin, nous passons de maison en maison pour le thé offert aux visiteurs, nous profitons précieusement de son anglais et des dernières heures en sa compagnie. L'*aoul* est en effervescence, une agitation joyeuse règne : est-ce le fait de notre arrivée ?

Dans la maison principale, « Apa » et « Ata », les grands-parents, vivent, selon la tradition, avec leur plus jeune fils éleveur, Tolubaï, sa femme Jenka et leurs deux enfants, et avec Guljan, leur fille de 22 ans qui n'est pas encore mariée. Ata (de son nom Khomut) a 74 ans, sa mobilité est extrêmement réduite, suspendue aux deux longs bâtons qui lui servent de canne.

Nous allons ensuite chez Rashet et Guldaore, l'aîné des trois frères éleveurs et sa femme. Ils ont quatre enfants : Toz Guelde, 10 ans, Basha, 8 ans, et Catugul, 6 ans vivent à l'*aoul* ; Koushka, 13 ans, l'aînée, habite en ville, à Olgii, chez un oncle, pour pouvoir suivre l'école. Cette année, Toz Guelde, surnommé Totouille, est dispensé de cours afin de récupérer d'un terrible accident de cheval survenu l'été. Dans sa chute, son pied est resté bloqué dans l'étrier. Le cheval, effrayé par le petit corps qui le poursuivait, l'a traîné sur des dizaines de mètres. Une pierre a arrêté leur course, défonçant la boîte crânienne de Totouille au niveau de la tempe. Il est miraculé, sans séquelle malgré plusieurs jours de coma et un transport houleux pour un hôpital dépourvu de l'essentiel.

Arkhat redescend de la montagne avec les moutons pour nous accueillir dans sa maison. Alten, sa femme, a préparé un thé. Elle nous observe discrètement, distante derrière son fourneau. Ashou, leur petite dernière de 2 ans, reste dans ses jambes. Arkhat nous fait asseoir à la place d'honneur, dans le fond face à la porte. Il se place au coin droit de la table, la place réservée à l'homme de la maison. Sur la table, *borsak*, beurre et sucre sont posés. Entre chaque gorgée de thé, il insiste pour que nous mangions. Kokoz, son fils de 5 ans, se cale contre ses flancs, ses yeux mordorés et perçants nous scrutent sans retenue. Aydengul, 7 ans, l'aînée, aide sa mère pour les tâches domestiques. Elle prend soin d'Ashou et, ne sachant pas encore comment nous considérer, nous ignore superbement, comme si nous n'allions être qu'une gêne passagère. Alten ne dit toujours rien. La nuit tombe et Erkin doit repartir. Nous l'accompagnons à sa voiture. Elle fume dans l'air glacial puis dévale la pente. La montagne la dérobe à nos yeux puis étouffe le bruit du moteur. Arkhat nous invite à rentrer à l'intérieur, il maintient sa chienne Artaban au sol en la menaçant de sa botte.

Aussi étonnante et embarrassante que la situation puisse paraître, nous ne connaîtrons aucun moment de gêne ou de malaise. Nous sommes certes installés dans les 16 mètres carrés encombrés d'une famille que nous ne connaissons qu'à peine, dont nous ne parlons pratiquement pas la langue et dont nous ignorons les coutumes et les habitudes, mais ici la vie est ainsi faite que l'étranger trouve naturellement sa place.

Les murs de la maison sont occupés par des empilements de malles, de valises, trois lits simples en ferraille et une étagère bancale sur laquelle sont posés les bols, les casseroles et les laitages. Les enfants se sont couchés d'eux-mêmes depuis longtemps quand, à la lueur d'une bougie, nous partageons un dernier thé avant de recharger le poêle pour la nuit et de mettre la glace à fondre. Arkhat et Alten nous proposent le lit qu'ils n'utilisent pas. Eux-mêmes partagent un de ces lits simples, Ashou placée entre eux. À deux, sur l'étroit sommier au trop souple treillis métallique, nous ne trouvons qu'un sommeil saccadé. De l'autre côté du mur, les yaks se sont abrités du vent, leurs souffles puissants et leurs grognements rauques résonnent dans la nuit.

Cet hiver, au menu

1er novembre 2004, 403e jour

Nous nous sommes installés la veille à Kara Tao. Aujourd'hui commencent les journées marquant le début de l'hiver, celles où les éleveurs abattent le bétail et préparent toute la viande pour les mois à venir. La date est arbitraire tant leur vie est une lutte permanente contre l'hiver : faire engraisser les animaux les trois ou quatre mois que durent les beaux jours, puis les épargner du mieux possible afin qu'ils résistent aux pires tourments. Le gros abattage a lieu quand les animaux sont au faîte de leur poids, gras surtout, et quand les températures sont durablement installées sous zéro pour conserver la viande congelée des mois entiers. Les prochains moutons ne seront pas tués avant juin.

Durant trois jours, toute la famille se relaie autour des trois maisons de l'*aoul*. Vingt-huit chèvres et moutons sont égorgés. Ils ont été soigneusement choisis dans le troupeau : les mâles de 6 ans ont atteint le poids optimum, la chèvre à tête noire et oreilles courtes est avare en cachemire, la brebis aux pattes blanches n'a pas donné de petit deux années de suite, le bouc rouge est vieux, il a eu du mal à passer le dernier hiver. Alignés à une corde en crin, ils attendent. Dehors, les hommes égorgent, dépècent, vident, tranchent et débitent. La viande fume dans l'air glacé, on y fourre ses doigts pour les réchauffer.

À l'intérieur, dans l'unique pièce des maisons, les femmes s'occupent des abats. Elles retournent des dizaines de mètres d'intestins qu'elles rincent à l'eau. Ils sont ensuite remplis de gras, de viande hachée et de foie. Elles nettoient les poumons et râpent les panses qui servent à stocker le beurre. Dans la mêlée, Célina trouve sa place, ses gestes manquent d'assurance, de savoir-faire. Parfois, elle transperce un intestin, mais les femmes apprécient sa présence et les éclats de rire dont elle ponctue ses maladresses. La théière d'eau tiède à rincer passe de main en main, les gamins apportent les morceaux de viande débitée, les plus petits jouent avec les têtes décapitées posées dans un coin. Derrière les femmes, la viande s'entasse, les épaules, les gigots, les côtes, le cou et les queues épaisses et grasses, le meilleur morceau. Plus tard, Apa, aidée des hommes, la salera, puis nous la suspendrons sous un abri où elle restera congelée des mois.

Ces journées se terminent par un repas avec toute la famille, chaque maison invite à tour de rôle. Tout le monde est rassemblé, dix-neuf personnes au total. La moitié des gamins dorment déjà, sur les lits ou enroulés dans un manteau jeté au sol. L'épaule et la tête sont servies en plus des abats, ils marinent depuis des heures dans la casserole occupant tout le poêle. Ata bénit le repas, mais délègue la découpe de la viande à ses fils. Ses mains ankylosées le privent de cette tâche symbolique : trancher la viande et la distribuer aux femmes et aux enfants qui dînent à l'écart. La tête de l'animal est réservée à l'homme de la maison, il s'applique méthodiquement à la blanchir, il suce chaque aspérité, il fouille tous les recoins.

Une semaine plus tard, un gros animal par maison est abattu. Des voisins sont venus en renforts. Un chameau, un yak et un cheval sentent la lame sur leur gorge, complétant la réserve de viande de l'hiver. D'un jet de lasso, Arkhat attrape le plus gros yak de son troupeau et l'entrave au sol. Ata vient prononcer une prière avant qu'Arkhat ne plonge sa main armée dans le cou puissant de l'animal. Couteaux et haches en main, quatre hommes se relayent sur le corps renversé, les femmes s'occupent des abats. En trois heures, toute la viande est débitée et préparée. Étalée au soleil, ne reste que l'immense peau gris-bleu déjà raide. À l'entrée de la maison, le masque sanguinolent de l'animal est suspendu. Le gros intestin a été jeté aux chiens.

Pour débiter le chameau, l'après-midi entier est nécessaire. Dans un cri rauque et long, lugubre, l'animal expire un sang bouillonnant et vif. Il tarde à rendre son dernier souffle. Le cri repart puis faiblit, inexorablement. La vie s'envole. La bête est allongée, elle fume. Ses pattes sont trop repliées pour que sa position soit naturelle, sa tête est désaxée du cou déroulé sur le sol glacé. Nous faisons une pause, le temps d'un thé et de goûter à la viande de yak frite dans la graisse de mouton. Le chameau est abandonné dehors. Plus son corps sera froid, plus sa laine onctueuse sera facile à arracher. Elle est précieuse et se vend cher. Celle de la poitrine donne le meilleur fil pour fabriquer les *sirmak*. Une heure plus tard, quatre mains, huit mains, dix mains épluchent le chameau. La bête est nue dans l'air pinçant, sa posture est grotesque. La lame attaque la peau à la base des bosses qu'on vient d'enlever. Jenka et Guljan les emportent à l'intérieur des maisons, trophées de graisse. La peau est découpée en une bande continue de cinq centimètres de large. Des douze brassées récupérées, Arkhat fabriquera un lasso l'été venu. L'animal est trop gros pour être nettoyé et préparé à l'intérieur, au chaud dans les maisons. Les hommes désarticulent le cadavre à la hache, les femmes se mettent à quatre pour frotter la panse énorme dans laquelle un adulte tiendrait accroupi. Le travail terminé, ne reste sur le sol sableux qu'une tache sombre, coagulée, un fœtus étouffé et raidi dans son placenta, la partie inférieure des pattes et la tête, encore ahurie de ce qui vient de lui arriver.

La Montagne noire

Kara Tao est un massif accidenté. Les pans de montagnes, tentacules déployées sur la plaine fauve située à 2 000 mètres d'altitude, constituent de multiples vallons qui abritent autant d'*aoul*. Si les distances à vol d'oiseau sont faibles, les pentes et les accidents du terrain rendent leurs accès difficiles. Chaque *aoul* respecte scrupuleusement ses droits de pâture de sorte que, excepté près des sommets délimitant les exploitations, troupeaux et hommes se croisent rarement. En hiver, les éleveurs vivent reclus, ne rendant visite aux voisins qu'exceptionnellement et, la plupart du temps, pour des échanges de services. Rares aussi sont les événements venant bousculer des quotidiens entièrement dévoués aux troupeaux.

Le matin, Arkhat se lève en premier, il allume le feu, met de la glace ou de la neige à bouillir avant de sortir chercher les chevaux. La terre est froide et blanche. À contre-jour, des paillettes de diamants scintillent dans l'air pur et bleu. Les animaux sont couverts de givre, les crinières sont grisonnantes. La nuit, ils vieillissent de cent ans. Dans leurs habits de glace, les yaks sont effrayants. Ils soufflent de la vapeur par leurs naseaux dilatés, leur cri rauque sonne comme un avertissement de la terre.

La région est semi-désertique, les ressources sont rares et difficiles d'accès. La vie est une quête quotidienne pour satisfaire les trois conditions de survie : du combustible pour cuisiner et chauffer les maisons, de l'eau pour les hommes et de la nourriture pour les animaux. L'essentiel de la vie est organisée autour des troupeaux. Les trois frères se relaient pour emmener pâturer les six cents moutons et chèvres dont l'*aoul* a la garde et pour surveiller les yaks, les chevaux et les chameaux. Les femmes s'occupent de la traite, limitée aux yaks en cette saison. Les enfants, par tradition, s'occupent des animaux nés en cours d'année. Ils poussent veaux, agneaux et cabris paître sur des pans de montagne où ils ne rencontreront pas les adultes.

En ce mois de novembre, la neige est rare, la dernière chute remonte à une tempête d'août. Les animaux manquent d'eau. Dans la grande plaine au pied de Kara Tao, aux herbes jaunies par l'été et la sécheresse, il y a un puits. De tous les points de l'horizon, d'immenses troupeaux convergent lentement, profitant des prés iodés qui y mènent. Les chameaux, libres de leurs mouvements, y séjournent régulièrement. Les troupeaux de chevaux se disputent la place dans des cavalcades de poussière. Nous y descendons régulièrement pour faire boire le bétail. Autour du puits, nous retrouvons les autres éleveurs de la région. En attendant son tour, on jauge le troupeau du voisin ou l'on se lance dans quelques jeux virils, démonstrations d'adresse et de force. Dans le puits, la glace est de plus en plus épaisse. Dans quelques jours, par un matin plus froid, elle sera impossible à casser.

Tous les soirs, à l'exception des chevaux qui vivent en liberté surveillée dans la montagne, nous ramenons les animaux près du corral. Au crépuscule, nous remontons les vallons par où les yaks sont partis. Jusque-là tapi dans la pénombre, le froid s'installe pour la nuit. Sur les crêtes, les profils de grands fauves des yaks se détachent, épaules musculeuses, corps effilés, épines dorsales saillantes. Ils paradent à contre-jour dans le ciel bleu nuit. Nous montons les chercher. Ils avancent lentement, leurs têtes massives rasent le sol. Soudain, pressés dans les barres de rochers, ils montrent une agilité et une légèreté stupéfiantes. Un peu plus tôt, accrochés à la queue des veaux, les gamins dévalaient à fond de train un autre versant, criant et tapant les flancs des animaux pour les diriger. Leurs rires se confondaient avec leurs cris. Ils ont rentré les jeunes dans les abris avant le retour des adultes.

Nous poursuivons au trot les huit chameaux jusqu'au campement. Leurs têtes arrogantes et leurs seize bosses, encore rigides de graisse, dodelinent dans le soleil couchant. Huit soupapes condescendantes soufflent en cadence un jet de buée dans l'air glacé. Les chameaux ramenés, les yaks redescendus et les veaux rentrés, il est l'heure de relâcher nos chevaux dans la montagne. Nous partons botte de foin et entraves sous le bras.

Les soirées s'écoulent à la lueur d'une bougie, autour d'un thé d'abord pour ponctuer la journée et en attendant le repas du soir. Arkhat allume la radio pour le quart d'heure d'annonces diffusé depuis Olgii. On y apprend les mariages, les décès et toutes les nouvelles personnelles. Les frères viennent en visite discuter de détails pour les animaux, donner les prix des ressources essentielles s'ils rentrent de la ville ou demander un service à Arkhat qui, mieux et plus rapidement que tous, sait tout fabriquer ou inventer. Il a besoin d'être en permanence occupé. D'une vieille botte, il tresse des sangles ventrales pour nos mauvaises selles chinoises ;

de pièces de feutre récupérées, il confectionne des couvertures pour ses vaches les moins résistantes.

Arkhat est grand, carré. C'est un des gaillards de la région. Sa démarche est puissante, difficile à suivre dans la montagne bien qu'il aille sans effort. Son *tchopane* noir sur le dos, sa chapka sur la tête, il est imposant. Pour franchir les portes des maisons, il est obligé de rentrer ses épaules en travers. Dans ses mains cabossées, les bols de thé disparaissent presque entièrement. Sa tête est large, sa peau sombre et cuivrée, malmenée par le soleil, le vent et le froid. Ses yeux verts sont inflexibles ou rieurs sur des pommettes hautes et un nez fin, droit, mais pas saillant. Sa voix n'a rien de particulier, mais s'il s'énerve, les sons de cette langue gutturale crépitent comme des claquements de mitraillettes sur les lèvres qu'il ne desserre plus. À l'inverse, Alten est toute petite, bien en deçà du mètre soixante, mais large aussi. « *Cemiz*[1] *!* », comme elle se décrit en éclatant de rire. « *Cemiz* », reprend Arkhat qui a du goût pour la chair. De son visage rond n'apparaissent que ses pommettes cramoisies et un nez court. Rares sont les moments où l'on peut voir ses longs cheveux noirs qui lui descendent à la taille. Ils sont tressés et cachés par le foulard qu'elle noue derrière ses oreilles au saut du lit.

Visites

17 novembre 2004

Toute la famille rend une visite prévue de longue date aux plus proches voisins. En trente minutes de marche, nous atteignons leur *aoul* situé dans la plaine.

1. « Grasse ! » Elle utilise le même terme que celui utilisé pour les animaux.

Apa est descendue à cheval, sa hanche est douloureuse et sa démarche claudicante. Emmitouflée dans les couvertures, Ashou passe de bras en bras. Notre arrivée est signalée par les chiens. Un gamin sort en courant pour les tenir éloignés à jets de pierre. Nous rentrons chez l'aîné de l'*aoul*. L'homme de la maison nous est présenté comme un *bauer*[1] de notre Ata, mais leur lien de parenté est très éloigné. Il n'y a pas de différence d'appellation entre oncles, frères ou cousins dès lors qu'un lien de sang existe, seul est précisé l'ordre de naissance.

L'homme me fait asseoir au fond face à la porte, Célina est à ma droite, rare privilège pour une femme de cet âge. S'ensuit alors un balai qui deviendra habituel : celui où chacun trouve sa place selon sa position dans la famille et les cas particuliers qui compliquent les règles de base. La femme qui nous reçoit est assise au coin gauche, côté poêle. Elle veille à ce que personne ne manque de thé ni de rien, impossible d'échapper à sa vigilance. Les préambules terminés, chacun ayant engouffré plusieurs bols de thé au lait salé, quelques beignets au beurre, du fromage et des bonbons, nous passons dans la maison suivante pour un programme identique suivi d'un repas de viande et de pâtes bouillies. Dans une troisième maison, un autre thé, un autre repas nous sont encore servis. Nous retournons dans la première maison pour le dernier repas : il doit être le plus opulent et le meilleur. Déjà arrivés à saturation, nous devons encore lui faire honneur. Entre chaque maison, vidange de concert. Les hommes debout, les femmes un peu plus loin, accroupies et cachées par leurs longs manteaux. Le gamin éloigne encore les chiens hargneux.

1. Frère ou cousin plus jeune.

La troisième maison est plus pauvre que les précédentes. Ici, ni tapis ni tentures pour bloquer le froid et décorer les murs, mais de simples bâches en plastique et du papier journal jauni. Le mobilier est réduit à trois lits et à des empilements de sacs plastiques : ni malles, ni valises, ni meubles.

Nos hôtes nous reçoivent avec leurs six enfants. Les filles en âge d'aider s'activent discrètement, les garçons restent silencieux dans un coin sombre de la maison. L'homme a un physique peu kazakh, le nez rond et écrasé, les yeux larges et clairs mais étonnamment lymphatiques. Ses deux grands sourcils en pointe lui donnent un air circonspect. Sa petite bouche serrée s'exprime lentement, il zozote en desserrant à peine des lèvres qui ne masquent plus de dents. Sa chapka est posée en arrière, elle renforce son air résigné. Sa femme a le visage en lame de couteau et un menton beaucoup trop petit pour être prise au sérieux. Sa lèvre inférieure, disproportionnée, tombe et dévoile deux uniques crocs, ses incisives sont parties depuis longtemps. Elle a 40 ans et l'air mauvais malgré ses sourires, ses gentillesses et sa septième grossesse qui doit arriver à terme dans un mois. Eux restent toute l'année à la même place. Héritiers d'une situation issue de la collectivisation, ils n'ont pas de droit de pâture sur les terres plus fertiles vers lesquelles la majorité des éleveurs déménageront en février. Leur troupeau ne connaît que cette région aride et déserte. Il arrive mal préparé pour l'hiver et peine à s'accroître d'année en année.

À notre arrivée, Alten, Guldaore, Jenka et Célina avaient donné les cadeaux préparés pour chaque visite : des bonbons et du fromage enveloppés dans un foulard, une chemise, un jouet. Elles repartent chargées de cadeaux semblables remis par les femmes de l'*aoul* à l'heure du départ. Donner est plus important que le cadeau lui-même, donner sert à raffermir les liens entre familles. Lors d'une prochaine visite, prévue ou non, Alten offrira le cadeau rapporté en précisant sa provenance. Est-ce pour éviter de futures confusions ou pour préciser la valeur du cadeau sur le mode : « Je t'offre ce qu'on m'a offert et qui m'était donc cher » ? À un enfant venu avec ses parents, Alten offrira un des rares jouets de Kokoz. Durant nos visites de l'année, nous le verrons réapparaître de yourte en yourte.

Depuis notre arrivée, Artaban, la féroce chienne qui protège la maison, s'est habituée à nous. Nous pouvons aller et venir à notre guise. Auparavant, elle laissait sortir Célina au milieu de la nuit, barrait la porte et, à son retour, restait en travers à gronder. Une zone reste sensible : l'empilement de feutre dans lequel elle a caché ses cinq chiots. À l'exception d'Arkhat, personne ne peut s'en approcher.

Un après-midi, la porte s'ouvre sur une veste splendide, velours noir doublé d'agneau, col en chat sauvage et ceinture de cuir. Le regard aiguisé et vert est coiffé d'une toque en renard. L'homme a un visage large et beau, imposant. Il se défait de sa cravache à la porte, vient s'asseoir sous l'unique fenêtre de la pièce et pose sa chapka sur le sol, à sa droite. Alten lui sert un thé. Il vient chercher les deux chiots qu'Arkhat lui a promis. Jenka sort avec les enfants attraper Artaban. Ils l'attachent à 10 mètres de la cachette. Le thé avalé, quelques *borsak* engloutis, l'homme sort de la maison et s'engouffre dans le réduit où sont cachés les chiots. Il est suivi des femmes et des enfants qui commentent ses choix. La chienne hurle. Debout sur ses pattes arrière, arc-boutée sur la laisse, elle bondit et s'étrangle. Elle hurle et bondit encore jusqu'à briser son collier. La gueule ouverte, elle plonge vers ses petits. Les gamins, Alten, Jenka et le visiteur s'enfuient paniqués. Ils se réfugient tous dans la maison. Les crocs d'Artaban se sont contentés du cuir de ses bottes, mais l'homme n'ose plus sortir. Dans son sac en toile de jute, il n'a eu le temps de mettre qu'un seul chiot. Nous partons dans la montagne chercher Arkhat : lui seul peut retenir Artaban. Calfeutré derrière la porte, ses beaux atours ayant perdu toute leur fierté. L'homme accepte sans discuter le deuxième chiot qu'Arkhat lui tend. Les deux petits dans le sac, le sac sous le manteau, il ressort en longeant les murs. Arkhat retient la chienne. Il saute en selle et s'éloigne sans demander son reste. Libérée, la chienne bondit et rattrape le cheval, elle se pend à la queue, de l'écume gicle de ses babines retroussées.

21 novembre 2004

Pour la seule fois de l'hiver, Alten est descendue à Olgii. Elle a profité du camion d'un des frères qui habite en ville. Elle a mis ses beaux habits, ses bottes de ville à talons, son épais foulard rose et son manteau doublé de peau au col en renard. Elle est agitée, elle passe dans les deux autres maisons prendre les commissions et les messages à apporter en ville. Le soir, elle rentre chargée de réserves de thé, de sel, de sucre, de piles, d'un nouveau lino pour couvrir la terre battue de la maison, de jouets et de nouvelles chaussures pour les gamins. Dans l'obscurité totale, elle a marché les deux derniers kilomètres séparant la piste des habitations. Une atmosphère de fête règne dans la maison, Aydengul et Kokoz se disputent les jouets et troquent leurs vieilles paires rafistolées contre les nouvelles chaussures chinoises rutilantes et colorées. Ashou joue avec les nouveaux papiers de bonbons.

Arkhat a un aigle, un aigle royal. En partant chasser le renard, son rapace sur le bras, il perpétue une tradition kazakhe millénaire. Novembre et décembre sont les mois de chasse, le froid est encore supportable et la fourrure des renards est alors la plus belle.

D'un surplomb, l'homme et l'aigle scrutent la montagne. Si le rapace repère une proie, il se fige. L'instant d'après, il plonge dans le vide, les ailes déployées. Une ombre silencieuse glisse sur la montagne. Serres en avant, l'aigle atteint sa cible. Il la transperce et l'étouffe. Les ailes mi-déployées, les serres mortellement enfoncées, il se maintient sur son trophée dans une attitude de défiance : son bec crochu et jaune posé contre le jabot, les plumes de sa tête hérissées en une corolle royale. Dans la pente, le chasseur se précipite pour récupérer l'aigle avant qu'il ne déchire la peau du renard pour atteindre le cœur.

Depuis des jours, nous chassons sur les mêmes versants de montagne sans voir un renard. Nous ne levons que des lièvres. Ils remontent la pente à fond de train, rendant hasardeuse la technique de l'aigle.

Ce matin, Arkhat décide de tenter sa chance sur les pentes d'une autre montagne. Tolubaï nous accompagne pour diriger la battue. Arkhat reste sur les crêtes pendant que nous en fouillons les flancs. Sa silhouette se découpe dans le bleu mongol. Nous avançons dans des pierriers instables ou dans la roche de dévers vertigineux. La moindre chute serait fatale, mais les poneys avancent vaillamment, ils sont taillés pour ces montagnes, généreux et sûrs dans l'effort. La chasse nous mène jusqu'à l'*aoul* de proches, un autre *bauer* d'Ata. Nous allons nous y réchauffer d'un thé, le froid nous engourdissant. Les cinq chiens au pelage épais mais miteux, en pleine mue, nous prennent en chasse. Ils aboient férocement dans les jarrets des chevaux. Habituées, nos montures ne bougent qu'à peine, bottent s'ils s'approchent trop. Dans la maison d'Ata Bauer[1], son dernier fils, Jaceul, deux de ses filles et sa femme nous accueillent. La pièce

1. Le nom que lui donnent Arkhat et Tolubaï.

est grande, froide malgré l'immense poêle qui occupe le centre. Dans les coins, quatre lits sous lesquels sont rangées les affaires personnelles.

Pour notre arrivée, les *sirmak* sont déroulés, les femmes garnissent la table basse de beurre, *borsak*, *kaynak*[1] et fromage. Arkhat attache son aigle au pied d'un lit, il le maintient aveuglé. D'autres hommes arrivent, ils s'installent du côté des invités. Sur le poêle, le thé chauffe. La porte s'ouvre, un nuage de condensation se dissipe sur une silhouette massive et immobile. Elle balaie l'assemblée du regard. Sans un mot, sans un regard de plus, l'homme se dirige vers son lit d'un pas lourd. Il jette sa cravache, enlève son chapeau, retire son *tchopane*[2] et suspend sa ceinture à un clou. Un grognement et une de ses filles approche : elle lui verse un peu de l'eau tiède qui attendait sur le poêle son retour. Il se rince le visage et les mains, décroche la serviette suspendue au-dessus de son lit et, longuement, méticuleusement, efface les traces de fatigue de sa gueule de colosse. Un silence respectueux accompagne chacun de ses gestes. Il s'approche enfin de la table et accepte les salutations de tous. Sa corpulence, son regard moqueur et bon, ses yeux délavés cerclés d'une auréole bleutée et deux grosses bacchantes participent à son charisme. Il questionne Arkhat sur notre présence en nous observant amusé. Le compte rendu doit le satisfaire : il ordonne un repas complet pour tous, pousse la chanson de sa voix de baryton, puis demande qu'on lui apporte les bouteilles de vodka. Sa femme est fine et effacée, affairée. Dans ces couples-là, il n'y a pas de place pour deux. Les bouteilles terminées, la nuit tombe. La lune est déjà lumineuse et le froid installé.

1. Crème de lait.
2. Nom du manteau kazakh traditionnel.

Nous ne rentrons pas complètement bredouilles, puisque enivrés ! Dans la grande plaine bleutée qui nous ramène à l'*aoul*, nous allons au galop. Arkhat tend son bras en l'air, l'aigle a déployé toute l'envergure de ses ailes pour tenir l'allure et l'équilibre. Instants de grâce.

5 décembre 2004

Nous devons retourner à Olgii pour quelques jours. Nous quittons la bergerie sans entrain, comme, enfant, on quitte la montagne et ses skis le plus beau jour de la semaine pour retourner vers la grisaille et l'école. Nous allons au marché faire les courses essentielles (farine, thé et sel) que nous agrémentons de fruits venus de Chine (pommes et oranges).

Du côté des étals de viande, l'arrivée d'un camion monopolise l'attention. Des pattes dressées en dépassent. Dans la remorque, cinq chevaux égorgés, chargés sur le dos, figés dans une posture grotesque, le ventre énorme, les jambes à moitié recroquevillées mais toujours en l'air. Le camion arrêté, la ruée commence. Dix, quinze, vingt personnes montent et inspectent la marchandise : choisir le plus gras, puis négocier le prix, assis sur la panse gonflée et dure du cheval. Les billets changent de mains. Les vieux sidecars russes s'alignent près du camion, les carcasses sont descendues. Elles continuent leur chemin, couchées sur la nacelle, leurs pattes raidies défient encore le ciel.

Pour remonter à l'*aoul*, nous repérons devant le marché si des voitures partent vers Kara Tao, puis nous restons dans les parages pour bloquer la place que personne n'hésitera à prendre. Sur le parking, nous retrouvons Rashet, extraordinairement volubile et heureux de nous voir. Il a l'euphorie des premiers verres de vodka. Il nous présente tous ses « amis », ceux-là même qui viennent de le rouler sur l'achat d'une génisse. En ville, la technique est courante : les marchands font boire les éleveurs pour délier les cordons de leurs bourses. Malgré l'exiguïté du véhicule et la quantité d'achats rapportés par tous, nous nous entassons à douze. Les Mongols ont cette faculté, indispensable par ici, à trouver de la place là où il n'y en a plus.

De cette visite à Olgii, Rashet a rapporté une provision de vitamines. Elles ont été distribuées gratuitement à l'entrée de l'hiver, période des plus fortes carences. Le régime alimentaire local est strictement limité à la viande et aux pâtes maison. Le lendemain soir, tous les enfants sont malades, alités, écœurés. Ils vomissent de concert. En une journée, ils ont mangé toutes les réserves de vitamines de l'hiver ! Elles étaient présentées sous forme de petits bonbons rouges et avaient été distribuées sans indication d'emploi.

De notre côté, nous avons remonté fruits, oignons et carottes pour apporter quelques vitamines. Les pommes et les rares oranges venues de Chine ont un succès immédiat. Les oignons s'intègrent bien dans les plats de viande bouillie. Les carottes, coupées en rondelles et préparées par Célina, sont restées au fond du plat, passé la bouchée initiale accueillie par des « hum ! hum ! » et une moue racontant tout le contraire. Il est des premières fois qui ne seront jamais suivies de seconde !

À l'heure du dernier thé, Rashet vient nous montrer la carte du monde qu'il a trouvée dans l'agenda chinois avec lequel il tient ses comptes. Dans ses doigts gourds, l'habituelle cigarette roulée dans du papier journal est éteinte. Nous pointons la France, la Russie puis la Mongolie que ni Rashet, ni Alten, ni Arkhat ne pouvaient situer. Ils secouent doucement la tête quand nous montrons notre parcours.

Rashet nous demande où se trouvent les États-Unis puis l'Irak, qu'il découvre à l'opposé de la carte. Alors que son doigt suit tout le chemin séparant les deux pays – le Canada, l'Alaska, le détroit de Béring, la Russie, l'Asie centrale puis l'Iran –, son regard passe de la surprise à l'incompréhension. Que pouvons-nous répondre quand il nous demande pourquoi les États-Unis font autant de chemin pour aller faire la guerre ?

Une même envie

Quotidiennement, une angoisse m'étreint au réveil : celle que le ciel bleu et glacial ait cédé la place au plafond gris et aux températures molles des hivers nord-européens, cette crainte que les journées intenses et rudes aient été remplacées par le confort et l'ennui.

La vie dans ces steppes est simple, réduite à l'essentiel. La sécheresse, le froid, le vent n'offrent ni réconfort ni répit. Ici, pas de place pour un sentimentalisme ou des manières décalées à l'européenne. Les chiens ont une utilité pratique, ils sont les gardiens des campements, ils se contentent des rares restes et festoient du sang des bêtes égorgées. Dehors, les os sont nets. Quelles que soient les températures, leur place est dehors. Ils ne sont ni le meilleur ami de l'homme, ni son compagnon, ni le support d'une affection reportée. Les chevaux sont précieux pour se déplacer et pour leur lait dont le *khoumis* enivrant est tiré. Trop vieux, ils sont égorgés et fournissent une part importante de la viande en hiver. Désignés par la couleur de leur robe, ils ne sont affublés d'aucun nom précieux.

Dès qu'un homme, vêtu de son *tchopane* tenu par une large ceinture en cuir, s'encadre dans la porte de guingois, quelques formules convenues sont échangées, puis l'homme va s'asseoir. Un thé accompagné de *bor-*

sak, de *kurt*[1] et de beurre lui est systématiquement servi, un repas suit parfois, un coup à boire éventuellement. Quand l'homme est repu, il se lève sans cérémonie et quitte la pièce sans plus d'explications. Il enfourche son cheval et s'en va. Sans se retourner.

Le soleil se lève, rouge. Mulder, la petite de 3 ans de Tolubaï, entre en poussant la porte trop lourde pour elle avec son derrière. Elle donne un vêtement à Alten, reçoit un bonbon, puis s'en va. Alten vérifie une couture, repositionne un bouton et, entre deux bols de thé, me tend la veste par-dessus la table. Sans plus de manière, elle me donne la veste en peau de poulain que, depuis deux semaines, les femmes confectionnent sous la houlette d'Apa. Il a fallu assouplir le cuir, le frotter au yaourt rance, le tanner, découper les pièces, les assembler puis ajouter une doublure en tissu. Aucun des hommes de l'*aoul* n'a une si belle veste. Elle a monopolisé leurs meilleures peaux, celles de poulain, rares, plus chaudes, plus résistantes au vent et à l'usure du temps que celles d'agneaux dont ils ont épuisé leurs réserves pour offrir une veste semblable à Célina. Le cadeau est précieux, mais remis sans plus de cérémonie.

Depuis un mois, nous vivons sur Kara Tao, nous partageons le quotidien d'Arkhat et Alten. Ils ont notre âge exactement et leurs trois enfants pourraient être les nôtres. Pourtant, la vie nous a placés aux extrémités de son spectre, l'écart entre nos conditions respectives ne pourrait guère être plus important.

Arkhat et Alten ont grandi dans la steppe, par et pour l'élevage, sans autre perspective que de perpétuer

1. Fromage extrêmement dur, préparé au lait d'été et séché au soleil.

la tradition familiale et le mode de vie kazakh. Ils ne vont en ville qu'une poignée de fois par an, non sans une certaine appréhension, non sans une bonne raison (achat de farine, sel et thé pour la famille, son pour les chevaux et négociation du cachemire en juin) et non sans avoir revêtu leurs beaux vêtements. Au sens le plus noble du terme, Arkhat et Alten sont des gens simples, épargnés par la corruption de la ville et du développement, celle de l'appât, de la jalousie et de l'ambition. Ils vivent sur la corde raide, tendue par les conditions extrêmes de cette terre hostile. Toutes leurs activités relèvent de la survie, de l'absolue nécessité, reléguant le futile à la portion congrue.

Sans réfléchir, sans soucis des complications, sans même nous connaître, Arkhat nous avait proposé de rester avec eux le temps que nous souhaiterions. Arkhat est disponible pour tous et n'est avare en efforts pour personne. En dix mois, je ne le verrai jamais refuser son aide à qui que ce soit, les demandes seront pourtant nombreuses tant son savoir-faire, sa force, sa résistance et son intensité au travail sont reconnues dans la région. Il a arrêté l'école tôt, par manque de goût et pour perpétuer la tradition familiale. Il voulait déjà, pour ses vieux jours, être entouré d'une famille nombreuse qui l'appellerait « Ata ». Il y a chez Arkhat une force de travail phénoménale et inépuisable en même temps qu'une sagesse et un recul lui permettant d'envisager sa condition sereinement. Il est un des rares habitants de Bayan-Olgii à ne pas être tenté par l'appel du Kazakhstan qui, depuis son indépendance obtenue à la chute de l'URSS, encourage les retours à la mère patrie. Beaucoup idéalisent cette possibilité sans imaginer les difficultés du nouvel arrivant. Arkhat sait qu'en dehors de ses montagnes et de l'élevage, il ne trouvera pas de salut.

Avec Alten, il est impossible de ne pas s'entendre. Nous avons découvert sa personnalité petit à petit tant, au début, elle restait dans son rôle de femme effacée, servant à la maison sans rien exprimer. Sa retenue vaincue (personne ne résiste à l'enthousiasme et à la spontanéité de Célina), nous découvrons une femme drôle, d'une immense gentillesse et d'une générosité jamais démentie. Fainéante parfois et tête en l'air aussi, peut-être pour se défendre inconsciemment du carcan de cette société traditionnelle. En se moquant en privé des défauts des autres membres de l'*aoul*, elle s'accommode des travers de tout le monde.

Des enfants qu'ont eu Apa et Ata, huit garçons et quatre filles ont survécu. Les deux frères aînés habitent en ville, ils vivent de petits travaux et d'une moto-taxi. À la mort de son mari, leur grande sœur est retournée vivre avec Rakhat, le cadet des deux. Les trois garçons suivant sont Rashet, Arkhat et Tolubaï. Ayjan, la seconde fille, est mariée. Au printemps et à l'automne, elle habite un *aoul* voisin de ses parents. Elle vient alors régulièrement en visite. Kolombek, un des garçons, 23 ans, est professeur de mathématiques à Olgii. Guljan, la dernière des sœurs, 22 ans, vit encore avec ses parents. Elle quittera la famille aussitôt mariée. Sa situation lui est de plus en plus pénible, réduite à la servitude de ses parents. Le benjamin est Erjan, 17 ans, lycéen. Il veut intégrer un programme d'études pour aller à Oulan-Bator et devenir professeur d'éducation physique. Manquent deux des enfants de Apa et Ata, un garçon et une fille, partis vivre à l'étranger après avoir intégré des programmes universitaires d'échanges turcs et kazakhs.

Notre entente avec toute la famille a été bonne depuis le départ. Notre insertion, au contraire, a été plus longue du fait de la langue, d'une vie dont nous avions tout à apprendre et d'une organisation sociale lourde. La structure familiale kazakhe réserve une place précise à chacun et régit les relations entre tous.

L'ordre de naissance joue un rôle déterminant : respect et vouvoiement sont dus aux aînés. Cette règle s'applique quels que soient les écarts d'âge. Le plus jeune s'adresse aux plus âgés en accolant le mot *ara*, « aîné », à son nom. Arkhat utilise les formules de politesse avec Rashet, bien qu'ils aient toujours vécu ensemble et exercé le même métier, bien que la force, le savoir-faire et la connaissance des animaux d'Arkhat soient supérieurs et indispensables à Rashet.

La colonne vertébrale de la famille est constituée par les hommes. À la tête, le père et la mère partagent leur maison avec le dernier des garçons. En se mariant, la femme quitte sa famille pour entrer dans une belle-famille dont, la plupart du temps, elle ne sait rien. Elle est sous l'autorité de sa belle-mère et sa place dans la hiérarchie familiale dépend de l'ordre de naissance de son mari. La femme d'un cadet doit aider les femmes des aînés, l'inverse n'est pas vrai. Si Alten décide de préparer des *borsak* ou des *bouz*[1], Jenka ou Guljan sont immédiatement disponibles mais Guldaore ne se montre que pour venir les goûter. Les relations entre hommes et femmes sont aussi strictement régies. Même en leur absence, une femme ne peut nommer les aînés de son mari par leurs prénoms. Ils sont tous *ara*. Alten utilise des circonvolutions pour désigner tel ou tel frère d'Arkhat. Elle consent parfois à nous chuchoter leur nom en laissant échapper un petit gloussement. En retour, le frère aîné ne peut se moquer de ses jeunes belles-sœurs. Ses cadets, en revanche, peuvent rire de sa femme et celle-ci a toute latitude pour leur répondre.

La répartition du travail entre hommes et femmes est stricte. Les hommes s'occupent des animaux et de l'essentiel du travail à l'extérieur, tandis que les femmes

1. Gros ravioli de viande et de gras cuit à la vapeur.

sont responsables des travaux ménagers et de la fabrication des produits laitiers.

La position de Célina est délicate. Elle veut à la fois partager du temps avec les femmes et avec les hommes. Elle ne veut se couper ni des uns ni des autres, mais son caractère et les activités auxquelles elle prétend sortent du cadre typiquement féminin. Alten, avec qui Célina passe beaucoup de temps, la comprend. Elle-même, avant de se marier, aimait les travaux d'hommes, partir seule le matin dans la montagne à la recherche des troupeaux pour la première traite, nourrir les animaux les soirs d'hiver. L'implication de Célina dans la vie quotidienne lui a permis de développer une grande intimité avec Alten. Elle a dû apprendre tout ce qui était naturel aux autres femmes : les interminables séances de traite le matin, les doigts glacés sur le trayon, pour arracher un peu de lait aux pis flétris des yaks ; les allers-retours dans la montagne pour redescendre des sacs de neige ; s'occuper de l'intérieur de la maison, refaire les lits et tout plier exactement comme l'exigent l'habitude et la tradition ; nettoyer à l'eau froide et avec l'unique torchon déjà imbibé les plats et les bols couverts de graisse de mouton, apprendre à cuisiner la viande, préparer les pâtes, le thé, charger le poêle, faire fondre la graisse et cuire les *borsak*... Célina aurait pu alléguer le savoir-faire et l'efficacité d'Alten et des autres femmes pour ne pas participer à leurs tâches. Personne ne lui en aurait fait grief mais elle ne se serait pas intégrée, n'aurait pas obtenu le même respect des hommes et Alten ne lui aurait pas confié sa yourte, ses enfants et la traite des chèvres quand les circonstances l'ont exigé.

Arkhat est plus long à accepter Célina dans certaines activités. Non pas qu'il y soit fermement opposé, mais il n'est pas culturellement prêt. Son caractère de solitaire hyper-efficace et rapide en tout s'accorde mal avec la phase d'apprentissage par laquelle nous devons passer.

Plus encore pour Célina, dont il ne comprend pas qu'elle veuille avoir des activités contraires à sa nature : pourquoi venir chercher les chevaux le matin alors qu'il fait froid, que nous sommes assez de deux et que le thé n'a pas encore bouilli ? Tout ce qui est naturel à Arkhat ne l'est pas pour nous et, dans un premier temps, tout ce qui ne nous est pas naturel le surprend. Malgré certains revers désagréables, Célina saura être patiente et imposer petit à petit son goût des activités hors norme. Surtout, elle ne refusera jamais de participer aux tâches des femmes, profitant des longs temps creux des milieux de journée pour s'investir dans d'autres occupations. Sa condition aurait été insupportable pour bien des Occidentales émancipées. Sans la compréhension, la patience et la capacité d'adaptation dont elle a fait preuve, durant un aussi long séjour, une immersion aussi profonde n'aurait pas été possible. J'avais le beau rôle, je pouvais plonger dans une vie totalement nouvelle et passionnante, sans contrainte ou presque, au point de ne pas comprendre ni mesurer immédiatement la situation de Célina et la difficulté de sa position.

Dès le premier soir, nous avions ressenti la volonté mutuelle de s'entendre et de se comprendre. Célina fume et ne porte ni jupe ni foulard. Ce qui ne serait pas acceptable pour une femme kazakhe ne nous sera jamais reproché. La première fois que je fais ma propre lessive, Alten veut venir à mon secours et Arkhat est ébahi. Plusieurs fois, mi-moqueur mi-curieux, il me demande pourquoi je fais la lessive. Jour après jour, nous trouvons notre place en respectant scrupuleusement leur mode de vie et leurs traditions, sans oublier pour autant qui nous sommes.

Ce soir, après un mois de vie commune, une lampe basse tension de sept watts est venue prolonger nos soirées. Arkhat la branche sur le panneau solaire que Tolubaï a acheté à Olgii. Alten et Célina qui, profitant de la lumière, filent la laine, se mettent à préparer le repas. Arkhat et moi, pour nous moquer d'elles, prenons le relais. Arkhat sort un foulard et une jupe d'Alten de sous un lit. Il fait mine de donner le sein à Ashou tout en filant la laine avec une réelle dextérité. Alten s'assoit côté homme, allume un clope et devient toute rouge en essayant de le fumer. Quand nous annonçons l'arrivée d'Apa, elle panique, jette la cigarette et se précipite sur son foulard. Les enfants rient aux larmes !

Jour froid

Depuis notre arrivée, le froid s'est installé progressivement. Le changement de comportement des animaux est le meilleur indice pour mesurer la chute des températures. Nous augmentons régulièrement les doses de nourriture de nos poneys, mais elles ne suffisent pas toujours. Le matin, pour la distribution de son, ils viennent d'eux-mêmes aux maisons. Le soir, à l'heure du foin, ils sont impatients et difficiles à tenir. Les nuits de grand vent, malgré leurs entraves, ils redescendent près des maisons réclamer à manger. Dans la nuit, nous les remontons, un ballot de foin sous le bras.

Ce matin, exceptionnellement, le ciel est bas. Le vent a déjà tourmenté les nuages, le fond de l'air est cinglant. Au réveil, la couche de glace sur l'unique lucarne est plus épaisse que d'habitude, on se croit encore en pleine nuit. Arkhat, qui s'est levé le premier, rentre en prévenant : « *Kun soauk*[1]. » Dehors, les animaux sont engourdis, proches des maisons, recherchant un abri au

1. « Jour froid. »

vent. Aujourd'hui, nous partons garder les moutons. Arkhat ingurgite des litres de thé. Lui sait, je l'imite, m'acharne à boire. Après chaque bol, Arkhat répète : « *Kun soauk.* » Nous n'aurons rien à boire ou à manger avant le retour ce soir, nous devons faire des réserves.

Dans le corral, les moutons se sont resserrés d'eux-mêmes. Nous ouvrons la barrière, ils ne bougent pas. Nous devons gueuler et claquer les cravaches contre nos bottes pour les mettre en mouvement. Le vent les fouette dès la sortie du corral. Ils hésitent un instant. Nous partons par le côté sud du vallon, le troupeau avance compact. Dès les premières pentes, les animaux prennent possession de la montagne et dénichent les rares herbes. Nous les poussons vers leurs terrains de pâturage, au plus près des crêtes. Ces hauteurs sont difficilement accessibles aux chevaux, aux chameaux et aux yaks, auxquels est réservé le fond du vallon. Tant que nous montons, nous restons chauds malgré les bourrasques de poussières qui cinglent et glacent nos visages. Arrivés aux crêtes, nous laissons les animaux avancer à leur rythme. Nous nous protégeons du vent en avançant de rocher en rocher. Le froid nous engourdit, impitoyablement. Si le troupeau est dispersé, Arkhat lance de grands cris aigus, les traînards accélèrent soudain.

La journée est longue, elle passe au rythme du tambourinement de nos bottes sur le sol pour maintenir un peu de vie dans nos pieds. Nous nous déplaçons toujours au rythme des animaux, une centaine de mètres toutes les dix minutes. Arrivés au fond du cirque qui délimite les pâtures de la famille, le vent forcit encore, il nous fouette de trois quarts. Faire le dos rond ne suffit plus. Il s'acharne sur le côté droit de nos crânes, il le compresse, son étreinte est pénible. Arkhat me prévient : « Il fait dans les – 25, – 30, en janvier ça peut descendre à – 40… »

Tous les 50 mètres, dans cette portion dénuée d'abri, nous nous mettons dos au vent pour récupérer. Les animaux continuent d'arracher méticuleusement leur pitance, ignorant les conditions. À cette époque de l'année, ils sont encore gras et insensibles au froid. Quand nos cris pour conduire le troupeau se perdent dans les bourrasques, les pierres prennent le relais. La redescente vers l'*aoul* suit un long couloir dans la roche. Le vent en pleine face, nous marchons courbés, nos mains tentent vainement de protéger nos visages, nos fronts hurlent sous les assauts du vent. Ils ne sont que barres de douleur.

Depuis une semaine, l'urgence se précise : il doit neiger au plus vite. La glace a bloqué l'accès au puits de la plaine. Les chevaux, les yaks et les chameaux s'éloignent de plus en plus pour trouver de l'eau, loin de leurs habituelles pérégrinations. Alten, Jenka, Guldaore, Guljan et Célina sont maintenant obligées de marcher presque une heure entière pour atteindre des hauteurs où subsistent de la neige que la terre soufflée n'a pas souillée. Deux fois par jour, elles font le trajet, revenant avec des sacs de plus de 30 kilos de neige sanglés sur le dos. Tous les 300 mètres, elles s'assoient en pleine pente, rééquilibrent leur charge, repositionnent la corde qui leur scie les épaules, réajustent leur foulard puis repartent jusqu'à la pause suivante. Quand la neige disparaît des pentes accessibles aux femmes, Arkhat bâte les deux chameaux les plus vigoureux pour gagner les dernières réserves de neige au sommet des montagnes. À la pelle, dans des vents hurlant, nous remplissons tous les sacs préparés par la famille en prévision de cette éventualité, de quoi tenir quatre jours. Après, il faudra remonter ou chercher ailleurs. Sous un nuage lourd qui porte tous nos espoirs pour la nuit à venir, nous redescendons de la montagne en dessinant de longues arabesques sur les pentes afin d'adoucir le dénivelé aux pattes démesurées des chameaux.

Un mince filet de neige assassin est tombé. C'est pire que tout. Les animaux, en léchant le sol pour boire, avalent de la terre. Elle leur bloque les intestins. Les chevaux sont les premières victimes, ils en crèvent. Arkhat et ses frères arpentent la montagne pour les surveiller. Ils guettent le moindre signe pour intervenir. Pour les soigner, Arkhat et Rashet les maintiennent au sol la bouche ouverte et les forcent à avaler cinq litres de beurre fondu. Ils se purgent dans des accès de coliques inouïes, qui font perdre aux juments pleines leurs poulains.

16 décembre 2004

Les enfants rentrent en criant : un agneau est né. Dans le corral, la mère le lèche. Elle lui enlève le placenta et l'aide à se mettre debout à petits coups de museau. Instable sur ses pattes frêles, il est tout étourdi de ce qui lui arrive. Dans l'air glacial, l'agneau noir fume. Arkhat l'enlève rapidement et l'emporte dans la maison. Il aménage un enclos dans un coin, dehors l'animal n'aurait aucune chance de survie. La mère est restée dehors, elle tourne autour de la maison en bêlant. Le petit lui répond, fragile.

Nous accompagnons les enfants, ils emmènent les animaux de l'année brouter à part sur la montagne qui leur est réservée. Chevreaux et agneaux s'éparpillent rapidement sur les pentes protégeant l'*aoul* des vents d'est. Ils avancent rapidement, passant de buis en buis, sautant de pierre en pierre. En redescendant vers le corral, nous discernons un mouvement sur une crête. Une tête apparaît, se fige un instant, tournée vers nous, puis repart tranquillement le long de l'arrête. Près des maisons, les deux chiens ont relevé la tête en poussant un grognement terrible. Ils partent sur le loup, deux flèches fendant l'air. La bête disparaît aussitôt derrière la crête. Nous partons derrière Tolubaï et son fusil. Il aimerait accrocher une belle peau dans sa maison et récupérer la prime payée par le gouvernement pour chaque loup abattu. L'hiver est bien là, la nourriture assez rare pour que les loups s'approchent tant des habitations. Désormais, un adulte gardera le troupeau des jeunes animaux, veillant à ce qu'aucun ne reste isolé et scrutant les crêtes par où guettent les loups.

La neige. Ce matin, un voile couvre la région. Une neige avare a sali le paysage, le ciel bas en a volé le relief et la profondeur. Une bruine de paillettes s'obstine à ternir la journée. Arkhat scrute souvent le ciel, inquiet. La neige doit continuer à tomber puis le vent doit souffler afin de constituer des réservoirs de neige pour les hommes et les animaux. Une fois encore, nous sommes à un point crucial : dans quelques heures, nous serons dans une situation dramatique ou partis pour une période favorable.

Hier mystérieuse, l'aube est aujourd'hui envoûtante. Le ciel s'est fondu dans le paysage entièrement recouvert de neige. Un mince brouillard se déchire lentement sur un ciel aussi bleu que froid. Arkhat est soulagé, il attend maintenant le vent qui déblayera le sol et dégagera la nourriture des animaux. Il attend sans angoisse, en cette saison le vent est pratiquement constant, il fouette d'abord les sommets avant de s'engouffrer dans les vallons. Les moutons reconnaissent ces conditions, dans le corral ils sont entassés les uns contre les autres, couverts de neige. Ils ne sortent de l'abri qu'à grand renfort de cravache. Les chèvres, qui ne savent pas gratter la neige, sont les plus réticentes.

Comme tous les soirs, nous ramenons nos chevaux dans la montagne et les lâchons pour la nuit. Arkhat choisit un emplacement épargné par la neige, nous devons contourner le pan de montagne qui nous protège des vents d'est. Dans la roche, les fers des poneys font des étincelles. Nous avançons à flanc de colline. Le quart de lune est éblouissant, nos ombres sont projetées sur la neige nouvelle qui crisse sous les sabots. Toute la plaine se découvre devant nous, elle reflète la lune dans un crépuscule bleu-gris ensorcelant. D'eux-mêmes, les poneys s'arrêtent, lèvent la tête, leurs naseaux frémissent. Il me semble qu'ils contemplent, ils restent calmes et oublient la faim qui une minute plus tôt les tiraillait et les pressait. Il règne une atmosphère de loup. Arkhat aussi s'arrête, un instant. Plus loin, nous séparons la botte de foin en trois tas distincts, entravons les poneys et rentrons poussés par le froid. Une fois encore, nous lui abandonnons le sublime.

Un ciel pur s'est installé sur la neige légère et scintillante. Le froid est sans merci. Nous partons chasser, nous repérerons facilement les traces des animaux. À contre-jour, dans le bleu glacé et brillant, les poneys soufflent dans la pente, ils portent hommes et aigle à l'affût. Sous l'effort, leur poil blanchit, la glace emprisonne leurs naseaux, le givre s'attaque à nos cols de manteaux et à nos chapkas. La journée de chasse est infructueuse. Peu importe, seul le spectacle compte aujourd'hui. De crête en crête, chaque nouveau point de vue est plus parfait que le précédent. Nous rentrons bredouilles, mais rassasiés de beauté pour une vie entière.

Arkhat et Alten nous avaient prévenus : « Après l'équinoxe, l'hiver va devenir difficile. » Une semaine après la neige tant attendue, une deuxième chute couvre le pays, suivie non de vent, mais du froid terrible qu'ils évoquaient. Les températures restent obstinément en deçà des – 30 degrés, elles descendront jusqu'à – 45 en janvier.

En quelques heures, la physionomie de l'hiver change radicalement. Jusque-là, et malgré le manque d'eau, les animaux avaient été épargnés, désormais la situation frôle le dramatique. Durant ces cinq journées sans vent, les animaux ne trouvent rien à manger. Arkhat et ses frères entament leurs faibles réserves de foin un mois trop tôt. Elles étaient prévues pour la fin du mois de janvier et pour préparer la transhumance de février dans de bonnes conditions. Le corral des moutons est réduit de moitié pour obliger les bêtes à rester le plus serrées possible pendant les nuits. Les animaux les plus faibles sont écartés du troupeau. Le soir, ils sont rentrés dans l'antichambre des maisons, dans les abris spécialement aménagés. Chaque jour, leur rang grossit. Tiraillé par la faim, un yak dévore un bridon en cuir oublié dehors, un autre défonce une porte pour s'attaquer à un sac de farine. Au milieu d'une nuit, nous devons sortir pour fortifier l'accès aux réserves de foin, prises d'assaut par les chameaux affamés. Ils gueulent sous les coups de cravaches mais refusent de s'éloigner du foin. Les coups redoublent, ils hurlent. Leurs cris ont quelque chose de terriblement humain, lugubre.

Un miracle s'est quand même produit : un deuxième agneau, né en pleine nuit, a survécu. Au petit matin, nous l'avons trouvé abandonné dans le corral, pas plus vivant qu'une serpillière oubliée. La chaleur du poêle l'a ranimé.

La maison est désormais occupée par quatre adultes, trois enfants, deux agneaux et un aigle. Au milieu de la nuit, Ashou se réveille affamée, elle pleure jusqu'à déranger l'imperturbable sommeil de sa mère. Le sein en bouche, elle tête goulûment et se rendort aussitôt, repue. Les agneaux ont reconnu dans ces cris la faim qui les tiraille. Ils bêlent pitoyablement, se maintenant éveillés l'un l'autre. Parfois, l'aigle s'y met. La stridence de son cri transperce alors nos tympans, nous sentons le sang y battre.

Nous sommes entrés en phase de résistance.

Survie

1er janvier 2005, 464e jour

L'agneau est mort cette nuit, sans bruit, sans un bêlement. Il est mort de faim, sa mère refusait de le reconnaître et de le nourrir. Même attachée, entravée, forcée elle ne donnait pas assez de lait.

Nos poneys ont maigri. Le matin, ils sont devant la porte, impatients. La distribution de son doit être rapide et effectuée dans l'ordre de dominance des chevaux. À la moindre contrariété, ils se battent et ruent. Une fois la musette autour de la tête, ils bottent sans discernement tout ce qui s'approche d'eux. Les rations terminées, ils redeviennent fréquentables.

Tous les soirs, les vaches reçoivent un complément de son. Les auges arrivent deux par deux. Pour protéger des autres yaks celles qui mangent, notre simple présence ne suffit plus. Il faut le fouet, la pelle. Et s'en servir, cogner, fort. Il n'y a pas d'autres solutions pour que toutes mangent équitablement.

Pour ses chèvres à bout de souffle, éreintées au point de ne plus s'éloigner des maisons, Arkhat part à la recherche des herbes cachées par les rongeurs durant l'été. Ce foin est fleuri et parfumé. Au pire de l'hiver, il apporte l'odeur miraculeuse du printemps et rappelle des couleurs depuis longtemps oubliées, le mauve et le jaune de boutons. Arkhat connaît toutes les cachettes de ses montagnes, nous les fouillons des jours durant, une par une, grattant la neige, soulevant chaque pierre, perquisitionnant chaque trou. À voir les précautions de ses mains énormes pour mesurer les rations et distribuer cette herbe, j'en comprends la richesse et la rareté. Cette terre est tellement pauvre qu'Arkhat doit en permanence évaluer le minimum vital à donner à ses animaux. Il n'a pas le luxe de donner largement, de gaspiller. Tout est mesuré. Si un animal est à bout, mieux vaut le tuer que gâcher des ressources pour un secours inutile. Ici plus qu'ailleurs, seuls les forts résistent.

Pour mesurer la rudesse de ces vies, il est faux d'imaginer que les gens n'ont pas froid ou qu'ils y sont insensibles : leur capacité de résistance n'est pas physique, mais psychologique. Ils n'ont pas peur d'avoir froid, ils ont appris à supporter cet état, à mener leur vie ainsi. L'inconfort fait partie de leur quotidien. Durant les journées passées derrière les moutons, Arkhat se plaint souvent du froid, avant moi, même, tant ses vêtements sont peu adaptés aux conditions. En cadence, nous tapons des pieds, nous avons les mêmes mots pour décrire leur état : « *Tass akhsas*[1] ! » Malgré le sol glacé et des températures très fraîches, Ashou se promène régulièrement cul et pieds nuls dans la maison. Si nous lui demandons, elle répond : « J'ai froid ! » Le soir, quand le thé est mis à chauffer, tout le monde entre et sort de la maison sans se préoccuper de la porte laissée béante. Alten part tous les jours chercher de la neige sans les gants que nous lui proposons, elle a l'habitude d'avoir froid et ne s'embarrasse pas de confort.

Koushka, l'aînée de Rashet et Guldaore, est à l'*aoul* pour une semaine de vacances. Ses venues sont rares, presque exceptionnelles, elle vit à Olgii pour suivre l'école. Dans cette famille de rustres éleveurs montagnards, elle est une pierre précieuse. De son père, elle

1. « Comme des pierres ! »

tient un regard d'une étrange douceur. Mais où a-t-elle trouvé ces manières délicates et cette élégance saisissante tant elle est inappropriée au lieu, aux conditions ? Sa mère est l'opposé, la bouche constamment ouverte et pleine, le menu apparent – au moins l'entrée !

Koushka est jolie, elle a de grands yeux pâles timides, légèrement tirés, et un nez pointu. Alors que Guldaore mâchouille ses cheveux à longueur de journée, elle entretient une longue et impeccable tresse châtain clair tenue par un nœud blanc. Qu'elle traie un yak ou prépare de la pâte, elle garde sa tête haute et un peu raide, ses poignets cassés et ses doigts parfaitement mis. Sa voix, délicate et effacée, subtilement brisée, renforce l'idée que Koushka n'est pas d'ici. Pour soigner son mal de gorge persistant, elle porte, plaquée contre son cou, une langue de loup enveloppée dans un foulard.

Hier, le respectable Ata Bauer et sa femme ont marié leur dernier fils, celui qui restera s'occuper d'eux. Nous n'avons pas pu nous rendre à la fête. Aujourd'hui, nous partons en visite apporter cadeaux et vœux de bonheur. Nous allons à l'amble dans la neige qui crisse. Alten, pour qui les sorties sont trop rares, est particulièrement excitée. L'ambiance est encore solennelle. D'autres invités, en retard comme nous, arrivent et partagent un thé sur la nappe plus garnie que d'ordinaire. Ata Bauer et sa femme président la réception, ils sont encore fatigués des chants qui se sont prolongés tard dans la nuit. La plupart des invités ont dormi sur place, ils ne sont partis qu'au petit matin.

Le marié n'est pas là, parti avec les animaux. La jeune mariée officie aux fourneaux. Elle est terriblement timide, affreusement introvertie : c'est son premier jour dans une belle-famille qu'elle ne connaît pas et avec laquelle elle va passer le restant de sa vie. De la journée, elle ne prononce pas un mot, se contentant de préparer le thé et le repas. En nous adressant au maître de la maison, à Ata Bauer, nous portons des toasts pour souhaiter une vie heureuse et féconde au nouveau couple. Nous offrons ensuite les cadeaux et répétons les formules de félicitations apprises à la mère. Elle transmettra à sa belle-fille dont elle va désormais régir la vie. Tout ce temps, la jeune mariée reste occupée autour du poêle, à deux pas de là, ignorant nos cérémonies.

Nous quittons la maison avant la nuit, nous ramenons Ata et Apa, présents depuis la veille. Trois hommes portent en selle Ata et sa centaine de kilos inerte tant ses jambes sont raides. Apa, encore alerte sur un cheval, le précède en trottinant. Nous partons peu après. Dans une inhabituelle démonstration, Alten et Célina partent au galop, emportant les rires de tous les invités. Arkhat et moi rentrons sur le même cheval, nous avons le rire idiot de deux larrons saouls rentrant de tournée ! Dans un dévers, un cheval seul attend. Ata est tombé, le cul dans la neige, exactement entre deux pierres assassines. Il attend notre arrivée, impuissant, partagé entre le soulagement et l'humiliation. Non sans peine, nous le remettons en selle et, dans la neige, la buée dégagée par les chevaux et la bonne humeur que nous confère la vodka, nous oublions l'incident en remontant nos traces jusqu'à l'*aoul*.

Rashet a attrapé un lièvre, il vient le livrer à l'aigle d'Arkhat. Parti d'un rocher, l'oiseau fond dessus. Ses serres le transpercent. L'œil aux aguets, il surveille à la ronde. Ses ailes couvrent le lièvre, il se l'approprie. Son bec déchire soudain la chair sous le cou du lièvre puis plonge dans l'antre pour arracher cœur, foie et poumons. Fascinante mécanique instinctive, fascinante force de survie. Cet aigle, attrapé au nid, a toujours été nourri par Arkhat de viande découpée et placée dans une gamelle en bois.

La voisine a accouché, un des adolescents de l'*aoul* est venu nous prévenir. Alten, Jenka et Guldaore partent en visite, chargées de cadeaux. Le soir, à leur retour, elles ne peuvent répondre à notre première question : elles ne connaissent pas le sexe de l'enfant. Pour éviter de porter malheur au nouveau-né, on ne demande pas son sexe, pas plus qu'on ne le révèle. Les mots « garçon » ou « fille » ne seront pas prononcés avant plusieurs semaines. Aux proches, les parents précisent simplement que le bébé sera berger ou joueuse de *dombra*[1], ou, discrètement, soulèvent le lange de l'enfant en faisant mine de l'installer plus confortablement.

Janvier est de plus en plus féroce. Les nuits de grand froid se succèdent. Elles sonnent les animaux. Le matin, dans le corral, ils sont amorphes. Le fouet claque pour vaincre l'inertie du troupeau et forcer les animaux à se lever. La voix ne suffit plus. Debout, ils restent hagards, immobiles sur leurs pattes raides. Les bêtes font peine à voir, la laine cache la misère, rien d'autre. Les hanches et les côtes sont palpables, saillantes. Deux mois plus tôt, ils étaient au faîte de leur poids. Le froid ne les engourdissait qu'un instant avant de les mettre en route. Le tressautement grotesque de leurs queues, réservoir à graisse, marquait la cadence de leur trot court.

À force de remuer l'air et de gueuler, nous réussissons à regrouper le troupeau à la sortie du corral. Aucun mouton ne se décide à sortir. Ceux de tête regardent vers la montagne, sans comprendre, découragés. Ils partent enfin, groupés, la tête basse. Ils sont

1. Instrument à cordes traditionnel.

encore engourdis, abrutis de froid. Dans la pente, ils se réchauffent doucement. Dès que nous trouvons un terrain où il reste quelque chose à arracher, le troupeau se disperse. Les chèvres se tordent le cou pour fouiller les dessous des pierres, pliées sur leurs genoux avant. Leurs longues cornes s'emmêlent. Les moutons grattent la terre sans répit, ils arrachent des racines. Les animaux sont maintenant appliqués, ils glanent ce qu'ils peuvent.

Le rôle du berger est crucial en cette saison. Il force ses animaux à sortir et à rester dans la montagne le plus longtemps possible. Il lutte pour qu'ils se nourrissent et survivent. Les trois frères n'ont qu'un souci : préserver leurs bêtes et les amener dans les meilleures conditions à la transhumance. Un animal faible a peu de chance de résister à la longue marche ; si le temps tourne à la neige, il n'en a aucune.

Incrusté dans un rocher haut perché dans la montagne, je surveille les animaux. Ces étendues me subjuguent plus encore qu'au premier jour maintenant que je sais les vies qui s'y acharnent. Si je repère un troupeau au loin, je cherche le rocher derrière lequel une autre âme s'abrite. Je sais que l'autre berger fait de même, tant croiser quelqu'un dans ces montagnes est un petit événement. Souvent, j'essaye de me représenter l'épopée foudroyante des Mongols au XIIIe siècle. Ce petit peuple de nomades (ils sont deux millions et demi aujourd'hui, combien étaient-ils à l'époque ?) a conquis le plus grand empire de l'histoire, de la Sibérie à l'Indonésie, de la mer de Chine aux abords de l'Europe en incluant le bassin de Mésopotamie, bloqués seulement aux portes de l'Égypte, de l'Inde, de la Hongrie, des pays scandinaves et du Japon. Gengis Khan, le premier et le plus illustre des chefs mongols, a mis près de cinquante ans à unifier les différentes tribus mongoles avant de se lancer à la conquête du monde pour imposer son rêve fou : instaurer la paix sous un chef unique, lui, le dieu océan.

L'histoire rapporte que des combats ont eu lieu dans cette partie du pays. Je me projette sans difficulté, car les paysages gigantesques et la manière de vivre sont identiques à ce qu'ils étaient à l'époque. J'imagine des armées de dizaines de milliers d'hommes se faisant face. Les hurlements d'une beuverie d'un camp militaire en campagne montent jusqu'à moi. Ce soir, je verrai les feux. Demain, les hordes de chevaux, chevaux de monte et chevaux de change, qu'on est allé chercher pour le départ, transformeront la plaine en poussière. Je ne la verrai plus, je n'entendrai plus que le bruit des cavalcades. À l'idée d'une charge de dix mille cavaliers, je suis tétanisé. Je tremble avec la plaine sous le martèlement de quarante mille sabots furieux. J'ai le privilège immense d'être sur les traces d'une histoire qui me dépasse, mais qui est pour une fois accessible tant l'environnement et les modes de vie ont peu évolué. À Waterloo, entre l'autoroute, les zébrures des avions dans le ciel, la ligne de fil électrique qui sillonne la campagne et le grotesque lion en béton qui symbolise la défaite de Napoléon, je n'avais rien ressenti d'autre que la fraîcheur de ma cannette de Coca. Il faut préciser que c'était une journée de forte chaleur, nous nous étions arrêtés à la pompe à essence avant d'arriver au monument. Ici, je sais la brutalité de la vie, l'âme des steppes imperturbable et sans peur. Je devine la violence des combats, l'angoisse de ceux qui, prévenus de la déferlante, attendaient l'ennemi, leur terreur à l'heure de se soumettre et la gloire des vainqueurs.

Une des trois activités quotidiennes, une des trois conditions de survie, est la recherche de combustible pour cuisiner et chauffer la maison. En septembre, les hommes sont venus, à coups de barres à mine, casser le sol du corral dans lequel les déjections des moutons se sont accumulées pour fournir le *kir*, le meilleur combustible disponible. Yaks et chameaux en fournissent une autre partie, le *tezek*. À tour de rôle, chaque maison ramasse crottins et bouses des animaux qui ont dormi à l'*aoul*. Elle constitue ses stocks pour l'hiver suivant. Ils devront sécher tout l'été avant d'être utilisables. Les réserves étant insuffisantes, la montagne fournit le reste : argol, branches et racines mortes d'un buisson épineux pénible à dépouiller et à déterrer. Plusieurs heures par jour, nous collectons l'argol ou fouillons le sol sableux avec une lourde pioche. Plus l'hiver avance, plus le combustible est rare et sa recherche aussi laborieuse qu'indispensable. Alten allume de moins en moins souvent des feux, les limitant à la cuisine et au coucher. Le bon combustible n'a pas été réservé pour les jours les plus froids, il a été consommé en premier. Ici, on remplace prévision par adaptation et improvisation. Ni épargne ni calcul, peu importent les lendemains. Les réserves de fromage, de beurre et de sucre ont disparu de la même manière.

Janvier n'offre aucun répit. Les réserves de foin disparaissent à vue d'œil tandis que le nombre des animaux épuisés augmente. Semaine après semaine, les peaux des animaux achevés s'entassent. Seuls les chiens ont largement à manger. Ils passent leur journée en boule, le museau sous les pattes arrière, ne se levant que pour s'attaquer aux carcasses qui jonchent le sol. En ville, les ballots ont atteint des prix inabordables, malgré leur pauvre qualité.

Arkhat décide d'aller chez un de ses voisins d'été, il lui avait promis du foin en échange d'un service rendu. Il habite à une trentaine de kilomètres, par-delà la Montagne rouge et les méandres de la rivière Khovd. Je l'accompagne. Nous distribuons peu de foin aux chevaux : ils redescendront tôt dans la nuit et nous les trouverons à 4 heures pour partir. Un chameau est entravé devant la maison. Le thé chauffé et avalé, nous nous harnachons pour affronter la nuit. Nous superposons les couches. Arkhat termine par son manteau doublé d'agneau et un pantalon en peau de mouton retournée. Hier soir, nous avions pris soin de suspendre la doublure en feutre de nos bottes près du poêle. La nuit, d'un bleu profond, est sereine et imperturbable. Seule la neige crisse sous les sabots des poneys. Bien plus tard, quand nos pieds nous semblent des pierres, une langue de feu réveille les montagnes. Une heure après, au passage d'un col, elle nous effleure. Déjà nous redescendons dans l'ombre et retrouvons une atmosphère de glace. Le givre fige tout, seules les pattes des animaux bougent obstinément. Passé les montagnes, nous débouchons dans une vallée entièrement blanche et vaste. La neige y est épaisse. Les bras de la rivière Khovd se nouent et se dénouent dans ce désert de glace. Sous les pas prudents et surpris des poneys, la rivière tinte joliment, mate aux bords, claire au centre. Handicapé par ses larges appuis, le chameau glisse, ses pattes arrière écrivent de grands V dans la neige. Nous arrivons enfin à destination, attachons chevaux et chameaux au soleil, puis rentrons dans la maison, engoncés dans nos tenues.

L'homme est absent, sa femme nous reçoit. Nous buvons le thé pendant plus d'une heure sans que rien d'essentiel ne soit dit. Arkhat et la femme meublent les blancs par des généralités d'usage. Nos pieds congelés se réchauffent dans des haut-le-cœur terribles. Arkhat explique enfin le but de sa visite, la femme avait compris depuis longtemps. La négociation est typique de la région : chacun avance ses arguments un par un avant de s'égarer vers d'autres conversations, d'y revenir, de s'en écarter de nouveau et d'avancer de nouvelles raisons. Une heure plus tard, Arkhat se lève et va remplir les trois sacs obtenus. Il venait en chercher quatre.

Nos soirées sont de nouveau éclairées à la bougie, le froid a fait voler en éclats la ligne électrique tendue entre la batterie de Tolubaï et la maison. Tous les soirs, Arkhat fabrique, répare et améliore mille choses. Les chaussures chinoises achetées à Olgii sont en toc, comme tout ce que la Chine vend par ici. Kokoz rentre quotidiennement avec les pieds congelés. Il passe son temps dans la maison les pieds contre le poêle. D'un pneu de moto récupéré et d'une vieille bottine d'Alten, Arkhat se lance dans la fabrication d'une paire de bottes pour son fils. Une paire identique aux siennes, à celles de l'armée russe, à celles utilisées par tous les hommes de la région. Trois soirées durant, ses doigts palpent, évaluent, découpent, ajustent, trouent, clouent et cousent. Kokoz reste blotti contre son père, ses yeux jaunes ne perdent pas un détail de la fabrication. Il finit par s'endormir contre son flanc. Le quatrième jour, avant que la semelle de la deuxième botte ne soit posée, Kokoz ne peut plus attendre. Il les enfile, visite chaque maison et court partout, claudicant mais fier !

Dans un environnement à l'écart et dénué de tout, l'ingéniosité d'Arkhat est précieuse. Elle s'est nourrie de la faculté qu'a chacun ici de trouver de multiples emplois au plus simple objet. Un emballage de bonbon sert alternativement de billet si les enfants jouent, de mouchoir si la morve coule ou de papier pour torcher Ashou. La benne du camion en plastique se transforme en mangeoire pour les agneaux précoces, le lit démonté est leur enclos. Une moitié de bidon trouvé dans la plaine est auge le matin pour les poneys, puis luge quand les enfants vont jouer et étagères dans la maison, coincée entre les rondins des murs. Les enfants jouent avec les cadavres de bouteilles, tantôt voitures, tantôt cheval, si elles ne calent un lit ou un meuble. Le *tchopane* sert de couverture, de matelas ou d'oreiller selon la saison. La corde des ballots et la ficelle des sacs de farine sont récupérées ; tressées, elles font de solides liens ; défilées, Arkhat les utilisent pour coudre les chaussures.

Les chevaux non montés vivent en liberté surveillée, simplement ramenés quand ils s'éloignent trop de leur vallée. La cinquantaine de chevaux de l'*aoul* vivent en trois groupes. Deux étalons se partagent juments et poulains, repoussant les hongres à l'écart. Leurs sabots sont dangereusement usés à force de gratter le sol pour dénicher des racines ou casser la glace. Les frères décident de les ferrer. Dans la montagne, les cris des rabatteurs partis chercher les chevaux ricochent de paroi en paroi. Le bruit des sabots prend le relais, les troupeaux sont redescendus jusqu'au corral. Dans le soleil, la poussière vole à contre-jour. Ruades, piétinements, hennissements, les animaux refusent de se laisser acculer dans le corral.

Le martèlement obstiné de la masse d'Arkhat et l'inspiration-expiration continue de son grand soufflet ont rythmé ces trois derniers jours. Arkhat a frappé fers et clous dans des barres servant à armer le béton. Pour chauffer au rouge le métal, il utilise le charbon de bois préparé l'été dernier. Un bas moteur abandonné sert d'enclume. Les chevaux regroupés dans le corral, Arkhat et Tolubaï s'inquiètent de savoir si nous ne sommes pas un mardi ou un vendredi. Ces jours portent malheur pour ferrer les chevaux ou pour partir en voyage. Libéré d'un doute, le lasso jaillit. Un cheval est pris, il reste immobile, le regard inquiet. Arkhat approche sa main prudemment, les chevaux n'ont plus eu de contact avec l'homme depuis des mois. Doucement, il s'abaisse et lie un des antérieurs. Avec le reste du lasso, il attrape le postérieur opposé. Puis il tire puissamment le cuir, déséquilibre l'animal et le fait tomber d'un coup d'épaule. Un genou sur l'encolure, il achève de lier ensemble les membres antérieurs et postérieurs de l'animal. Une seule et même longe sert pendant toute l'opération. Les gestes d'Arkhat sont automatiques, ses nœuds précis, sa force est indiscutable. Ne reste qu'à positionner les fers, ajuster leur forme et enfoncer les clous.

Les poulains n'ont jamais été ferrés. Ils n'ont connu de l'homme qu'un contact brutal quand, l'été durant, tous les matins, ils sont attrapés et mis à la ligne pour permettre la traite des juments. Eux se débattent et ne se laissent pas prendre par la main calme d'Arkhat. Ils se cabrent et ruent, la tête haute, les prunelles dilatées. Leur masse n'est pas encore celle d'un adulte, Arkhat impose sa puissance. Il attrape un des poulains à l'encolure et le fait ployer.

Le travail terminé, chaque maison offre un repas pour porter chance au troupeau.

Ce soir, chez Rashet, Basha rentre en criant : « Totouille ! Totouille ! Au corral ! » D'un bond, les hommes sont dehors. Dans la nuit, Arkhat se saisit du petit corps. Alten et Jenka entourent Guldaore. L'effroi leur a porté la main au cœur. Totouille est inconscient. La chute de cheval qui l'avait maintenu plusieurs jours dans le coma l'été dernier semblait pourtant oubliée. La température est bien en deçà des – 30 degrés et Totouille n'a pas de chapeau. Nous retournons vers la maison. Guldaore se précipite à l'intérieur et demande à tous d'attendre dehors. Les bruits d'un remue-ménage nous parviennent, des malles bougées, des valises ouvertes et refermées précipitamment. J'essaie de pousser tout le monde dans la maison, persuadé qu'il faut emmener Totouille au chaud. Après des secondes qui paraissent des heures, Guldaore ressort enfin avec un linge doré et une poignée d'herbes séchées et odorantes. Rashet y met le feu et tourne trois fois autour de son fils en récitant des formules aux forts relents de chamanisme. Une demi-heure plus tard, Totouille est debout et vaillant, l'*aoul* rassuré. Les prières l'ont sauvé.

25 janvier 2005

Ce que les frères redoutaient est arrivé : il a neigé. Nous partons avec les animaux, la journée sera longue. Les chèvres ne savent pas gratter la croûte, elles restent inertes et stupide à bêler, elles crèvent de froid. Malgré leur cachemire, elles sont plus vulnérables au froid que les moutons. L'hiver n'a que trop duré, beaucoup perdent le petit qu'elles portent. Dans la journée, Arkhat repère vite la démarche lourde et l'arrière-train bas de celles qui vont avorter. Elles perdent un peu de sang et de matière puis, sans se retourner, en continuant de grignoter ce qu'elles trouvent, elles s'accroupissent une ou deux fois sans succès avant d'expulser leur avorton sanguinolent, nu, sans laine. Congelé à son premier souffle. Dans la neige, le sang se répand, il laisse l'empreinte rose d'une fleur surréaliste. Une fleur d'hiver, morbide. Ces avortements appauvrissent le troupeau à terme : les naissances manqueront au printemps, des adultes manqueront dans deux ans pour les cycles de reproduction et plus tard pour la viande.

Nous redescendons de la montagne avec un sordide chargement : deux avortons de poulains à cinq mois du terme, étouffés dans un linceul de glace, le placenta. Ils sont à Rashet, nous les lui rapportons. Avant d'entrer dans sa maison discuter de la situation, nous jetons la viande à ses chiens. Les discussions portent sur la date de départ de la transhumance. Est-il opportun de partir plus tôt que d'habitude, le prochain camp sera-t-il moins enneigé ? Ce soir, le mot *dzüd*[1] revient souvent. Depuis quelques jours, dans l'acharnement nécessaire pour sortir moutons et chèvres du corral, nous dénombrons et ramassons ce que la nuit a pris. Une chèvre et trois fœtus ce matin, trois petits tas ensanglantés de chair rigide. Plus inquiétant, contre une maison, nous avons retrouvé un avorton de yak. Si eux aussi perdent leur petit, la situation peut virer au dramatique. Pour la première fois de l'hiver, les troupeaux de chevaux sont redescendus d'eux-mêmes vers les maisons. Les étalons ne prennent même plus la peine de séparer leur groupe. Ils attendent de la nourriture. Des cinq juments d'Arkhat, une seule est encore pleine. Nous irons en ville chercher des sacs de son, le dernier espoir de sauver un poulain cette année. Au-delà de ce dernier geste, il n'y aura plus rien à faire qu'à courber encore un peu l'échine en espérant une accalmie. Attendre et s'accommoder de l'urgence pour laquelle on ne peut plus rien. S'armer de ce fatalisme tellement indispensable par ici.

La transhumance

21 février 2005

Les dernières semaines ont été difficiles, mais pas dramatiques. À la neige n'a pas succédé la neige, mais un froid qui n'a tué que les jours de vent. Chacun est désormais occupé par la transhumance à venir, attendue mais redoutée. La semaine précédente est cruciale : de la neige ou du très grand froid et les animaux seront encore plus faibles pour parcourir les 160 kilomètres qui séparent les deux camps.

1. Hiver particulièrement rude (froid ou enneigé) qui décime les troupeaux.

Le camion a eu du mal à atteindre les maisons. Une neige épaisse est tombée la veille de son arrivée, elle a rendu la dernière pente impraticable. Nous avons dû déblayer les 300 derniers mètres. Nous chargeons le contenu des maisons dans le camion. Au-dessus de l'amoncellement de lits démontés, de valises et de malles, le bétail trop faible est sanglé dans des couvertures en feutre. Il y a là plus de vingt chèvres et les trois veaux qui ont survécu. Femmes et hommes, engoncés dans plusieurs couches de manteau en peau, s'accrochent comme ils peuvent sur le chargement. Le chauffeur partage sa cabine avec Ata, Apa et les plus petits enfants. Ils sont tellement couverts qu'ils arrivent à peine à bouger bras et jambes. Pour regarder de côté, ils sont obligés de tourner tout le corps.

Arkhat, Tolubaï et Rashet font l'aller-retour en camion jusqu'au camp de printemps. Ils déchargent tout le matériel, installent les maisons et retournent à Kara Tao. Femmes et enfants restent au nouveau camp en attendant l'arrivée des hommes et des animaux.

Cette neige est mauvaise. Le départ de la transhumance est repoussé d'une journée pour permettre au vent de déblayer le parcours et pour constituer des réserves de buis à brûler – on ne trouvera pas d'argol dans ces conditions-là.

La nuit est glaciale mais courte. Nous nous levons à 4 heures. Tolubaï prépare le thé. Pendant toute la transhumance, il sera en charge de la cuisine, il est le plus jeune. Chacun jette une poignée de *borsak* dans son bol brûlant avant de partir rassembler les animaux. Rashet s'en va dans la montagne ramener les troupeaux de chevaux. Hier soir, ils étaient près du col, au nord. Depuis la veille, les chameaux sont attachés. Arkhat et Tolubaï les bâtent : la petite yourte pour la transhumance, les dernières balles de foin prévues pour la semaine, les sacs de son, le petit poêle, une casserole et les couvertures de feutre utilisées pour emballer le chargement et dormir. La lune est tombée derrière les sommets. Le ciel est d'un intense bleu nuit, rien ne perturbe l'atmosphère, difficile de repérer nos poneys dans cette obscurité.

Le jour se lève, la caravane s'ébranle. Les chevaux sont devant, confus au départ, puis ils reconnaissent la route et avancent. Moutons et chèvres peinent déjà dans la neige. Les yaks suivent le rythme au milieu du troupeau. Derrière, les hommes à cheval tirent les chameaux et leurs chargements colossaux. Attaché dans un sac de feutre, un agneau d'une semaine trône sur le plus grand d'entre eux. Il appartient au troupeau de Taolan, un frère de Jenka venu nous accompagner pour un bout de chemin. Une partie de son troupeau a passé l'hiver à Kara Tao. Les énormes manteaux et les culottes de peau des hommes encombrent démarches et gestes. Les chiens suivent, Atou, Artaban et deux chiots de sa dernière portée.

Passé midi, le soleil donne, la réverbération est intense. L'empilement de vêtements tient chaud, les yeux brûlent et nos têtes sont douloureuses. Les animaux avancent toujours, doucement maintenant. La plaine est encombrée de neige, ils n'ont toujours rien mangé et l'étape est encore longue. Aujourd'hui, nous devons parcourir plus de 45 kilomètres afin d'atteindre une vallée toujours aux vents. Les hommes espèrent y trouver un peu de nourriture. En cette saison, le soleil s'essouffle vite, le froid s'infiltre déjà sous nos *tchopane*. Les chameaux filent encore bon train, ils ont pris la tête. Les chevaux tiennent à peu près le rythme, encore faut-il les pousser sans relâche. Épuisés, les chiots s'arrêtent n'importe où, se mettent en boule l'un sur l'autre pour dormir. Nous devons les prendre en selle.

Le reste du troupeau est à la traîne, il s'étire. Taolan et Rashet, restés en arrière, le suivent à pied pour lutter contre le froid. Leurs cravaches cinglent les croupes des bêtes et claquent contre leurs bottes pour forcer le troupeau à avancer. Une lune énorme et rouge se lève, un instant elle reste en équilibre, appuyée sur deux pans de montagne.

Arkhat et Tolubaï sont partis devant avec les chameaux pour installer le premier campement. Je suis en poussant les chevaux, en cravachant ceux qui veulent se coucher, en gueulant sans discontinuer pour maintenir la pression. Je m'arrête un instant pour me soulager : une demi-heure est nécessaire pour remettre le troupeau en ordre de marche. Le vent s'est levé, voilà trois heures que nous progressons dans la nuit transparente. Un feu dans une bergerie abandonnée m'avertit de la présence d'Arkhat et Tolubaï. Ils ont tout installé pour la nuit, les chameaux sont au piquet, débâtés, ils ont eu leur ration de foin. Le thé chauffe.

Deux heures plus tard, le reste du troupeau n'est toujours pas là. Taolan arrive seul à cheval pour demander de l'aide : le troupeau ne suit pas. Arkhat bâte un chameau de foin et nous repartons en remontant nos traces. Vingt minutes plus loin, un groupe d'animaux s'étiole. À l'arrière, les chèvres de l'année sont en file indienne, elles bêlent, elles pleurent, elles se retournent, cherchent du réconfort. Le fouet siffle et claque, c'est la seule aide disponible. Une à une, elles décrochent, s'arrêtent groggy par l'effort fourni et se couchent dans la neige. Plus loin, les yaks sont aussi échoués. Dans la nuit, on dirait des rochers. Loin derrière, Rashet avance tout doucement, il regroupe tous les traînards, des chèvres essentiellement. Arkhat le rejoint et nourrit ceux qui peuvent l'être, une vingtaine finissent l'étape sanglés sur le dos du chameau. Quand tous les animaux ont rejoint l'abri, il est minuit passé. Les plus faibles sont parqués à part, trop fatigués pour toucher au foin distribué. Nous forçons les premières bouchées à la main. Une fois encore, tous ces gestes relèvent de la survie. Deux heures du matin, autour d'un repas de viande, les trois frères discutent de l'organisation du lendemain.

Réveil à 5 heures. Le thé fume déjà. Tolubaï s'est levé plus tôt. Ce matin, quatre animaux n'ont même plus la force de se lever, il leur reste moins d'un souffle de vie. Arkhat et Tolubaï tranchent les gorges pour récupérer les peaux. Le sang éclabousse à peine la neige tant les pouls sont faibles. Nous partons. Les chiens restent en arrière : ils fouillent l'intérieur des corps abandonnés. Ils déchiquettent les ventres pour atteindre les abats encore chauds. Devant nous, la neige. Nous devons atteindre un col pour passer dans une autre vallée exposée au vent. Les trois frères espèrent trouver une montagne dégagée : les animaux ont besoin de s'arrêter pour récupérer et paître. Au col, le vent est terrible et les animaux sont déjà éprouvés. Les frères se consultent : continuer plus loin jusqu'à un bon abri ou nous arrêter le plus tôt possible en risquant d'exposer les animaux à une nuit dehors ? Ils choisissent cette dernière solution.

Rashet bifurque dans la montagne avec le troupeau. Nous descendons jusqu'à un abri à animaux dans lequel nous pourrons dormir. La marche n'a pas duré deux heures, mais c'était trop pour certains animaux. L'agneau est mort. Taolan récupère la peau couverte d'une laine rase et bouclée avant qu'elle ne se raidisse. La peau des petits est précieuse, plus chaude et résistante que celle des adultes.

Nous débâtons les chameaux et les mettons au piquet avec une ration de foin. Nous installons ensuite le poêle au centre de la pièce. Nous recouvrons le sol couvert de merde du feutre de la yourte de fortune que nous trimballons. Nous bouchons les aérations avec les sacs gonflés de foin et partons ramasser de l'argol pour le poêle. La place est pauvre en combustible. Dans le vent, nous avançons courbés, le visage rentré pour éviter les claques de vent qui martyrisent nos joues. Nos doigts sont raides sur la toile du sac.

Un thé fume enfin dans l'abri. Les hommes sont éprouvés, heureux de souffler un instant au chaud. Il reste du travail pour la journée. Tolubaï part relever Rashet resté avec les animaux depuis ce matin. Le vent continue de battre les flancs de la montagne. Les chevaux ont besoin de soins, nous préparons des musettes pour les poulains et les juments les plus faibles. Nous devons leur passer les sacs autour de la tête pour que les autres chevaux ne puissent pas leur voler de nourriture. Les animaux reconnaissent les sacs et se battent pour y accéder. Dans la mêlée, nous devons faire le ménage en évitant les ruades et accrocher le plus vite possible la musette aux animaux. Impatients, ils ne se laissent pas faire. Ils donnent des coups de tête ou décampent dès qu'on leur pose la main dessus, tiraillés entre la faim et la peur de la main de l'homme. D'autres transhumances passent près de notre abri, les chiens partent à fond de train, les crocs sortis et les oreilles couchées pour punir l'intrusion. Les mêlées sont terrifiantes. Ils s'affrontent en bande dans des tourbillons de poussière jusqu'à ce qu'on entende un hurlement aigu. Le chien blessé déguerpit, une meute à ses trousses. S'il est rattrapé, le massacre reprend, impitoyable. Sur le dos, soumis, il essaye de prévenir ses assaillants. Mais ses grondements n'impressionnent plus, les autres ont décelé la peur. Cette peur qui tord la voix.

Le lendemain, nous nous levons soulagés : la nuit a été clémente, sans vent. Les animaux n'ont pas souffert.

Dans les reflets bleutés d'une obscurité impatiente de voir l'aube, Arkhat et Tolubaï chargent les chameaux. Leur chorégraphie est au point : de part et d'autre de l'animal, ils se passent et repassent les longes en cuir pour sangler tout le matériel et le foin. Ensemble, arc-boutés sur les lanières, un pied en appui sur le bât, ils assurent toutes les affaires. Ils croisent les sangles avant de tourner, l'un face à l'autre, autour du bât. Toutes les affaires sont prises. Ils font lever le chameau pour s'assurer que la charge est équilibrée. À l'aube, nous partons dans la neige vers un col. Je suis en avant avec Rashet et les ruminants. Tolubaï revient avec le troupeau de chevaux qu'il a déniché dans la nuit. Arkhat nous rattrape avec son train de chameaux. La pente est de plus en plus raide. Les chameaux glissent, patinent. Ils se raidissent un instant, se stabilisent puis repartent de leur démarche à l'amplitude et à la lenteur préhistoriques.

À cette heure-là, chacun avance obstinément. Les petits matins sont froids et longs, nous attendons tous les premiers rayons salvateurs. Quatre heures après notre réveil, nous les trouvons au col. La caravane se teinte d'orange et de rose. Nous n'avons plus longtemps à attendre avant de nous réchauffer.

Les animaux découvrent un plateau vaste, en dévers, bordé de montagnes couleur de loup. Arkhat part en avant avec les chameaux pour aller installer le camp du soir. Nous restons en arrière avec les moutons à un train qui leur permet de brouter. Le troupeau s'étale sur toute la largeur du dévers, nous progressons lentement en zigzaguant au cul des animaux.

Les montagnes se resserrent, le vent se lève, les animaux se regroupent. Les six cents bêtes avancent maintenant collées les unes aux autres. On ne distingue plus aucun animal, mais une masse informe progressant mollement et parcourue par une houle écœurante.

En fin de journée, nous sommes au train des animaux épuisés. Le fouet cingle l'air glacial. Avancer, avancer jusqu'à un abri au pied d'une montagne où ils passeront la nuit parfaitement protégés.

Nous arrivons. Arkhat a déjà monté la petite yourte de fortune dans laquelle nous nous entasserons. Les animaux les plus faibles sont isolés pour une ration de foin. Demain, ils voyageront sur le dos des chameaux. Déchargés du foin, ils transportent désormais le bétail le plus faible. Les hommes se retrouvent autour d'un thé dans la tente. On boit vite pour ne pas le laisser refroidir. Le bord du bol est glacial, son contenu brûlant. La chapka rejetée en arrière, les postures sont lasses. La fatigue se dissipe dans les vapeurs de thé, en attendant la viande de mouton qui bout dans la marmite. La yourte est minuscule : une fois que nous sommes tous calés en position pour dormir, plus personne ne peut bouger. Nous avons bien chaud.

1er mars 2005

Cette journée sera la dernière si les conditions le permettent, si le vent ne joue pas contre nous. Nous bâtons en pleine nuit, puis partons le plus vite possible. Sur le chargement des chameaux, les peaux s'entassent, macabres trophées à côté des animaux en sursis. Les six cents bêtes sont menées à la seule lueur de la lune. Arkhat est parti chercher les chevaux dans la nuit. Il nous rejoindra en chemin. Pour sortir de la vallée, tellement vaste qu'elle réduit des troupeaux de centaines de têtes à de simples détails à peine identifiables, nous devons atteindre un grand plateau couvert de neige et exposé au vent. Une dernière pente nous mènera au col où se trouve le lac Noir. Il garde tout le passage vers Dayan, la région des lacs le long de la frontière chinoise.

Dans la nuit, le train de chameaux a une grâce immuable et réconfortante. Sur le long plateau, nous avançons derrière les animaux restés groupés pour affronter cette dernière étape. Le froid nous force à marcher, nos poneys suivent à la longe, tête baissée. Nous sommes prévenus des variations d'épaisseur et de structure de la neige par le bruit des sabots. Ils crissent dans la neige fraîche. Ils tintent contre la glace. Ils sonnent creux sur la neige durcie et croûtée, on croirait une pluie tropicale sur des toits en tôle. Une première fois mon cheval, Tore At[1], se couche. Il se relève vite, il a dû glisser. Un peu plus loin, il recommence, mais se relève aussi vite. Après deux heures de marche, il se couche tous les 100 mètres et se relève de plus en plus difficilement.

Nous ne sommes plus très loin du col précédant le Lac noir. D'autres transhumances convergent vers l'unique passage. J'attends qu'Arkhat nous rejoigne. Des cavaliers s'arrêtent, ils essayent la cravache pour relever mon cheval. Ça marche une fois, deux fois, puis il se couche pour de bon. Aucune cravache ne le relèvera.

Nouveau conciliabule en surplomb du lac, le plateau en contrebas du col reste dans la pénombre. Nous distinguons tout juste la progression d'autres troupeaux en route. La réunion de cols en caracul et de chapkas en fourrure pris par le givre décide de saigner mon cheval. Avec l'altitude, le sang s'épaissit aux naseaux et gêne l'animal. D'une chapka, un éleveur tire une aiguille à coudre le cuir. Arkhat et moi tenons la tête de Tore At, nous empoignons ses oreilles pour qu'il se soumette. Une première pique dans les naseaux est inefficace, quelques gouttes épaisses tombent, mais

1. Cheval bai.

l'animal refuse toujours d'avancer. Nous recommençons dans les veines le long du chanfrein. Cette fois-ci, le sang coule abondamment, toujours épais et noir. Nous repiquons jusqu'à ce qu'il gicle pur et vif. Tore At se met alors à trotter légèrement en suivant les autres troupeaux. Par précaution, Arkhat a attrapé un autre cheval. Je le selle pour terminer la journée avec lui. Tore At est vieux, il a beaucoup travaillé cet hiver.

Le Lac noir est couvert d'une glace épaisse et noire qui elle couvre les entrailles de la terre. Le chemin en bord de lac est étroit et glissant, souvent en dévers. Les transhumances s'y engagent les unes après les autres. Les troupeaux s'allongent, chevaux en tête. Ces terrains ne sont pas favorables aux chameaux. La patte en amont glisse et fauche le dernier appui dans le fracas du matériel qui éclate au sol. Une once de surprise trouble alors leurs regards d'éternels prétentieux.

Au bout du lac, l'immensité éblouissante de la région de Dayan s'étend à nos pieds. Nous descendons vers la plaine, le soleil cogne maintenant, nous transpirons sous l'empilement de vêtements, la neige est partout, la réflexion intense, comparable à celle du premier jour de transhumance.

La large rivière des Pierres noires nous sépare encore de la plaine. Arkhat et ses frères connaissent l'endroit le plus propice pour traverser la centaine de mètres de glace. Le bétail avance en file indienne, nous ramenons le plus de neige possible sur leur passage. Les chèvres patinent, elles font du surplace et s'affolent. La cravache a raison de quelques-unes, nous portons les autres, tombées pattes écartées, incapables de se relever. La plaine après la rivière n'est qu'un miroir brûlant. Arkhat m'annonce l'arrivée dans trois heures. Je ne vois rien qu'une plaine vaste et blanche, vide et plate, mais j'ai appris à ne plus être surpris. Le relief se dévoile enfin : succession de cratères aussi grands qu'invisibles. Maisons et abris sont tapis au fond des trous, à l'abri des vents. Seules les fumées des foyers trahissent leur présence. Impossible de s'orienter par ici, de reconnaître quoi que ce soit, surtout avec cette neige. Arkhat avance pourtant sans hésitation.

Nous arrivons au campement dans une lumière chaude et rasante. Les portes des maisons s'ouvrent, les femmes sont déjà au travail en train de débâter les chameaux et de faire chauffer le thé. Les retrouvailles sont sobres, pleines de retenue, très kazakhes. Seule la précipitation avec laquelle les femmes sont sorties des maisons trahit leurs sentiments.

Ni le froid des préparatifs dans la nuit, ni la fatigue des marches accumulées, du manque de sommeil ou du travail à abattre pendant les étapes n'ont émoussé ma fascination pour les steppes. Au contraire. Elles me subjuguent, me transportent. J'ai le sentiment de ne pouvoir m'en lasser. Dans les conditions les plus difficiles, son spectacle est un réconfort qui me permet de continuer sans me soucier de rien. Au cul d'un troupeau qui refuse d'avancer face aux vents cinglants, les pieds et le visage hurlant de douleur, je suis encore transporté par la steppe vers ce sentiment de liberté absolue, celui qui vous fait relever le nez et vous laisse planté là, les deux pieds campés dans le sol, envahi par une indestructible sérénité. J'avais toujours rêvé d'être ce cavalier guidant un troupeau, rassemblant des animaux au galop. Maintenant que je le suis, je comprends mieux la démesure de ce rêve et je suis tous les jours plus époustouflé par la grandeur de ces paysages, la profondeur de ces réalités et l'intensité de ces vies dont chaque geste est primordial.

Norouz

Le retour. des animaux au camp de printemps est jour de fête. Il est célébré à la manière kazakhe, autour d'une succession de thés et de repas pris chez les uns et les autres, dans l'ordre d'importance des maisons. Une cachette, fondue dans les murs de boue séchée, a fourni le beurre et le fromage qui manquaient depuis plusieurs semaines.

Les premières visites sont réservées aux plus proches voisins et à la famille qu'on n'a pas vue depuis des mois. Peu à peu, elles s'étendent aux autres connaissances. Les retrouvailles sont l'occasion de boire, de trinquer en portant des toasts sans fin, jusqu'à assèchement complet des bouteilles ouvertes. Le soir, dans la plaine, des cavaliers s'en vont par deux, bottes contre bottes, appuyés l'un contre l'autre à la hauteur des épaules.

Les frères sont soulagés d'être arrivés à Kara Burat[1] et d'accéder à leurs maigres réserves de nourriture, après avoir frôlé la catastrophe pendant la transhumance. Ils ont du foin pour le petit bétail et leur poney de travail, du crottin pour les yaks. Cette année, les réserves sont bonnes. Il a suffisamment plu l'été passé, ils ont pu faucher assez de foin et récolter suffisamment de crottin encore riche en herbe.

Le campement de printemps sera occupé trois mois. Il est vital, les femelles vont y mettrent bas et les organismes déjà épuisés doivent encore résister aux coups de butoir des plus formidables et brusques variations de températures de l'année. Elles mèneront à un prin-

1. Les Collines noires.

temps extrêmement bref auquel succédera l'été brûlant. Les tempêtes de printemps se déclinent en vent et en neige. Elles alternent avec des journées marquées par un extraordinaire redoux ou des glaces soudaines. Les maisons sont similaires à celles d'hiver, mais, construites dans une dépression du terrain, elles sont mieux protégées des vents. Dans le corral, un grand et long abri, entièrement couvert, est construit en pierre. Une charpente en bois supporte le toit de lauzes dans lequel des aérations sont aménagées.

21 mars 2005, 545e jour

Nous célébrons Norouz, jour du printemps et fête du nouvel an. Il porte les espoirs de l'année à venir avec la naissance des premiers agneaux.

À Kara Burat, les éleveurs ne vivent plus isolés, retranchés dans leur campement d'hiver. Les élevages sont proches les uns des autres, espacés d'un kilomètre à peine et facilement accessibles. Jusqu'à Norouz, une frénésie sociale s'empare de la région ; de visite en visite, les affres de l'hiver sont dilués à grands traits de vodka. Cette effervescence culmine aux trois jours de Norouz. Des groupes de cavaliers apprêtés vont d'*aoul* en *aoul* présenter leurs vœux.

Le premier jour, la maison ne désemplit pas. Alten veille au thé, à ce que la table de fête soit opulente, couverte de *borsak*, de beurre, de fromage et de sucreries. Les plus âgés, les plus respectables sont installés dans le fond de la maison, face à la porte. Ils monopolisent la parole. Les autres cavaliers s'installent à gauche de la table. Les plus jeunes, qui circulent en bande, sont assis contre le mur. Les femmes restent à droite, en avant du poêle, servies sur une nappe à part. La porte s'ouvre, l'assemblée lève la tête. Au silence qui accompagne l'entrée, on mesure le rang de l'arrivant. Du pas de la porte, il habitue ses yeux à l'obscurité, décline ses vœux puis va trouver sa place dans l'assemblée de *tchopane* et de bottes.

Le premier repas est pris chez Ata. Ils se suivent tous chez Rashet, puis chez Arkhat et Alten pour le dernier repas servi à l'*aoul*. Alten a préparé le plat de Norouz : un agneau d'un an bouilli, servi avec les sept aliments blancs réclamés par la tradition.

Pour la fête, toute la famille a mis ses plus beaux habits. Tolubaï me demande de prendre une photo de sa famille. Lui, Jenka (sa femme) et ses deux filles, Tuca et Mulder, pensais-je. Quand Mulder arrive en courant, Tolubaï la botte hors de la photo avec ces mots : « Non, toi tu appartiens à Apa et Ata. » Je comprends alors que ce que je prenais pour une boutade, une politesse exigée par la tradition, a une signification bien réelle. Plus tard, je rencontrerai d'autres enfants donnés aux grands-parents en guise de bâton de vieillesse ou à une mère veuve et sans fils.

Au deuxième jour de Norouz, nous partons à quatre, Alten est de la partie. Nous retrouvons une troupe de trente cavaliers accompagnant la dizaine d'*akh sakal* qui, solennels et parfaitement mis, visitent les plus importants *aoul* de la plaine. Ils montent leur plus bel étalon, habillés d'un *tchopane* réservé aux grandes occasions, maintenu par une fine ceinture en cuir incrustée de pierreries et d'ornements argentés. Sur leur flanc bat l'étui à couteau. Ils ont coiffé leur plus prestigieux chapeau de chasseur à l'aigle, leur plus belle fourrure. Au pas, ils vont par deux ou trois, ils avancent les uns contre les autres, avec cette certitude et cette confiance forgées par les années passées côte à côte. Un par un, ils entrent dans la maison où le thé et le repas seront servis. Sous la théière remplie d'eau tiède que verse un enfant, ils se rincent les mains puis attrapent la serviette douteuse et, un par un, essuient leurs gros doigts. Dehors, les autres générations attendent le signal du thé pour venir s'entasser à l'intérieur.

L'agneau est présenté sur un plateau, les meilleures parties sont disposées autour de la tête tournée vers les anciens. Le plus vieux bénit le repas ou charge quelqu'un de le remplacer. Le père d'Alten est particulièrement pieux et religieusement instruit, ce rôle lui échoit souvent. Il entame alors d'une voix de fausset une interminable succession de prières qui ne manque pas de faire naître quelques sourires aux moins habitués. L'assistance garde les paumes tournées vers le ciel. Les prières terminées, les *akh sakal* sortent leurs couteaux des étuis en cuir. Leurs paumes rugueuses ont usé les manches en os. Les pointes sont émoussées depuis longtemps, mais les lames, aiguisées au matin sur des pierres, tranchent facilement les pièces de viande bouillantes. Leurs lourdes mains reposent dans le plat commun les morceaux coupés. Les autres se servent, aspirant bruyamment la graisse chaude qui dégouline le long de leurs doigts. Celui qui a béni le repas a découpé la peau de la tête, il l'a distribuée aux hôtes les plus importants. Recevoir les oreilles est un honneur plus rare, il nous sera réservé à chacun des cinq repas que nous ferons cet après-midi. La viande terminée, un bol de riz et de pâtes baignant dans le bouillon est distribué à tous.

Au-delà du nouvel an, Norouz marque le début des naissances du petit bétail. Cinq mois plus tôt, Arkhat, Tolubaï et Rashet avaient attrapé boucs et béliers pour retirer les tabliers, découpés dans des carcasses de pneus, qui les empêchaient de saillir les femelles. Pour accueillir les agneaux, les éleveurs s'apprêtent. Ils se rasent et se coupent les cheveux. Notre coup de ciseau, apprécié par la famille, acquiert une belle réputation.

Les éleveurs de la plaine accourent à l'*aoul* pour se faire coiffer.

Désormais, une nuit sur trois, Arkhat veille. Toutes les deux heures, il se lève, coiffe sa chapka en fourrure et sort. Il tient à la main sa vieille lampe torche dans laquelle il a mis les quatre grosses piles cylindriques qu'il garde dans un tiroir. Le faisceau est blafard. Dans l'abri, il ne permet pas de deviner les animaux à plus de 1 mètre. Arkhat déambule parmi les brebis endormies, à la recherche d'un animal en plein travail, d'une mère nettoyant son petit. Il aide une naissance difficile et arrache au froid le nouveau-né. Il le fourre sous son large manteau le temps de terminer l'inspection. L'agneau rejoint la ménagerie installée dans le coin de la maison. En cherchant sa place, il réveille toute la compagnie, ceux qui ont faim gueulent jusqu'au petit matin.

La journée, à l'arrière du troupeau, nous surveillons les mères prêtes à mettre bas. Dès la sortie de la bergerie, Arkhat a repéré les femelles à suivre. Débarrassés du placenta, les petits sont enlevés et placés dans le sac de feutre accroché à la selle, le *kirivak*. Quand nous rentrons en pleine journée, Totouille, Aydengul, Basha et Kokoz, la morve au nez, se précipitent et se disputent pour rapporter les promesses du jour dans les maisons. Combien d'agneaux ? Combien de chèvres ? Les cabris pleurent comme des enfants. Ils ont encore dans les poils les traces de l'effort qu'ils viennent de faire. La mère, restée avec le troupeau, trotte tête haute. Elle s'arrête, repart, change de direction. Elle renifle, elle cherche. Elle bêle en vain.

Comme le sont souvent les gens de la terre, Arkhat et Alten sont superstitieux. Ils ne calculent pas combien d'animaux sont nés tant que la dernière femelle n'a pas mis bas, tant que tous n'ont pas passé le cap de la première semaine. Compter les naissances en cours d'agnelage porte malheur pour celles à venir. Des jours plus tard, après avoir fait leur compte, Alten et Arkhat nous confient que notre présence est bénéfique : à l'exception d'un agneau blanc et bleu, mort du manque de vigilance de Rashet une nuit où il était de garde, ils n'ont perdu aucun nouveau-né cette année. L'hiver particulièrement rude avait sans doute déjà éliminé les plus faibles pendant la gestation. Chaque famille marque ses animaux d'un fil de laine de couleur dans l'oreille. Quelques semaines plus tard, nous marquons les museaux au fer rouge et taillons leurs oreilles à la pointe du couteau : ils portent désormais les marques de l'*aoul* et les signes particuliers des frères.

Le thé matinal avalé, c'est l'heure de la tétée. Dans la ménagerie de la maison, agneaux et cabris réclament depuis longtemps, les uns en bêlant, les autres en pleurant. Arkhat se lève, attrape six à huit petits, brutalise la porte du pied et se dirige de sa puissante démarche vers le corral où les mères attendent. Kokoz et Aydengul se précipitent à sa suite. En escaladant la rambarde du lit qui sert d'enclos, ils ont attrapé un petit. Ashou pleure, elle n'arrive pas à suivre. Personne ne l'aide pour attraper un agneau. Dans les mains démesurées d'Arkhat, les petits sont vulnérables. Les brebis l'ont repéré. Elles se précipitent à la barrière, bêlent, se poussent, reniflent les petits qui tètent d'autres mères, se retournent, reniflent encore et cherchent désespérément le leur. Dans la mêlée, Arkhat, Tolubaï et Rashet reforment les deux cents couples avec une facilité stupéfiante. Ils connaissent chaque brebis et reconnaissent déjà chaque petit. « Parce qu'ils ressemblent à leur mère », m'explique Arkhat.

Le dernier couple réuni, le calme s'installe, les bêlements sont remplacés par les tétées goulues et sonores. Sur le muret qui entoure le corral, les hommes s'assoient un instant, gardant un œil sur les bêtes. De temps en temps, ils laissent échapper un juron destiné à un enfant qui perturbe la cérémonie. Un à un, les animaux se séparent, les plus petits sont ramenés dans les maisons. Dans de grands éclats de rires, Kokoz, Aydengul, Totouille et Basha plongent sur les agneaux qui tentent de s'échapper. Ils se relèvent bredouilles, le bonnet descendu sur les yeux, couverts de crotte de bique. Ashou hurle d'excitation en ramenant le chevreau crème qu'Alten lui a confié. Les plus grands se regroupent et laissent exploser toute l'énergie qu'ils viennent d'accumuler dans de furieuses partie de saute-mouton.

Les deux tétées quotidiennes permettent d'inspecter le troupeau, de vérifier que les mères donnent suffisamment de lait, que les petits grossissent correctement. Si une mère est récalcitrante à identifier son petit, comme cela arrive souvent les premiers jours, Arkhat ou Alten enfoncent leur poing dans les parties de la mère et répandent sur l'agneau son odeur pour qu'elle le reconnaisse. Ils trouvent des nourrices aux petits dont la mère ne donne pas assez de lait et persuadent une chèvre qu'elle a mis bas un agneau.

Une vache a vêlé. Elle ne reconnaît pas son petit et refuse de l'allaiter. Croisée entre un yak et une vache, elle est agressive. Pour protéger le veau, Alten et Tolubaï ont enroulé du feutre autour de ses cornes qu'un taureau de combat ne renierait pas. La tête attachée à un poteau, les pattes arrière liées, elle envoie valdinguer le veau que la faim pousse à insister. Maintenue couchée au sol, elle se débat et refuse toujours son petit. Il a beau lui beugler dans les oreilles tout le restant du jour, rien n'y fait. Depuis le matin, Alten a, par trois fois, enfoncé son poing jusqu'au coude dans la croupe de la mère et enduit le petit de l'odeur, mais elle refuse encore. Quand Arkhat rentre le soir, la situation est critique, le veau ne passera pas la nuit s'il ne tète pas. Depuis ce matin, par – 10°, il résiste, mais cette nuit les températures lui seront fatales. Sous la lune déjà levée, Arkhat attrape sa chienne Artaban. Il la lie au veau par une corde de trois mètres de long puis les place de part et d'autre de la vache. Brusquement, il se met à courir en tirant les deux animaux. La corde blesse le chien : il hurle derrière le veau qui pleure. D'instinct, aussi déterminée qu'un instant plus tôt dans son refus, la vache charge le chien menaçant son veau. Dans un tourbillon de poussière bleutée, sorti d'une lampe à génie, elle cherche à l'empaler. Elle se contente finalement de le piétiner. Artaban se dégage, part la queue basse, rentrée, couinant comme un animal blessé. Le veau tète, blotti contre les flancs de sa mère qui le lèche longuement. La poussière retombe.

En mars, les nuits restent polaires et les matins pinçants, mais, après quelques heures, pour la première fois depuis des mois, le soleil apporte une sensation de chaleur. Adossés à leur maison, Ata et Apa chauffent leurs vieilles carcasses qui aspirent au repos. Guljan, la petite sœur d'Arkhat, étale au soleil ses réalisations des hivers précédents : ses trois *tus kiiz*[1], trésors de patience, d'adresse et d'obstination. Traditionnellement fabriqué l'hiver précédant le mariage, le *tuz kiiz* fait partie intégrante du trousseau. Elle a travaillé sans discontinuer pendant six semaines sur le dernier, malheureusement gâché par des couleurs de fil trop vives, trop modernes, presque fluorescentes. Le fil vient de Chine, il s'accorde mal avec ce savoir-faire ancestral et ces points de broderie répétés des dizaines de milliers de fois. Guljan a

1. Tentures brodées à la main pour décorer l'intérieur des maisons et des yourtes.

22 ans, elle est la copie féminine d'Arkhat, de loin la plus forte et la plus résistante des femmes. Elle est rapide et efficace en tout. Aucune des occupations féminines n'a de secret pour elle et elle peut exécuter la plupart des activités des hommes aussi bien qu'eux-mêmes.

Ce déballage de *tus kiiz* ressemble à un aveu : celui de ses échecs passés à se marier. L'isolement dans lequel elle est tenue et le peu d'empressement qu'Apa a de la voir partir en sont les raisons. Son aide est précieuse tant elle abat de travail dans une journée. Sa présence soulage ses parents : Ata n'est plus autonome depuis des années, Apa l'est de moins en moins, elle marche difficilement et l'essentiel de sa force a disparu.

À Kara Burat, les terrains à surveiller sont plus vastes qu'à Kara Tao. Dans le campement précédent, nous vivions accrochés à une montagne dont tous les versants étaient exploités par différents élevages, il était facile de suivre le trajet des animaux. Ici, la géographie est différente, nous vivons dans une plaine limitée par de lointains sommets enneigés, regorgeant de talwegs, crevée de lacs. Les animaux sont difficiles à surveiller, ils peuvent s'égarer sur un territoire de plus de 1 000 kilomètres carrés.

Arkhat veut retrouver sa grande chamelle, elle doit mettre bas dans les semaines à venir. Il ne veut pas abandonner le chamelon aux loups. À cheval, nous arpentons la plaine, demandons aux éleveurs rencontrés s'ils ont repéré des chameaux. Arkhat sait les endroits qu'aiment ses animaux, les places où le sol est iodé et celles où poussent les premières herbes. Durant deux jours, le vent de la steppe nous fige sur nos selles, le regard d'Arkhat porte loin. Il identifie enfin un point noir au milieu d'un groupe d'une vingtaine de points identiques. Nous ramenons la chamelle, sa démarche est celle des femelles qui doivent mettre bas d'ici peu. Choyée au foin, elle restera attachée le temps que doit encore durer sa gestation, longue de dix-huit mois.

Avril, le trop long mois

1er avril 2005

Matin habituel, pur et bleu, limpide. Boire le thé, sortir les agneaux, surveiller la tétée. Soudain une rafale emporte toute la poussière du corral. Arkhat lève la tête, Alten ouvre sa porte, il fait la moue, elle rentre renfrognée : « Avril ! » Avril, le mois de trop, avril le caractériel sans repos ni pitié. À coups de tempêtes interminables et de variations de températures vicieuses, il s'acharne sur des organismes déjà à bout. Pendant des jours, le vent s'engouffre et résonne dans le tuyau du poêle, il porte des nuages sombres et de la neige soufflée à plat. Le paysage disparaît, se dissout dans une soupe blanche aveuglante. Les repères, les distances, les bruits sont balayés, submergés.

Les troupeaux de chevaux sont partis vers les *jailoo*[1] distants d'une quinzaine de kilomètres. Les tempêtes y sont terribles, les dangers nombreux. À 2 500 mètres d'altitude, la neige tombe épaisse, elle masque les accidents du terrain et piège les chevaux. Les loups rôdent dans ces parages. Dans l'état d'épuisement où sont les chevaux, ils ont peu de chance d'échapper à une meute en chasse. La frontière chinoise est en vue. Même si elle est difficilement franchissable, solidement gardée par des montagnes abruptes, le vent peut pousser les animaux dans cette

1. Pâturages d'été.

direction. Les chevaux sont donc surveillés, redescendus régulièrement pour qu'on inspecte leur état et donne du foin aux plus faibles. L'unique jument d'Arkhat, encore pleine, bénéficie de soins particuliers, une ration de son pour elle et son poulain de 1 an.

Qu'Arkhat reconnaisse les signes d'une grosse tempête et nous sellons nos poneys, partons dans la montagne pour redescendre les chevaux et les mettre à l'abri. Passé la géographie si particulière de Kara Burat, une longue plaine mène au pied des hautes montagnes. Accéléré dans les vallons, le vent souffle face à notre progression. Nous remontons la plaine en tirant des bords pour nous épargner le fouet de la neige soufflée à plat et garder un côté du visage et du corps à l'abri. Dans les pires rafales, les chevaux s'arc-boutent pour ne pas céder de terrain. Deux heures plus tôt, découverte à 360 degrés, d'une profondeur et d'une quiétude qui semblaient imperturbables, la steppe s'est réduite à une bulle de résistance. Tout est blanc, mais douleur et violence. Impossible de rien repérer. Dès qu'une aspérité du paysage apparaît, Arkhat s'agenouille contre son cheval et, abrité du vent, identifie à la jumelle le relief. Impossible de s'orienter autrement. Il connaît cette région par cœur, mais sait aussi l'impétueuse nécessité de vérifier son chemin à chaque occasion.

Il y a des années, Ata, son père, à la recherche de ses chevaux, s'est perdu dans un coup de neige semblable à celui-ci. Il a passé la nuit dehors, ne retrouvant son chemin que le lendemain. Son côté droit a subi la morsure du froid, le diminuant pour la vie. Les années ont empiré son état. Sa jambe est raide, sa main engourdie. Elles répondent à peine malgré les efforts qu'il consent et qui le mettent en nage. Sa souffrance est constante, physique et morale. Il est le chef diminué subissant les décisions de ses fils. Pourtant il ne se départ jamais d'un réel intérêt pour les autres et d'une prévenante curiosité éloignée des standards kazakhs.

Dans la tempête, un autre point noir progresse, courbé et obstiné : un éleveur également à la recherche de ses animaux. Nous échangeons nos informations. Rien de son côté, rien du nôtre. Avant de s'aventurer dans les pentes aléatoires de la montagne, Arkhat décide de fouiller ses bases tentaculaires. Nous avançons maintenant vent de travers. Le relief est traître, trois fois les poneys tombent dans des trous de neige, ensevelis jusqu'au garrot. Paniqués, ils se cabrent et ruent, se débattent jusqu'à s'extirper des pièges. Après deux heures à longer les collines, nous n'avons repéré qu'une bande de chameaux insensibles à la tempête. Nous repartons en arrière. Au profil droit de souffrir. Les chevaux, enfin ! Ils sont immobiles, culs tournés au vent, nous étions passés à une centaine de mètres d'eux sans les voir !

Dans les maisons, les femmes s'activent pour préparer l'été : solidifier les pans de feutre de la yourte, réparer les cordes usées et fabriquer de nouveaux ornements. Guljan a installé une machine à tisser dans l'antichambre de la maison. Avec deux piquets, cinq planchettes et un jeu de fils de couleurs, elle a aménagé un atelier pour confectionner les larges sangles aux motifs kazakhs servant à maintenir toute la structure de la yourte. Dans la pénombre de la pièce, dans les courants d'air des allers et retours incessants des enfants, elle passe des heures, des journées à guider le fil, ajuster le maillage et tendre l'ouvrage. Dans la pièce adjacente, contre le poêle qui ronronne, Apa démêle et aère toute la laine qu'elle gardait entassée dans un vieux sac depuis l'été dernier. Poignée par poignée, elle la roule et la file pour obtenir deux solides cordons. Elle les tressera ensemble d'un geste expert, en frottant ses paumes ankylosées.

Les cordes serviront à ajuster les pans de feutre autour de la yourte, à les arrimer à la structure.

Jenka aide Guldaore à terminer un *sirmak* : le feutre, la teinture et l'assemblage sont terminés, ne reste qu'à broder alternativement les deux gros fils de couleur par-dessus les coutures.

Alten se contente de réparer le gros ouvrage avec Arkhat le soir venu. Dès qu'elle rentre dans une maison où des travaux sont en cours, elle s'invente une tâche urgente et refuse même, chose exceptionnelle, le thé offert. Elle s'enfuit de la maison avec le sourire et la satisfaction adolescente de celle qui vient d'échapper à une corvée.

25 avril 2005

Aux annonces du soir, la radio l'a confirmé : demain, un convoi (un camion et deux voitures) monte à Dayan depuis Olgii. La neige est tombée, par sécurité les trois véhicules vont rouler ensemble. Nous y avons notre place réservée pour retourner en ville. Le camion nous attend dans un *aoul* voisin. Le chauffeur et son frère sont venus faire un chargement de bois qu'ils revendront au marché. La voiture du médecin a été appelée la veille par radio pour une urgence. Elle est montée d'Ulaankhuus, une petite ville sur la route d'Olgii.

Le médecin est un frère d'Ata, il vient nous retrouver à l'*aoul*. Ses consultations terminées, il visite d'autres campements, il ramène une femme enceinte proche de l'accouchement et une autre qui serre dans ses bras un bébé de quelques semaines, emmitouflé dans tout le linge qu'elle a pu trouver. Tous les gens du convoi en ont profité pour rendre visite à leurs proches. À chaque visite, le rituel est le même : un thé, un plat et une bouteille enfilée à toute vitesse. Quand le médecin arrive chez nous, il est plein, titube pour descendre de la voiture et soliloque. Il se ressaisit pour retrouver un semblant de dignité avant d'entrer chez son frère. Une fois stabilisé devant la porte, il entre sûr de lui, franchit le marchepied sans coup férir et salue Apa à distance et assez honorablement. Il n'y aurait pas beaucoup à se forcer pour croire qu'il est sobre. Il se dirige ensuite vers le lit où Ata reste allongé tout son temps. Il salue de façon tout aussi académique le lit… pour une fois vide ! Il va s'asseoir à la place qui lui revient, certain de la bonne impression qu'il a donnée. La porte s'ouvre, Ata rentre et se traîne jusqu'à son lit. L'autre ne sourcille pas, ne se rendant compte de rien.

Nous regagnons le camion et visitons deux campements supplémentaires : deux thés, deux repas et deux bouteilles envoyées en quelques minutes. L'ambiance est bonne. Les chauffeurs sont euphoriques, ils ont trouvé quantité de bois. Leur camion est presque autant chargé qu'eux. Milieu d'après-midi, notre convoi s'élance. Dans le camion se trouvent les deux frères et le beau-père de l'un d'eux ; dans la voiture venue d'Ulaankhuus, le chauffeur, le médecin et la femme prête à accoucher ; dans notre voiture, le chauffeur, un autre homme et la femme avec l'enfant. Au premier col, après la traversée du lac glacé et à la rivière suivante, une et une qui font deux et deux qui font quatre : quatre bouteilles, cul sec. L'ambiance est excellente. Jusqu'à Ulaankhuus, plus rien. La nuit est tombée quand la voiture du médecin nous abandonne. Nous allons tous nous réchauffer chez le sous-gouverneur d'Ulaankhuus, le fils de l'homme dans le camion. Vodka, repas, vodka, vodka, vodka. On éponge au thé. Le vieux ne boit rien, il reste stoïque devant son fils, son gendre et le frère. Plus ils boivent, moins il parle. Minuit passé : il est temps de repartir d'Ulaankhuus. Le sous-gouverneur nous accompagne, il doit nous indiquer le gué à utiliser pour traverser la rivière Khovd qu'un pont enjambait encore une semaine plus tôt. Une fois que nous sommes arrivés au bord de la rivière, son réservoir est vide, scénario habituel. Nous siphonnons le nôtre pour lui permettre de rentrer chez lui.

Le camion n'a pas suivi. Au démarrage, ils se sont oubliés dans une autre bouteille, puis ils ont réveillé le reste de la ville pour se réapprovisionner ! Sur les berges de la rivière, l'attente est longue : une heure. La femme garde son enfant blotti contre elle. Des phares, enfin. Ils s'arrêtent, coupent le contact, dégringolent du camion et vacillent le long de la berge pour étudier le gué. Ils redémarrent le camion, descendent dans la rivière, longent la berge avant de couper en biais. La rivière est grosse et la traversée un succès. Trinquons ! Un seul petit verre chacun : c'est la dernière bouteille, il faut en garder pour la suite.

La manivelle… Où est la manivelle du camion ? La manivelle pour démarrer le huit cylindres en ligne russe ? Ils la cherchent autour du camion, puis s'attardent sur le fond de la bouteille (mais elle n'y est pas non plus). Dans notre voiture, le bébé braille. Une idée fuse, splendide, comme seule la vodka peut en générer, maintenant l'espoir au-delà de toute lucidité : « C'est pas grave, on va démarrer le camion avec la barre du cric ! » La vodka s'accorde bien avec l'âme kazakhe : aussi peu prévoyante que raisonnable et mesquine.

La manivelle est restée de l'autre côté de la rivière, il n'y a plus qu'à retraverser en voiture, la rapporter et démarrer le camion. Puis repartir pour, normalement, les deux dernières heures de piste cahoteuse… si une bougie n'avait pas rendu l'âme quelques kilomètres avant de tomber à court d'essence !

Aux *jailoo*

Juin 2005

Les beaux jours sont revenus, toute la neige a fondu, les chameaux sont chargés des yourtes et du mobilier pour monter aux *jailoo*, à une quinzaine de kilomètres de Kara Burat. Le nouveau camp est situé sur les dernières pentes avant que la montagne ne s'élève brusquement. Une source fournit l'eau. Les animaux s'abreuvent dans une rivière dissimulée dans une prairie marécageuse. Adossé à la montagne, le camp domine toute la région. La vue porte aussi loin qu'une journée entière de cheval. Si, dans la nuit, une voiture cahote sur les pistes, nous suivons ses phares des heures durant. Les orages sont fréquents, le ciel devient charbon avant d'éclater contre les montagnes, la température chute, flirtant avec le gel.

Le prochain hiver se prépare aux *jailoo*. La fabrication du beurre et du fromage occupe les femmes. Juchées sur un tabouret, aidées d'un long bâton auquel une pièce de bois percée a été ajoutée, elles se relaient pour remuer en un lourd mouvement circulaire la vingtaine de litres de lait. Passé la première demi-heure, le lait s'épaissit, baratter devient difficile. Trois heures sont nécessaires pour séparer les matières qui serviront à la fabrication du beurre et du fromage.

Dehors, un grand feu est allumé. Le lait bout des heures avant d'être moulé pour préparer le fromage. Sur les étagères et dans des bassines s'entassent les produits de consommation immédiate, les fromages frais, le yaourt, tellement riche qu'on en fait un repas complet, tellement succulent qu'on dînerait bien deux fois. Sous les lits, dans les courants d'airs des pans de feutres relevés, les panses remplies de beurre sont conservées. Devant la yourte, sur un séchoir au soleil, le fromage durcit. L'été s'écoule au rythme des traites : les yaks matin et soir, les deux cents brebis et chèvres en milieu d'après-midi, et, dès la mi-juillet, les juments toutes les deux heures.

Pour les hommes, le cachemire des chèvres récupéré, emporté en ville et négocié, l'essentiel de l'année est passé. Le reste de l'été est une surveillance plus lâche que pendant l'hiver, les journées passées derrière les animaux sont ponctuées de siestes monumentales au soleil, dans une herbe enfin riche. Le soir, à l'heure de rassembler les animaux éparpillés, est un moment privilégié. On enfourche son poney et on le laisse aller à la manœuvre. Il a l'habitude, il sent l'instant, il sait ramener l'animal égaré. Et on jurerait qu'il y prend du plaisir, autant que le cavalier qui le laisse diriger, pousser, serrer l'animal. C'est animal contre animal, et l'homme n'a rien à voir là-dedans, pas besoin de donner des rênes, des talons ou de la cravache. La détermination et la ténacité du poney usent, appui contre appui, accélération contre accélération, le jeune chameau farouche ou le cheval entêté.

Tôt ce matin, Tolubaï et Erjan, le plus jeune de la famille, monté au camp pour l'été, sont partis pour la montagne. Le bruit d'une cavalcade précède leur retour. Arkhat et Rashet sont prêts, ils me font signe : nous montons en selle pour attraper les poulains, les rares de l'année et ceux de l'an passé. À partir d'aujourd'hui, toutes les deux heures, les juments seront traites. De leur lait mis à fermenter, Apa tirera le *khoumis*. À cinq, nous canalisons les chevaux qui viennent de passer neuf mois en liberté. Nous les encerclons, bloquons les passages. Ils sentent le piège, tournoient, hésitent, voient une ouverture et s'y engouffrent. Au cavalier d'anticiper, de réagir et de s'opposer au troupeau au galop. Le lasso siffle, un poulain de 1 an est pris, lancé à pleine vitesse. Arkhat encaisse le coup, son cheval plie, mais la sangle arrière de sa selle casse. Il tombe violemment. Son cheval, empêtré, emporté, s'écroule sur lui, le piétine en se relevant paniqué et rue pour se défaire de la selle qu'il traîne. Une sangle s'enroule autour du cou d'Arkhat, il l'arrache et retient le cheval qui bondit comme un *bronco*. D'une seule main, il le rive au sol. Rashet arrive au galop, il lui prend la sangle des mains. Arkhat se traîne en arrière, reste assis, le visage fermé, le bras qui a reçu l'impact de la chute en écharpe. Tolubaï a récupéré le lasso et arrêté le poulain, il l'amène à la ligne de cuir posée au sol.

Tous les chevaux attrapés, Apa les bénit. Elle accroche un ruban à la crinière des étalons : qu'ils soient fertiles et bons guides pour leur troupeau. Elle bénit les juments et les poulains d'une noix de beurre. Des voisins ont été invités pour le grand thé organisé autour des prières d'abondance. Que la traite soit riche, qu'elle donne du bon *khoumis*, de celui qui enivre légèrement et qui protège l'organisme.

Le *khoumis* est le réconfort, le trésor de la steppe. Rien ni personne ne bénéficie d'autant de délicatesse et d'attention que ce lait. Les mains des éleveurs, énormes et cabossées des coups donnés et reçus, décrivent soudain d'onctueux mouvements pour le brasser et le servir. De septembre à juillet, si l'on a supporté le vent puis le froid, la neige, le vent encore et l'indécision des beaux jours, c'est pour se gorger de chaleur et de *khoumis* les deux mois d'été. Cette perspective aide à tenir.

À l'heure du *khoumis*, Apa veille au grain, jalouse de ce qu'elle distribue. Elle trône. Elle règne sur sa bassine, pas question qu'une de ses belles-filles y touche. Elle sert de généreux bols quand même, pour peu qu'on lui fasse allégeance. De boire, les gamins en ont les yeux brillants ; les vieilles sont un peu plus vieilles, avachies, le foulard désaxé au-dessus de l'oreille ; les hommes et les femmes parlent plus fort. Puis tout le monde s'apaise, c'est l'heure d'une sieste contre le feutre de la yourte.

16 juillet 2005

Le frère de Guldaore est venu dormir au camp avec trois destriers, ceux qu'il a engagés pour la course du jour. Aujourd'hui est jour de fête, celle d'une partie des habitants du *sum*[1] d'Ulaankhuus, le sixième *bak*[2].

Avant de rejoindre l'aire de rassemblement, Apa, d'un ruban, d'une poignée de bonbons, officie pour la bénédiction des chevaux et la protection des enfants qui les montent. Ata, suspendu à ses bâtons, jauge les animaux : taille, graisse, influx, membres, vigueur. Seul le blanc lui semble en forme. Dès la fin de la matinée, des quatre coins de la plaine, des troupes de cavaliers arrivent, escortant leur bête de course cachée sous une belle couverture. La course clôture la journée de festivités. À l'heure du départ, l'escorte est déjà bien entamée et, dans le vent, sous le ciel tourmenté et sombre, la belle couverture est devenue un attrape-poussière. Les coursiers doivent encore rejoindre le départ à une vingtaine de kilomètres avant de s'élancer pour le chemin retour. Les rares véhicules présents se sont installés en arc de cercle autour de la sonorisation qui braille dans la plaine. Le ciel est couvert, lugubre, la plaine livide. Quelques couples dansent dans la terre et la caillasse au son désolant de l'ampli poussif. Hauts talons et beaux pantalons sont couverts de poussière.

---

1. *Sum* : commune.
2. *Bak* : section de la commune.

Les regards des hommes sont vitreux, ils ont perdu depuis longtemps la brillance de l'ébriété naissante. La musique peine à enthousiasmer et les températures restent fraîches. Alors on boit encore, du lait de jument vendu par quelques femmes, de la vodka qu'on garde sous le manteau. Quelques hommes « enlèvent » des femmes : ils attrapent leurs chevaux et s'éloignent au pas, à 300 mètres de là, vers les collines. Le retour se fait au galop, sous la menace de la cravache dont la femme cingle le cavalier si elle le rattrape. Deux par deux, ils s'en vont dans le gris et le vent, dans une intimité ahurissante et soudaine, comme un adultère autorisé, une échappée à l'emprise de la société traditionnelle.

La musique est repartie et les gens retrouvent un peu d'envie, l'arrivée de la course est imminente. Quelques couples dansent ou se bousculent, on ne sait pas trop. Les hommes mènent la ronde, un peu brutaux. Engoncés dans leurs manteaux, malgré la saison, les autres restent en cercle autour des danseurs. Célina passe de cavalier en cavalier, arrachant même des sourires aux rombières, surveillantes malgré elles, gardiennes de la bienséance, mauvaises langues à plein temps.

Soudain, un trait de poussière déchire la quiétude des rochers échoués au centre de la plaine. La musique s'arrête. Les hommes se ruent vers la ligne d'arrivée, les enfants suivent en courant, les femmes s'approchent, mais restent en retrait. La ligne d'arrivée est maintenant masquée. Le cheval de tête hésite et s'écarte de la foule. Les autres s'engouffrent dedans. Ils sont rattrapés à la volée par leurs propriétaires. La confusion est totale, personne ne sait qui a gagné. Deux ivrognes à pied s'engueulent, un troisième s'en mêle. Les cravaches claquent. Des proches interviennent et les bousculent du haut de leurs chevaux. Le frère de Guldaore ne tient plus debout, ils se mettent à quatre pour le hisser en selle. Il ne tient pas davantage et retombe, flasque. La gueule ouverte sur une pierre. Aucun de ses chevaux n'est à l'arrivée.

Le chef du *bak* vocifère dans le micro, la remise des prix commence. Il est debout, adossé au camion sono. Une cinquantaine de cavaliers montés se ruent sur lui. Il semble qu'ils veuillent tous lui marcher dessus. Son espace est réduit à rien : sans le camion, ils l'auraient déjà piétiné. À l'appel du micro, dans la mêlée de croupes et de sabots, d'étriers s'entrechoquant, de chevaux qui bottent, un cavalier fend la masse compacte à coups de fouet, il vient arracher son prix au speaker dont on n'entraperçoit plus qu'une main qui semble appeler à l'aide.

Cet été, une succession de drames est venue bouleverser le quotidien de la famille. La femme de Rakhat, un des frères aînés, est morte subitement. Un lendemain de sortie, elle est restée alitée pour ce qui semblait un mal passager. Sa situation a rapidement empiré. Elle est partie en deux jours, sans qu'on sache pourquoi. Quelques jours plus tard, un cousin d'Alten disparaissait. Sa voiture retrouvée le long de la rivière à Olgii laissait présager le pire. Une semaine plus tard, son corps était retrouvé, lardé de coups de couteau. Enfin, Marjan, la fille du médecin, l'aînée du frère d'Ata, mourait à son tour aussi subitement. Elle était allée s'allonger après avoir préparé le premier thé de la journée, et ses enfants l'ont retrouvée sur son lit, morte.

Les mauvaises nouvelles sont rapportées par la radio ou par les taxis chargés de passagers et d'autant de messages à rapporter aux différents *aoul*. À chaque mauvaise nouvelle, la famille se déplace, quittant l'*aoul* au milieu de la nuit pour aller chercher un moyen de locomotion et organiser un retour en ville. Ils partent chargés de produits et de provisions qu'ils apportent à la famille du défunt. Sur place, les femmes prennent les choses en main. Les règles entourant la période de deuil sont strictes. Sept jours durant lesquels les proches restent chez eux. Au total, ils doivent porter le deuil pendant quarante jours. Tous les gens venus présenter leurs condoléances seront accueillis par des larmes. Les femmes remplissent ce rôle automatiquement. Si nous sommes en train de rire et qu'un visiteur pousse la porte de la yourte, les rires d'Alten se transforment tout seuls en larmes après qu'elle a promptement porté ses mains à son visage. Les traits d'Arkhat se figent. Il ne parle plus et fixe le sol, le visage fermé. Les codes de cette société traditionnelle s'expriment strictement. Au huitième jour, personne ne trouvera rien à redire au fait qu'un proche du défunt quitte son campement et, au quarante et unième, les visiteurs ne seront plus accueillis par des larmes.

D'avoir parcouru à vélo la région pendant un an, de nous être peu à peu fondus dans cet environnement, nous nous sommes installés progressivement dans ce mode de vie. Ce n'est plus que par instant que nous mesurons le grand écart culturel que nous accomplissons. À certaines questions, dans certaines situations, nous mesurons le gouffre entre nos sociétés. Alten a un talent inné pour mettre le doigt sur ces situations. D'un simple « *négué*[1] *?* », elle nous renvoie à la figure la sophistication inouïe de notre civilisation. En rentrant de la ville, elle a vu un Occidental marchant dans la montagne avec un sac à dos.

— Pourquoi ? Pourquoi marche-t-il ?

— Pour voyager, pour le plaisir.

— Pour quel plaisir ?

1. « Pourquoi ? »

Aux premiers jours de juin, la petite sœur d'Alten, Kumbolt, s'est mariée. Des cavaliers l'ont enlevée de chez elle, puis l'ont emmenée dans sa nouvelle famille pour des noces dont est exclue sa famille. Avant de repartir, de reprendre nos vélos pour une traversée de la Chine en direction du Tibet, nous lui devons une visite.

Depuis quelques jours, Alten est agitée, anxieuse, elle nous parle sans arrêt de cette visite. Arkhat est allé à cheval trouver un taxi dans un *aoul* voisin, pour nous emmener à une cinquantaine de kilomètres de là, de l'autre côté du lac Dayan. Le matin du départ est fébrile : la voiture est en retard, en panne et Alten n'arrive pas à choisir sa tenue dans sa maigre garde-robe. Elle veut plaire à la famille de Singilis. Célina l'aide à s'habiller, à masquer le cramoisi de ses joues dont elle a honte : elle est la marque des éleveurs, des culs-terreux, de ceux qui vivent dehors. Arkhat et moi patientons dehors, singeant les filles qui se préparent, étrangers à leurs préoccupations : nos bottes à nous sont cirées. Depuis la veille, les cadeaux de visite sont prêts, emballés dans des tissus et couverts de bonbons. Ashou est fagotée dans sa plus belle tenue, elle n'ose plus bouger de peur de la salir. Après cinq heures d'attente et deux heures de route, nous arrivons près d'un beau campement. Il y a cinq yourtes, toutes de belle taille. L'une d'elles est proprement gigantesque.

Personne ne nous attendait, mais les femmes présentes nous reçoivent magnifiquement, dans un accès de démonstrations peu habituelles, spontanées et sans retenue. Elles expriment leur joie et leur enthousiasme. L'Apa du campement en est la raison, la source. Elle est faite de cette gentillesse débordante qui annihile tout : humeurs, résistances, contraintes et habitudes. Elle n'a rien de la belle-mère dictatoriale, régnant sans partage sur ses belles-filles. Au contraire, elles l'adorent et l'écoutent attentivement. En plus d'être la gentillesse personnifiée, elle est le bon sens même.

Dans la yourte principale, aussi vaste que richement décorée, un premier thé nous est servi. Une large nappe est déployée, rapidement couverte de beurre, de bonbons, de crème de lait, de biscuits, de fromages secs, de fromages frais, de fromages rouges, broyés et sucrés. Les enfants partent prévenir le reste du campement de notre présence, une par une les femmes s'absentent pour aller préparer les repas qu'elles nous serviront. Enfin Singilis entre, le visage d'Alten s'illumine. Elle accueille sa sœur d'un baiser bruyant et claquant. Singilis va s'asseoir en retrait des autres femmes, elle reste le temps d'un bol de thé, avant de disparaître pour préparer le repas que nous prendrons chez elle avant de partir. Un agneau est déjà étendu devant sa yourte, les pattes liées. Un de ses beaux-frères affûte sa lame. Nous passons de yourte en yourte, de repas en repas, les heures s'égrènent et les deux sœurs n'ont rien pu partager d'autre qu'un baiser.

Le chef du campement, le mari d'Apa, le beau-père de Kumbolt, rentre d'une visite. Il s'installe parmi nous avec la même gentillesse contagieuse que sa femme, il a le charisme en plus. Sa robustesse presque intacte, ses mains énormes, ses avant-bras puissants, la fierté et la raideur de son cou de taureau s'accordent à sa voix profonde. Elle vibre plus qu'elle ne résonne, elle vient de la terre. Sans doute n'a-t-il plus toute sa puissance d'antan (bien que la moitié de sa force satisferait nombre d'éleveurs), mais il a maintenant la sagesse et l'expérience, elles sourdent de sa voix.

Nous arrivons enfin dans la yourte de Kumbolt pour le repas le plus important de la journée. L'agneau mijote, l'odeur si particulière des abats bouillis emplit la yourte. Les présents sont sortis, les bouteilles pour porter des toasts trônent sur la belle nappe bleue richement garnie. Les cadeaux sont offerts par Alten et Célina à Apa, la belle-mère de Kumbolt, qui les accepte et remercie. Les hommes trinquent, accompagnés par les femmes les plus âgées, la conversation bat son plein, mais les deux sœurs n'ont toujours pas pu se parler, à peine ont-elles échangé quelques regards. Le repas terminé, les bouteilles vidées, le thé servi, le départ menaçant, elles sortent se soulager avec tout le monde, puis font quelques détours pour se parler enfin, pour se parler précipitamment puisque nous devons déjà partir.

Le chef du campement, Apa et trois autres femmes nous accompagnent pour une dernière salve de toasts à 500 mètres de là, sur une butte dominant leur plaine et bénéficiant des derniers rayons du soleil. La petite sœur n'est pas du voyage, reléguée aux tréfonds de la hiérarchie familiale.

Encore une fois tout quitter

10 août 2005, 687e jour

L'heure du grand départ a sonné, nous la repoussons, inconsciemment. Ce n'est pourtant ni la perspective de reprendre nos vélos, de redevenir nomades au quotidien, ni notre destination qui manquent de nous enthousiasmer. Mais cette vie... cette vie que nous ne pouvons nous résoudre à quitter.

Cette vie aussi intense que rude tant chaque activité est une question de survie. Cette vie dans ces paysages et ces conditions où l'arrogance n'a pas plus sa place que la mesquinerie. Cette vie dans ces steppes, parmi ces hommes, ces gaillards, ces brutes parfois, taillés dans la roche, éprouvés aux brûlures du vent, du froid et du soleil. Ils ont une perception aiguë, presque animale, de leur milieu naturel. Ils savent l'humilité une condition de survie, et tout calcul inutile. Cette vie de courage et d'abnégation, rien d'autre. Cette vie que nous avons découverte et dont nous nous sommes imprégnés – et que, peut-être même, nous avons ressentie (il nous reste tant à apprendre). Cette vie pastorale et biblique nous a fascinés tant elle est à la fois difficile et sans merci, simple, élémentaire. Inconsciemment, peut-être recherchons-nous nos sources, celles de l'homme avant l'ère industrielle.

La sauvage puissance de cette vie et les amitiés que nous avons développées nous ont transportés bien au-delà de ce que nous pouvions imaginer. Nous avons trouvé une famille : Alten et Célina s'entraident et se chamaillent mieux que deux sœurs, Arkhat me présente partout depuis longtemps comme son frère. Son petit frère, se moque-t-il en me regardant avec une pointe de défi dans le regard. À quelques jours près je suis son aîné, celui à qui l'on ne peut manquer de respect. Et Ashou, toujours prête à brandir la grande louche, utilisée au travail du lait, et à menacer la personne qui s'essayerait à nous critiquer. Ashou qui, de nous écouter, réclame en français de fermer la yourte quand le froid s'y engouffre : « La po'te, bo'del ! »

Depuis trois jours, Arkhat, Tolubaï et Rashet sont descendus dans leur emplacement d'automne faucher les foins. D'ici deux semaines, tout le camp y sera déménagé. La veille de leur descente, Arkhat a tué un agneau. La famille au grand complet a dîné sous notre yourte pour nous souhaiter bonne route.

Il est temps pour nous de partir, d'enfourcher les vélos et de quitter les *jailoo* laissés aux mains des femmes et à la charge d'Erjan, le plus jeune frère. Les vélos sont chargés, ils nous attendent au départ de la piste, nous n'osons plus les regarder. De yourte en yourte nous saluons tout le monde, la gorge nouée, les yeux brouillés par l'émotion. Eux n'affichent rien de leurs sentiments, les Kazakhes ne sont pas avides de démonstrations. Alten s'interdit de pleurer, « pour ne pas porter malheur à la personne qui s'en va », nous explique-t-elle. Nous quittons le campement, le cœur lourd. La pente nous aspire immédiatement. Les enfants nous poursuivent. Totouille fait la course avec moi sur son vélo chinois, neuf, mais déjà en miettes. Ils crient en courant à côté de nous : « *Jarse jöl Antoine Aram ! Jarse barander Célina Apekem*[1] *!* » Ils sont tous là : Aydengul, Kokoz, Koushka, Totouille, Basha, Catugul, Mulder, Akhlak et Ashou, la plus petite, qui ne comprend pas, mais participe à sa manière en poussant des cris aigus depuis les jupes de sa mère. Les enfants sont toujours joyeux, même quand il faudrait être triste.

À la nuit tombée, une quinzaine de kilomètres plus bas, nous retrouvons les hommes. Ils finissent à peine leur journée, les faux sont retournées contre des pierres. Arkhat les aiguisera encore ce soir à la pointe de son marteau. Arkhat et Tolubaï ont tendu une couverture de feutre entre deux poteaux, elle leur sert d'abri. Rashet se contente d'une bâche en plastique les soirs pluvieux. De jour comme de nuit, malgré la chaleur, l'insoupçonnable voracité des moustiques oblige chacun à se couvrir de la tête au pied.

Ce soir, à l'heure du thé, pendant qu'une casserole de viande bout, nous nous réfugions autour de la fumée d'une bouse qui brûle pour nous offrir un peu de répit. Le foin est rare cette année, de pauvre qualité. Les bols passent de main en main, suivi du sac de *borsak*. Rashet mégotte une de ses éternelles cigarettes roulées dans le papier journal. Tolubaï se lève de temps à autre pour alimenter le feu. Las, Arkhat crache régulièrement le

1. « Bonne route, bon voyage ! »

jus noir de son tabac à chiquer. Encore une de ces ambiances d'hommes harassés par le travail, dénuée de tout confort, mais pas de chaleur. Un de ces instants qui se passent de paroles. La nuit largement tombée, les bouteilles vidées, le *khoumis* avalé à grandes lampées, les corps repus et épuisés, une main lourde tire un *tchopane* pour s'en couvrir, on entend déjà un ronflement.

Le thé matinal traîne en longueur, rien n'est dit. Le temps passé ensemble suffit. Il faut pourtant se dire au revoir. La pudeur et la retenue que chacun met dans cette ultime poignée de main valent mieux qu'un long discours.

Quitter Arkhat, Alten, l'*aoul*, la province de Bayan-Olgii et la Mongolie, c'est, nous le ressentons déjà, prendre la route du retour, même si ce retour autoriserait quelques détours.

Nous nous retournons. Arkhat s'acharne déjà sur son coup de faux, automate rotatif campé sur des appuis solides. Ne penser à rien et pédaler sous le ciel plombé. Les premiers kilomètres sont terribles : ils n'offrent rien d'autre à contempler que l'émotion qui nous étreint. Et derrière nous cette montagne, cette plaine où nous avons tant aimé...

Épilogue
La maison du nomade

L'homme n'a qu'une vie, il n'a d'autre choix que de s'y accrocher. S'y accrocher d'abord et ensuite rechercher un peu de bonheur, quelques sources de satisfaction. La manière dont certains s'y agrippent est exemplaire.

Nous sommes les privilégiés, ceux qui ont tout, qui peuvent tout. Ça ne va pas sans un certain vertige, celui de ne pouvoir gâcher ce que nous avons, celui de devoir réussir notre vie. Aujourd'hui plus encore qu'avant de partir, il nous semble que notre devoir est, au minimum, d'être heureux, en accord avec nous-mêmes.

Ce voyage était une étape dans cette voie.

Aujourd'hui où nous achevons ces lignes dans l'espace restreint de notre logement, conséquence de trois années de voyage qui imposent nombre de changements radicaux, le souvenir de notre voyage s'est transformé en une maison. Une bâtisse gigantesque de plusieurs centaines de pièces et de milliers de fenêtre ouvrant sur autant d'horizons. Certaines pièces sont d'immenses salles de fête emplies de rires, mais la plupart sont de petits salons propices à de jolies rencontres autour d'un feu. Dans les coins, des empilements de couvertures, des matelas et des coussins permettent de s'y installer comme on le souhaite. Un couloir dont nous ne devinons pas le bout dessert les pièces principales. Celles-ci abritent d'autres portes et des successions de salles qui miraculeusement ne s'ouvrent jamais sur la même chambre. Il se passe parfois des semaines sans que nous visitions certain recoin ou que nous ouvrions quelque terrasse oubliée. La cour est vaste, tellement vaste que nous n'en avons jamais fait le tour complet. Elle résonne des coups de sabots des écuries, du beuglement des vaches et des bêlements des brebis à l'heure de la traite. Elle ouvre sur un ciel en changement perpétuel, un ciel de cinéma projeté en accéléré, des couches de nuages envahissent le bleu parfait d'un ciel tibétain puis se dissolvent dans un orage aux éclairs fantastiques.

Les combles sont vides et nous ne savons plus où sont les débarras.

Et cette maison ne demande qu'à s'agrandir.

Table

Table

Achevé d'imprimer sur les presses de

BUSSIÈRE

GROUPE CPI

à Saint-Amand-Montrond (Cher)
en avril 2008

Composé par Nord Compo
à Villeneuve-d'Ascq

N° d'édition : 379. — N° d'impression : 081279/1.
Dépôt légal : avril 2008.

Imprimé en France